La morale face à l'économie

BERTRAND LEMENNICIER

La morale face à l'économie

Éditions
d'Organisation

Éditions d'Organisation
1, rue Thénard
75240 Paris cedex 05

Consultez notre site :
info@eyrolles.com
www.editions-eyrolles.com

Sommaire

Introduction

> *« La vertu de la rationalité signifie la reconnaissance et l'acceptation de la raison comme notre seule source de connaissance, notre seul juge des valeurs et notre seul guide d'action. »*
>
> AYN RAND, « THE OBJECTIVIST ETHICS », *The Virtue of Selfishness*, Signet Book, 1961

Ce livre traite de questions importantes mais rarement abordées dans les manuels d'économie : celles des rapports entre l'éthique, cette branche de la philosophie qui juge du bien et du mal, et l'économie. Il est en effet inhabituel, pour un économiste, d'aborder de front les questions qui sont du domaine de la philosophie morale. En revanche, les philosophes et les moralistes ne se privent pas d'aborder les problèmes économiques et de les discuter de leur propre point de vue : celui du bien ou du mal. S'il n'est pas dans l'habitude des économistes de discuter de moralité, bien peu de philosophes comprennent ce qu'est un marché et encore moins la morale qui le sous-tend. Quand le législateur interdit un marché libre des organes à la transplantation au nom de la morale, c'est en fait le philosophe ou le moraliste qui pénètre le domaine de l'économie avec ses propres outils d'analyse, et non l'inverse. Il est alors paradoxal de reprocher à l'économiste de se mêler des choses pour lesquelles il ne serait pas compétent.

Les économistes considèrent que, en tant que scientifiques, ils n'ont rien à dire sur ces thèmes. Ils estiment devoir se contenter de faire des prédictions sur les résultats qui émergeront du marché ou de l'interaction sociale en général. Un économiste peut convaincre qu'il est inutile, voire trop coûteux, de lutter contre le trafic de drogue, mais il doit laisser à d'autres le soin de dire si consommer de la drogue est bien ou mal. Il peut convaincre qu'empêcher un commerce libre des organes à la transplantation revient à condamner à mort un grand nombre de patients ou qu'établir un salaire minimum a pour conséquence un chômage plus élevé, mais il doit laisser aux philosophes, aux sociologues, aux politologues, voire aux citoyens et à leurs représentants, le soin de porter un jugement de valeur sur ceux-ci.

Lionel Robbins[1], à qui l'on doit une définition célèbre de l'économie — « l'économie est la science qui étudie le comportement humain en tant que relation entre les fins et les moyens rares à usages alternatifs » —, écrit à propos des rapports entre l'éthique et l'économie :

> L'économie s'occupe de faits déterminables ; l'éthique, d'appréciations et d'obligations. Leurs champs d'investigation ne sont pas sur le même plan discursif. Il y a, entre les généralisations des études positives et celles d'études normatives, un abîme logique qu'aucune ingéniosité ne saurait déguiser et qu'aucune juxtaposition dans l'espace ou dans le temps ne saurait combler.
>
> Les propositions impliquant le verbe « doit » diffèrent, par le genre, des propositions impliquant le verbe « est ».

Un auteur plus célèbre encore, le prix Nobel Milton Friedman[2], pense que les divergences entre les individus dans les débats de politique économique ou sociale proviennent avant tout de différences de prévisions concernant les conséquences économiques de telle ou telle mesure, qui, en principe, peuvent être éliminées par les progrès de

---

1   Robbins L. 1947, *Essai sur la nature et la signification de la science économique*, Paris, Librairie Médicis, p. 143-144

2   Friedman M. 1953, « The methodology of positive economics », dans *Essays in Positive Economics*, Chicago, The University of Chicago Press

l'analyse économique. Elles ne proviennent pas de différences tenant aux valeurs fondamentales, qui, elles, ne peuvent être tranchées par l'analyse économique. Ces différences ne pourraient mener qu'à l'affrontement. L'idée sous-jacente à cette argumentation est la suivante. Dans toute action humaine, on observe deux aspects : l'un lié à l'efficacité — l'action atteint-elle ses objectifs ? —, l'autre à sa légitimité — l'action est-elle bonne ou mauvaise, légitime ou non ? Ces deux aspects devraient être discutés séparément. Remarquons que cette proposition est elle-même une proposition normative qu'il faut justifier.

Ce comportement « positiviste » est très répandu dans la profession. Il l'est à tort. En effet, les différences tenant aux valeurs fondamentales peuvent être tranchées par l'analyse économique, contrairement à ce qu'écrivait Milton Friedman dans les années 1950. Les économistes disposent pour cela de deux outils d'analyse qui sont au cœur des mécanismes de marché : la notion de droit de propriété et celle de consentement.

Par définition :

1. Une personne ne peut échanger que ce dont elle a la propriété ;

2. L'échange repose sur le principe d'autonomie de la volonté et sur la notion de consentement.

Le respect de ces deux principes permet de porter un jugement sur l'efficacité et la légitimité d'une action humaine. C'est bien parce que l'on est le premier occupant de son corps, et qu'il n'« appartient » à personne d'autre que soi, que l'on peut s'approprier les fruits de son action. On peut alors échanger les droits de propriété acquis par son action pour d'autres en vue d'améliorer son bien-être. Or, par définition, la légitimité d'une action découle du mode d'appropriation des choses.

Par ailleurs, lorsque l'on utilise les services rendus par les autres individus comme moyens pour arriver à ses fins, la possibilité d'atteindre ses objectifs — l'efficacité de son action — dépend fondamentalement du consentement d'autrui. C'est parce qu'il y a consentement « unanime » entre des parties à un contrat d'échange de droits de propriété que les résultats du marché peuvent être jugés comme efficients, au sens où les deux parties atteignent ou pensent atteindre leurs objectifs grâce à ce contrat ! Cette question de la moralité de l'échange volontaire est essentielle à l'économiste parce que la compatibilité des plans individuels ou leur coordination est centrale en économie ; or, c'est par l'attribution et l'échange volontaire des droits de propriété que cette coordination se réalise. Peut-on accepter que quelqu'un réalise ses anticipations autrement que par l'échange volontaire de droits de propriété, c'est-à-dire par la violence ? Peut-on accepter que l'attribution d'un droit de propriété se fasse par la violence et non par une règle pacifique du premier occupant ? Peut-on comprendre l'échange volontaire des droits de propriété et leur émergence à partir de la morale ?

L'interdiction d'établir ou d'attribuer des droits de propriété, comme d'interférer dans leur échange volontaire pour des raisons morales a pour conséquence une incompatibilité des plans individuels. Interdire les transplantations d'organes, c'est sacrifier la vie de certaines personnes, c'est avoir des morts sur la conscience. Interdire le commerce des droits de garde d'enfants, refuser l'appropriation des espèces animales vivantes ou l'appropriation de la nature environnante, etc., c'est interdire certains actes d'appropriation et d'échange au nom d'une morale, mais c'est aussi créer des situations de désordre social particulièrement dramatiques quand elles conduisent à la disparition d'espèces vivantes ou à des souffrances inutiles. Or, quelle justification morale peut-on apporter à l'interdiction d'un échange entre adultes consentants sinon à faire appel à une morale qui s'oppose à celle du consentement et du droit de propriété reposant sur une règle du premier occupant ? Comment trancher alors entre deux morales et prétendre que l'une est supérieure à l'autre ? C'est l'objet du chapitre 1 que d'en discuter. En effet, la plupart des conflits qui nous opposent proviennent d'une méconnaissance de la façon dont nous portons des jugements de valeur sur le comportement d'autrui. Ce chapitre est d'autant plus important que les trois suivants, les chapitres 2, 3 et 4, traitent des lois sur la bioéthique, de l'interdiction d'un marché libre de la transplantation d'organes et de l'avortement. Interventions législatives où les méfaits d'une certaine conception de la morale sont désastreux. Il est rare que l'économiste puisse prétendre que son savoir aide à sauver des vies humaines. Mais s'il est un domaine où la connaissance d'un minimum de théorie économique est vitale, c'est bien celui-là.

Cette réflexion sur la morale est également importante parce que toute intervention coercitive de l'État implique nécessairement des jugements de valeur. Il est facile de le voir lorsque l'on discute de certaines réglementations comme les lois anti-discrimination (chapitre 5) ou de la légalisation du commerce de la drogue (chapitre 6). Tous ces débats résultent d'une intervention du législateur dans la vie privée des gens, qui, au lieu d'apaiser les conflits, les exacerbe. La même question se pose à nouveau avec la propriété des rues (chapitre 7). Pourquoi le législateur intervient-il dans ce domaine ? Ces conflits sont le produit d'une certaine conception du régime politique dans lequel nous vivons : la démocratie politique. Nous consacrons un chapitre à la compréhension de cette institution en opposant la démocratie à la liberté individuelle (chapitre 8).

Nous terminons cet ouvrage par un chapitre qui complète celui sur la morale. Son objet est de rappeler au lecteur quelques éléments de base du raisonnement économique (chapitre 9). Ce chapitre prend sa pleine signification à la fin du livre, c'est-à-dire lorsque le lecteur a pu se familiariser, dans les chapitres précédents, avec la façon dont les économistes discutent des problèmes les plus divers.

Il n'a probablement pas toujours partagé le point de vue de l'économiste, il a même dû réagir fortement en fonction de ses propres jugements de valeur. Mais on exige de lui une réaction rationnelle et non passionnelle. On exige de lui qu'il prenne conscience de la morale qui sous-tend son point de vue et qu'il soit capable de l'expliciter. On exige aussi de lui qu'il ne se méprenne pas sur ce que sont l'art et la manière de raisonner comme un économiste, alors qu'il se laisse si souvent influencer, dans ses jugements de valeur, par un sociologue, un politologue ou un moraliste, qui ont chacun une approche fondamentalement différente des phénomènes économiques et sociaux contemporains. Ce chapitre lui permettra de mieux saisir ces différences et de comprendre d'où viennent les querelles et les controverses actuelles sur les thèmes abordés dans cet ouvrage.

1

L'économie au secours de l'éthique

Nous sommes tous confrontés, à un moment ou à un autre de notre existence, au problème de savoir ce que nous « devrions » faire. En général, on accepte l'idée de ne pas tricher aux examens ou de ne pas tuer son épouse sous le prétexte futile qu'elle a un amant. On admet qu'il faut dire la vérité devant un juge. Mais faut-il la dire à un patient atteint d'une maladie mortelle ?

Quand on affirme : « Vous ne devriez pas faire l'action A », ou, plus brièvement, « Ne faites pas A », on porte un jugement de valeur sur l'action de l'individu en question. Ce jugement de valeur signifie que l'action est « mal » et que celui qui l'entreprend a une attitude immorale. Il est facile de repérer ces jugements quand les mots « bien », « mal », « moral » ou « immoral » apparaissent. Mais d'autres termes cachent souvent un jugement de valeur identique. Les qualificatifs « irresponsable », « immérité », « négligent », « antisocial », « voleur », etc. indiquent que l'on juge les actions entreprises par l'individu comme « mauvaises ». La plupart du temps, ces jugements portent sur les actions entreprises par les individus, c'est-à-dire sur l'usage de leur corps ou de celui de quelqu'un d'autre.

Mais êtes-vous vraiment capable d'expliquer en quoi les actes suivants sont des actes immoraux ? Ainsi, qu'y a-t-il de mal à tuer son voisin ? À abandonner son enfant ou à expulser un embryon en sachant qu'il va décéder ? Qu'y a-t-il de mal à se suicider ou à mettre son chat dans un four à micro-ondes ? Qu'y a-t-il de mal à traiter les autres comme des animaux ? Qu'y a-t-il de mal à être raciste ou sexiste ? Pourquoi dépenser son argent dans des croisières au lieu d'aider les pauvres ? Pourquoi consommer du cannabis au lieu de lire de la poésie ? Pourquoi donner son sang ou son rein au lieu de les vendre ? Pourquoi jouer au Loto au lieu de gagner de l'argent en faisant des heures supplémentaires ? Pourquoi vivre aux dépens du revenu d'autrui en le taxant lourdement au lieu de se débrouiller tout seul ? Pourquoi prendre de force les jeunes d'un pays pour les incorporer dans une armée ou dans un service civil ?

Tuer son voisin, si celui-ci met votre vie en danger, s'appelle de la légitime défense. Abandonner un enfant ou expulser un embryon, c'est affirmer que personne ne peut vivre à vos dépens sans votre consentement. Dans la rue, les sans-domicile fixe peuvent vous importuner et gêner la circulation. Pourtant, dans votre immeuble, les colporteurs et les squatters ne sont pas acceptés. Pourquoi devrait-il en être autrement dans la rue ? Pourquoi tolère-t-on qu'un homme d'État impose le travail obligatoire ou la conscription alors que de tels actes ne sont pas admis lorsqu'ils sont commis par un entrepreneur privé ?

Toute une série de difficultés émergent quand il s'agit de porter des jugements de valeur à propos d'un comportement. F. Snare[1] en repère au moins quatre :

1. Conflits de valeur à l'intérieur d'un même code moral

Une personne A viole les droits de B en l'expulsant de son abri bien qu'elle sache que cela entraînera sa mort. Est-ce qu'une personne C a le devoir d'empêcher cet acte ? Est-ce que C a le droit de violer la propriété de D pour empêcher A de violer les droits de B ? Est-ce que C peut pénétrer dans la propriété de D par la force pour secourir B ? Imaginez que A soit votre mère (ou un propriétaire dans l'exemple pré-

---

1   Snare F. 1992, *The Nature of Moral Thinking*, London and New York, Routledge

cédent), que vous, B, soyez le fœtus (ou le locataire), que C soit un catholique pratiquant (ou un militant pour le droit au logement) et que D soit le médecin qui va procéder à l'expulsion (ou le commissaire de police)…

2. Application du code moral à de nouvelles circonstances

Votre épouse a une liaison avec l'un de vos collègues. Un enfant naît de leur union. Votre femme divorce et se remarie avec votre collègue. Elle obtient la garde de l'enfant. Vous enlevez l'enfant et vous partez à l'étranger avec lui. Onze ans plus tard, votre ex-femme vous retrouve dans le pays dans lequel vous vous êtes réfugié avec son enfant. Elle vous poursuit en justice pour enlèvement d'enfant et demande la restitution de l'enfant à ses parents. Qui est immoral : l'épouse qui a trahi la confiance de son mari, votre ex-collègue qui a trahi votre confiance, ou vous-même qui avez enlevé un enfant à sa mère alors que vous saviez qu'il ne s'agissait pas de votre enfant ?

3. Conflits entre différents codes moraux s'appliquant à des sociétés ou personnes différentes

Le statut de la femme ou des enfants n'est pas le même selon les différentes religions. Peut-on accepter sur un même territoire deux façons différentes de traiter les femmes et les enfants ? La circoncision dans la religion juive ou musulmane et l'excision dans certains pays d'Afrique sont-elles des pratiques qu'il faut accepter en France sous le prétexte que les parents des enfants qui appartiennent à ces groupes ont des visions sur la sexualité différentes de celles qui prévalent chez les autres citoyens ? La vie est sacrée ; c'est ce que l'on dit. Mais si elle est sacrée, tuer une vache ou un cochon est aussi détestable que de commettre un meurtre sur un être humain. Quand les gens parlent de « vie sacrée », c'est celle de l'être humain qu'ils ont en tête. Mais pourquoi l'être humain devrait-il avoir un statut spécial dans la nature ? Comment les mêmes personnes, les écologistes, peuvent-elles réclamer un droit à la vie pour les animaux et le refuser pour les fœtus ?

4. Conflits entre le devoir et l'intérêt personnel

Normalement vous ne devriez pas squatter des appartements qui ne vous appartiennent pas, même si vous le faites par une action collective. Mais quand ce code moral entre en conflit avec l'intérêt des sans-abri, est-il raisonnable de suivre un tel devoir moral ? Un marchand de marijuana s'installe dans la commune de Saint-Michel Chef-Chef dont vous êtes le maire. Les habitants du village ont des sentiments divers. La colère monte chez certains d'entre eux. Ils vont vous voir et vous disent qu'en tant que maire de cette commune vous avez le devoir d'empêcher la vente de ce produit nocif ou jugé comme tel. D'autres viennent et vous disent qu'il n'est pas dans vos attributions de censurer la consommation de vos électeurs. Quelle est votre décision ?

Porter des jugements moraux sur des comportements soulève aussi un grand nombre d'autres questions :

1. Comment peut-on justifier une théorie morale tant que l'on ne sait pas ce qu'est un jugement moral, c'est-à-dire tant que l'on ne sait pas ce que veulent dire les mots « bien » ou « mal » ?

2. Admettons que l'on soit capable de répondre à la question précédente, quelles sont les obligations qui dérivent de cette théorie morale ?

3. Existe-t-il des théories morales suffisamment générales pour résoudre les conflits qui apparaissent à l'intérieur d'un code moral et pour permettre aussi de guider nos décisions devant l'apparition de nouvelles circonstances ?

4. Existe-t-il des principes généraux qui permettent de choisir sur une base rationnelle entre différentes théories morales ?

Les deux premières questions traitent d'éthique normative. Il s'agit de savoir ce qui est bien ou mal. Les théories du « bien » répondent à la première question et la théorie des obligations à la seconde. Les deux dernières questions traitent de méta-éthique.

Précisons ici que notre objet n'est pas de faire un cours sur l'éthique ou la morale, mais plus modestement de rappeler au lecteur les différentes façons de porter un jugement de valeur sur les actions individuelles ou collectives de nos contemporains.

L'ÉTHIQUE NORMATIVE

Il existe plusieurs façons de juger du bien et du mal ; nous en retiendrons trois : la première est conséquencialiste, la deuxième déontologique et la dernière téléologique.

Une théorie *conséquencialiste* soutient que les jugements moraux sont fondés sur les effets produits par une action. Une action est jugée morale ou immorale sur la base des conséquences qu'elle entraîne. Par exemple, tout acte qui apporte bien-être ou satisfaction sera jugé comme « bon ». Tout ce qui apporte déplaisir et moindre satisfaction sera jugé comme « mauvais ».

Une théorie *déontologique* nie ce qu'affirme le conséquencialisme. Une action individuelle est bonne ou mauvaise indépendamment de ses conséquences. Les pacifistes affirment haut et fort que toute utilisation des armes est mauvaise en soi, même si la conséquence a pour résultat le décès du pacifiste en question faute de pouvoir se défendre contre une agression.

La vision *téléologique* s'oppose aux deux précédentes. Ni conséquencialiste ni déontologique, elle affirme qu'est « bien » tout acte qui est poursuivi pour lui-même, qui est sa propre finalité. Ainsi est « bien » le comportement d'amitié s'il est poursuivi par un individu pour la chaleur des relations qu'il procure avec son supérieur hiérarchique et non pour la promotion qu'il en attend.

Maintenant, réfléchissez bien. Pour la plupart d'entre vous, vous mélangez ces trois façons de juger du bien ou du mal sans prendre conscience qu'elles sont incompatibles entre elles. Prenons par exemple le comportement de charité. Vous jugerez comme « mauvais » un comportement de charité qui aboutit à de bonnes conséquences pour le donateur comme pour le récipiendaire parce que le donateur y trouve son intérêt personnel. Vous avez donc une vision téléologique de la charité. Celle-ci doit être poursuivie pour elle-même et non pour une quelconque satisfaction personnelle. Que se passe-t-il maintenant si un comportement de charité aboutit à de « mauvaises » conséquences pour le récipiendaire ? Peut-on ignorer les conséquences de ses actes sur autrui même si l'acte de donner est jugé comme bon, c'est-à-dire ici poursuivi pour la charité en elle-même ? Autre exemple, si on accepte de payer plus cher un produit du commerce équitable en suivant un principe de solidarité, quelles que soient les conséquences sur son propre bien-être, peut-on ignorer les conséquences de cet acte sur les récipiendaires : les maintenir artificiellement dans la pauvreté ? La déontologie et la téléologie s'opposent au conséquencialisme dès que des tiers sont concernés par nos actes. Revenons sur ces trois morales.

La vision conséquencialiste

Nous avons vu qu'une théorie conséquencialiste soutient qu'une action est jugée morale ou immorale sur la base des conséquences qu'elle entraîne. Mais sur quel critère juge-t-on que les conséquences sont bonnes ou mauvaises ? En fait, il en existe toute une variété : l'hédonisme, l'utilité, le bonheur, l'argent, la capacité de reproduction… Une éthique conséquencialiste juge des conséquences sur un critère unique et exclusif. Tous les actes des individus sont jugés en fonction de ce seul critère.

Par ailleurs, une morale conséquencialiste spécifie pour qui les résultats de ces actions sont bons ou mauvais. S'agit-il du bonheur de l'individu lui-même ? S'agit-il du bonheur d'un groupe d'individus : les plus pauvres, les prolétaires, les gens de la race aryenne ou juive, les gens noirs de peau, les femmes ? Ou bien s'agit-il, plus simplement, du bonheur de tous ou du bonheur de votre femme qui en même temps est l'impératrice du pays sur lequel vous régnez ?

La version la plus connue — et vraisemblablement la plus ancienne — du conséquencialisme en acte est l'hédonisme (les mots grecs *hedone* ou *eudaimonia* veulent dire respectivement plaisir ou bonheur), théorie largement acceptée par les moralistes, les philosophes, les juristes, les psychologues et les économistes. Le critère unique et exclusif par lequel on juge que les conséquences d'un acte sont bonnes ou mauvaises repose sur le principe du plaisir ou du bonheur. Ce serait une faute de croire que ces mots font référence au plaisir physiologique que l'on ressent dans l'exercice d'une activité quelconque. Il est préférable de leur substituer les mots bien-être, satisfaction ou utilité. Comme nous l'avons vu, tout ce qui apporte bien-être ou satisfaction sera jugé comme « bon ». Tout ce qui apporte déplaisir et moindre satisfaction sera jugé comme « mauvais ».

Si à cet hédonisme vous ajoutez l'idée que le bonheur qui sert de critère d'évaluation ne concerne que la personne elle-même, vous avez ce que l'on appelle l'hédonisme égoïste. La poursuite de son propre bonheur est le « bien final ». C'est l'idéal que poursuivaient les cyrénaïques : les plaisirs des sens, modérés par la raison (Aristippe, le fondateur de cette école, enseignait à Cyrène, une colonie grecque établie en Afrique du Nord dans l'actuelle Cyrénaïque, province de la Libye, à l'ouest de l'Égypte).

Si vous ajoutez l'idée que l'utilité ou la satisfaction ne concernent pas uniquement votre propre bonheur mais aussi celui de vos proches ou d'autrui, vous avez un hédonisme altruiste ou social. L'utilitarisme, doctrine qui consiste à juger du bien et du mal en référence au bonheur de tous, est une version extrême de ce point de vue. Ainsi, pour J. Bentham[1] et J. S. Mill[2], le plus grand « bonheur » pour le plus grand nombre est par définition le critère d'évaluation du « bien » et du « mal ». Il est neutre et universel. Il s'applique non seulement aux actes individuels mais aussi aux règles adoptées par les individus pour coordonner leurs actions. L'hédonisme est un des critères d'évaluation des conséquences d'une action, mais ce n'est pas le seul. Il est bon d'en mentionner d'autres : par exemple, la survie des membres de l'espèce. Toutes les actions qui favorisent les membres du groupe qui ont le plus d'enfants seront jugées comme bonnes, les autres comme mauvaises. C'est l'hypothèse faite pour comprendre le « comportement » des gènes. Elle est courante chez les éthologues ou les sociobiologistes.

Les économistes orthodoxes ou « néoclassiques » postulent que le moteur de l'action humaine repose sur une vision conséquencialiste du bien et du mal. Ils supposent que les individus sont hédonistes lorsqu'ils jugent des conséquences d'une action en termes de poursuite du bonheur ou de la satisfaction ou de la réalisation de leurs projets ou désirs. En ce sens, les économistes font l'hypothèse que les agents économiques suivent, comme guide de leurs actions individuelles, une morale particulière : celle d'un comportement libre et

---

1 Bentham J. 1789, *Introduction to the Principles of Morals and Legislation*, Oxford, Basil Blackwell
2 Mill J. S. 1871, 1998, *Utilitarianism*, New York, Oxford University Press

rationnel évaluant les résultats des actions en termes d'utilité. Cette vision du comportement humain chez les économistes n'est donc pas éthiquement neutre et a toujours soulevé des oppositions dans la profession[1].

La vision déontologique

Au lieu de juger du bien et du mal en termes de conséquences, la théorie déontologique en juge en termes de respect de certaines règles d'action. L'une des plus influentes est celle d'Emmanuel Kant. Pour cet auteur, la morale est un impératif catégorique, c'est-à-dire une obligation inconditionnelle. Donc, un acte est moral s'il est le résultat du principe suivant :

> Agis uniquement d'après la maxime qui fait que tu peux vouloir en même temps qu'elle devienne une loi universelle[2].

C'est-à-dire si, et seulement si, il peut devenir une loi universelle de la nature. À cette règle on ajoute souvent la maxime suivante :

> Agis de telle sorte que tu traites l'humanité, soit dans ta propre personne soit dans celle des autres, toujours comme une fin et jamais comme un moyen.

Ces règles de conduite ne concernent pas l'action elle-même ou ses résultats mais la manière dont on agit. Ainsi, quand on s'engage dans une action d'échange, on peut se poser la question de savoir si l'on doit « respecter ses promesses » ou « ne pas les respecter » (Kant prend l'exemple de quelqu'un qui désire emprunter et qui promet de rembourser en sachant qu'il ne le fera pas). Chacun doit se demander si, en ne respectant pas ses promesses, alors que les autres en font autant, on peut atteindre ses objectifs ? S'il est impossible de les atteindre, ne pas respecter ses promesses est une règle de conduite contradictoire. Le principe d'universalisation est alors un test de cohérence d'une action individuelle compte tenu du comportement d'autrui, qui permet de

---

1   Voir par exemple la revue *MAUSS* (Mouvement anti-utilitariste en sciences sociales)

2   Kant E. 1785, *Fondements de la métaphysique des mœurs*, deuxième section, p. 136, Delegrave

résoudre des situations d'interaction conduisant à un dilemme du prisonnier.

Une variante de cette approche se trouve chez le philosophe R. Nozick[1], qui écrit :

> Les individus ont des droits, et il y a des choses que personne ne peut faire pour violer ces droits. Une contrainte spécifique latérale sur l'action d'un individu exprime le fait que les autres ne puissent être utilisés d'une certaine manière que la contrainte latérale interdit.

Nozick se réfère explicitement à E. Kant :

> Les contraintes latérales sur l'action individuelle reflètent le principe kantien que les individus sont des fins en soi et non simplement des moyens ; ils ne peuvent être sacrifiés ou utilisés pour atteindre les buts de quelqu'un d'autre sans leur consentement.

Le principe du consentement s'ajoute à l'impératif catégorique de Kant. Cet ajout est fondamental. En effet, l'échange volontaire (mais aussi la démocratie ou n'importe quel système politique) consiste à utiliser autrui comme moyen pour atteindre ses propres fins. La vision déontologique de la morale est donc purement procédurale. Elle présente l'avantage de ne porter de jugement de valeur ni sur les fins ni sur les règles puisque les règles elles-mêmes résultent de cette méta-règle. Elle laisse aux parties en présence le soin de définir leur propre morale ou leur propre système d'évaluation des conséquences de leurs actions.

Un aspect inattendu de l'impératif catégorique est que, par suite du théorème de la « main invisible », la maxime « se conduire en parfait égoïste » est universalisable, contrairement à l'intuition de Kant, alors que la maxime « se conduire en parfait altruiste » ne l'est pas ! Autre contradiction de Kant : l'idée que « l'homme, et en général tout être raisonnable, existe comme fin en soi, et non pas simplement comme moyen dont telle ou telle volonté puisse user à son gré » et que tout acte qui userait d'autrui comme moyen devrait être jugé comme immoral trouve ses limites très rapidement. En effet, prise au pied de la lettre, toute interaction sociale par la violence, l'échange ou le don

---

1   Nozick R. 1974, *Anarchy, State and Utopia*, New York, Basic Books

serait freinée voire interdite. Une société qui respecterait un tel principe pratique dans les règles de mariage serait dans l'incapacité de se reproduire. Le mot essentiel, et jamais véritablement prononcé par Kant, est :

> Agis de telle sorte que tu traites l'humanité aussi bien dans ta personne que dans la personne de tout autre toujours en même temps comme une fin, et jamais simplement comme un moyen *sans son consentement.*

Paradoxalement c'est l'économie qui vient au secours de la philosophie, car l'économie repose fondamentalement sur les droits de propriété et leur échange volontaire.

La vision téléologique

Nous avons mentionné plus haut une autre vision, la vision téléologique, qui s'oppose aux deux précédentes. Ni conséquencialiste, ni déontologique, elle affirme qu'est « bien » tout acte qui est poursuivi pour lui-même, qui est sa propre finalité. Est « mal » tout comportement qui serait instrumental vis-à-vis d'autres finalités. Il en va ainsi de l'amitié, de la beauté, de l'intégrité, du courage, de la connaissance, de la charité, etc. En ce sens-là, ce comportement n'est pas conséquencialiste, il en est à l'opposé. Il ne s'agit pas non plus d'une règle, d'un devoir ; il n'y a aucune raison, chaque fois que l'on rencontre un supérieur hiérarchique, de lui offrir son amitié désintéressée. Maintenant la question fondamentale est la suivante : quels sont les actes individuels que l'on doit poursuivre pour eux-mêmes ? La réponse est ancienne : ce sont les actes qui permettent de vivre une vie d'homme en tant qu'homme. C'est l'aristotélisme ou sa version moderne, le néo-aristotélisme.

L'aristotélisme

Une action est « bonne » ou « morale » lorsqu'elle est conforme à la « nature de l'homme, en tant qu'homme ». C'est la vision aristotélicienne de l'éthique. Le bien et le mal se déduisent de la nature propre de l'homme (si cette nature change, le critère du bien et du mal change). Aristote définit la nature propre de l'homme comme « l'activité de l'âme en accord avec, ou impliquant, un principe de rationalité »[1]. Toute action qui est contraire à la nature de l'homme est mauvaise. Toute action qui rend réelle cette nature ou une forme potentielle de l'être humain est bonne.

Ou bien, comme le suggère la philosophe et romancière Ayn Rand[2], si le propre de l'homme, en tant qu'homme, est d'assurer sa survie avec pour seuls moyens son libre arbitre, sa conscience, sa capacité à se projeter dans l'avenir, et d'inventer son propre futur et sa faculté de raisonnement, est « bon » tout ce qui va dans le sens de ces caractéristiques, est « mauvais » tout ce qui va à leur encontre. L'homme peut abandonner sa conscience, son libre arbitre, sa capacité à se projeter dans l'avenir ou à raisonner, il peut se complaire dans l'irrationalité, l'émotion et agir comme un animal, mais, dans ce cas, il n'accomplira qu'une vie d'animal. La rationalité, l'intentionnalité et la réalisation de projets individuels par ses propres efforts productifs ainsi que la fierté d'avoir réalisé sa vie d'homme en tant qu'homme deviennent des vertus cardinales. C'est l'égoïsme rationnel ou l'égoïsme classique en philosophie morale.

Le néo-aristotélisme

Cette version moderne de l'aristotélisme développée par D. Rasmussen[3] met en avant comme finalité de l'homme en tant qu'homme, son « épanouissement » (*human flourishing*). L'« épanouissement » d'un homme (ou d'une femme) est composé d'une combinaison d'activités et de vertus qui sont poursuivies pour elles-mêmes. Les activités peuvent être la santé, l'exercice corporel, la beauté, la connaissance, l'invention, l'amitié, et les vertus peuvent être l'intégrité, la tolérance, la modération, le courage, la justice, etc. Ces activités et ces vertus ne sont pas des moyens pour atteindre des fins mais sont les fins elles-mêmes, et elles expriment l'épanouissement de l'homme. Par exemple, un sportif, pour réaliser sa vie de sportif, se doit d'être intègre, honnête, courageux, en bonne santé, inventif, travailleur, juste, humble, tenace, combatif, respectueux des autres, etc.

---

1   Aristote 1965, *Éthique à Nicomaque*, Flammarion
2   Rand A. 1993, *La vertu d'égoïsme*, Les Belles Lettres, Collection Iconoclaste
3   Rasmussen D. 1999, « Human flourishing and the appeal to human nature », *Social Policy*, Policy Foundation 17

On remarquera que ce human flourishing est ontologique (c'est une façon de vivre), non exclusif (au sens où il ne s'agit pas d'une combinaison donnée d'activités et de vertus qui domineraient toutes les autres), individualisé (il y autant de combinaisons qu'il y a d'individus), relatif à chacun compte tenu des circonstances particulières de son environnement, et qu'il implique un comportement rationnel et un contrôle de soi pour réaliser la combinaison choisie. En effet la réalisation de cet épanouissement exige un comportement de *practical wisdom*. Pour mettre en pratique cette combinaison qui exprime l'épanouissement de l'homme en fonction des circonstances, chaque individu doit exercer sa raison, dominer ses passions, faire des choix, être libre de les faire. Le néo-aristotélisme, comme l'aristotélisme, suppose que la « nature humaine » est téléologique, c'est-à-dire que les êtres humains ont un telos ou une fonction naturelle. Par exemple la fonction d'une voiture est de rouler d'un point à un autre en transportant quelqu'un. Sachant quelle est cette nature, on a une idée de ce que peut être son « épanouissement ». Le bien dans une telle vision est l'actualisation par un être vivant de ses potentialités telles que sa nature les a prédéfinies[1].

L'ÉCHEC DE L'ÉTHIQUE NORMATIVE

Revenons à notre vendeur de marijuana. Comment le maire du village peut-il trancher entre les deux groupes d'électeurs, qui sont pour ou contre l'installation d'une fumerie de marijuana dans le village ? Peut-il convaincre une majorité d'électeurs de suivre sa décision sur la seule base d'une argumentation rationnelle ? La consommation de drogue sera considérée par un électeur hédoniste comme immorale ou morale selon que, dans un arbitrage intertemporel, l'excès de souffrance sur le plaisir sera positif ou négatif. Un électeur aristotélicien jugera cette consommation comme immorale, indépendamment du fait qu'elle pourra procurer un excès de plaisir sur la souffrance, parce qu'elle est

---

1 Rasmussen D. et Uyl D. 2005, *Norms of Liberty : A Perfectionist Basis for Non-Perfectionist Politics,* Pennsylvania State University Press

contre la nature de l'homme. Elle l'empêche en effet d'exercer ses facultés rationnelles pour assurer la pleine maîtrise de sa vie.

Un néo-aristotélicien ne considérera la consommation de drogue qu'en tant qu'elle contribue à son épanouissement (améliore la connaissance ou les performances ou bien répare un déficit) et non comme façon de vivre, parce qu'elle n'est pas une activité ou une vertu qui puisse être désirée pour elle-même.

Un partisan d'E. Kant fera remarquer que la consommation de drogue ne peut être un acte que l'on peut ériger en loi universelle : *quid* d'un monde où tout le monde se droguerait avec des hallucinogènes qui feraient prendre des fenêtres pour des portes ou le voisin pour un « Squonk » ?

En revanche, pour un partisan de Nozick, il s'agira d'un acte privé, entre adultes consentants, ne violant pas les droits de tiers. L'évaluation des buts ultimes de la vie est dans les mains de l'individu lui-même. Il peut s'agir d'améliorer ses potentialités perceptives et émotives afin de réaliser un chef-d'œuvre grâce à cet euphorisant. Aucun tiers n'est habilité à interférer avec cette évaluation, tant que celle-ci ne crée aucun dommage à autrui. On portera un jugement sur la façon dont l'acte se déroule et non sur les conséquences de l'acte lui-même : est-ce que la personne est consentante, est-ce que son acte affecte des tiers non consentants ?

Reprenons l'exemple abordé plus haut. Une jeune femme veut interrompre une grossesse non désirée et expulser son embryon parce qu'elle a des études à préparer et que ce n'est pas le moment de s'embarrasser d'un enfant. Ou, par analogie, un propriétaire veut expulser au début de l'hiver un locataire qui ne paie pas son loyer sachant que celui-ci décédera de froid sous les ponts avant l'arrivée du printemps. Plusieurs problèmes moraux sont sous-jacents à cette interaction. Est-ce que la femme ou le propriétaire peuvent commanditer l'expulsion sachant que celle-ci entraînera le décès du locataire ou du fœtus ? Est-ce que le médecin ou le commissaire de police est tenu de respecter un contrat qui l'oblige à des actes dont il sait que les conséquences seront le décès d'un être humain ? Est-ce que des tiers peuvent empêcher l'expulsion en usant de la violence à l'égard de l'exécuteur ? Que peut bien nous enseigner l'éthique normative pour résoudre ou comprendre ces différents dilemmes ?

Si la morale est un guide de l'action individuelle ou collective, elle doit pouvoir résoudre de manière simple ce type de problème. Or, on constate qu'il n'en est rien. Il existe une grande variété de morales qui conduisent à des jugements de valeur très différents. En ce sens-là, l'éthique normative échoue à nous guider dans nos choix. Elle permet de classer et de mieux mesurer où sont les points de divergence dans nos systèmes de valeurs sans pouvoir trancher véritablement entre les différentes morales. Il nous faut aller plus loin et réfléchir sur la notion même de bien et de mal.

Un peu d'épistémologie

D'abord il faut vérifier si les mots « bien » et « mal » ont une signification. Par exemple, pour un déterministe, qui nie le libre arbitre, ces mots ne peuvent avoir de signification. Les animaux, qui sont préprogrammés dans leur comportement, ou les choses, comme un volcan en éruption, ne sont pas responsables de leurs actes. Le volcan ne peut être tenu pour responsable du cataclysme qu'il engendre, il en est seulement la cause. Mais ce n'est généralement pas le cas avec les comportements humains.

Si la plupart des choses ou des organismes vivants n'ont pas de conscience, et donc ne poursuivent pas d'objectifs, c'est à l'inverse un attribut essentiel de la nature de l'homme que d'en avoir une. Ses actions résultent d'un choix délibéré. En ce sens-là il en assume la responsabilité, car il aurait pu agir autrement, ce qui n'est pas le cas de l'animal ou du volcan. L'existence de la conscience individuelle et du libre arbitre fonde la théorie des choix et donc soulève la question du bien et du mal. Les économistes ne sont pas des déterministes, ils acceptent la proposition précédente. Mais la plupart d'entre eux nient que les mots « bien » et « mal » aient une signification parce que, pour eux, ils n'ont aucun sens cognitif. Ainsi, dire « Vous agissez mal en volant l'argent de votre voisin » n'a pas de signification empirique, car on ne peut établir la vérité ou la fausseté de cette proposition sur la seule base de l'observation. Les jugements de valeur ont un contenu existentiel mais non un contenu cognitif. Ils sont des propositions éthiques qu'on ne peut déclarer vraies ou fausses sur la base d'une évidence empirique. Ce jugement (de valeur) est largement répandu dans la profession des économistes. C'est ce que l'on appelle le positivisme.

Toutefois, les économistes ne mesurent pas les conséquences d'une telle position. En prêtant aux individus une morale particulière comme guide de leurs actions individuelles — la maximisation du bonheur —, l'économiste « positiviste » se met dans une situation intenable. Comment peut-il dire que la fonction de demande est la loi empirique la mieux établie de son domaine si, en même temps, il soutient que la notion de bien ou de mal n'a aucun sens puisque cette fonction émerge du comportement de maximisation de l'utilité de l'individu !

Le concept proposé par les économistes d'un individu qui maximise son bien-être ne dérive pas des faits, ce sont les faits qui dérivent de ce comportement ! En sciences sociales, il est difficile d'accepter le positivisme ou le déterminisme parce que les faits sociaux émergent de l'action humaine et non l'inverse. Maintenant, si l'on rejette à la fois le déterminisme et le positivisme, cela veut dire que l'on accorde un sens cognitif aux jugements de valeur. Cela veut dire que certains jugements de valeur sont « vrais », alors que d'autres sont « faux ». On peut alors rechercher des valeurs morales universelles, communes ou « objectives ». Cette piste s'appelle l'éthique objectiviste ou l'éthique absolutiste.

Si la définition du bien et du mal résulte d'une recherche rationnelle pour découvrir les propriétés de ces concepts (comme on le fait de la lumière qui est produite par de l'électricité), alors on peut suivre saint Thomas d'Aquin dans sa description de l'univers dans lequel s'insère l'homme. Il constate que l'homme a une place dans la hiérarchie des êtres vivants et que chacun de ces êtres vivants poursuit de manière harmonieuse des buts que sa nature commande. Il en déduit que le « bien » est ce que la nature de l'être vivant lui commande. L'objectivisme prétend que le bien et le mal existent indépendamment des individus. Est-ce que les valeurs morales existent indépendamment de ce que pense chacun ? On ne peut rejeter aussi facilement cette approche. Le décalogue, le code Hammurabi, les lois sacrées de Manu en témoignent. Connaissez-vous une société ayant pour règles de rompre ses promesses, mentir, tricher, voler, user de la violence, tuer ?

Certains répondront par l'affirmative puisque ces règles s'appliquent largement dans les sociétés politiques ou politisées. Mais, habituellement, les sociétés civiles (et civilisées) reposent sur le respect des promesses, l'honnêteté, la vérité et la paix.

Le critère de vérité d'un jugement de valeur est-il l'individu lui-même, sa perception, son opinion, ses désirs ? On parle alors d'éthique relativiste. Le relativisme prend différentes formes. La vérité éthique peut être relative à l'individu, à la société, à une culture ou à l'humanité. Le relativisme s'oppose à l'absolutisme ou à l'objectivisme. Les jugements moraux ne sont pas universels ni indépendants des individus. Les valeurs morales sont privées, subjectives, et l'individu est la seule mesure de toute chose. Mais si l'individu est à la base de la vérité des jugements moraux, personne ne peut se tromper ou avoir des jugements de valeur « faux ». Comment alors comparer et trancher entre différents jugements moraux ? Une telle implication est radicale. La morale devient purement arbitraire, subjective et individualiste.

S'il existe des valeurs morales communes, universelles, qui peuvent être découvertes par un processus d'induction ou de déduction, alors il existe un ensemble de valeurs morales qui s'appliqueraient à tous. La morale n'est plus arbitraire ou subjective mais devient « autoritaire » au sens épistémologique du terme. Si vous êtes un objectiviste en éthique, vous vous plierez aux commandements de ceux qui auront trouvé ces valeurs communes. Si vous êtes un relativiste en morale, vous refuserez de vous plier aux valeurs des autres.

Entre objectivisme et relativisme : une morale fondée sur la notion de droit de propriété sur soi

La morale est-elle subjective et individuelle, ou objective et autoritaire ? Le conflit perdure parce que les bonnes questions n'ont pas été posées. Il ne s'agit pas en effet de savoir s'il existe un code moral « objectif » qui pourrait être découvert et sur lequel tout le monde pourrait se mettre d'accord, ni de savoir si chacun peut suivre la morale qu'il croit « vraie » compte tenu de ses propres critères d'évaluation. Il s'agit de faire en sorte que chacun puisse poursuivre sa vision de la morale sans empêcher quelqu'un d'autre de suivre la sienne. C'est la position de Hazlitt[1].

Si l'on admet l'existence séparée des individus et le libre arbitre, si l'on constate que les fins des individus sont profondément subjectives et que les morales qui sous-tendent les actions des individus le sont tout autant, la question fondamentale de la méta-éthique n'est pas de savoir si une morale est supérieure à l'autre ou s'il existe une morale objective qui s'impose à tous. Il s'agit plutôt de trouver une procédure ou une règle qui rendent compatibles entre elles les diverses morales qui guident les actions des individus. De ce processus par lequel les différentes morales vont devenir compatibles entre elles émerge une certaine vision de ce qu'il est bien ou mal de faire dans une société ouverte à toutes les formes de moralité individuelle.

Quelle est donc la solution ? Vous l'avez déjà devinée. En effet, si les questions de morale sont *in fine* une discussion conflictuelle sur l'usage de votre corps humain (y compris vos pensées et donc vos intentions) ou sur celui d'autrui, il s'agit d'un conflit d'appropriation. Il suffit alors d'établir un droit de propriété sur ce corps humain et de l'attribuer au premier occupant. Or, qui peut bien être le premier occupant de votre corps si ce n'est vous ?

L'idée simple que chacun est propriétaire de soi-même n'est pas nouvelle. Cette thèse, soutenue par Locke, va plus loin puisqu'elle fonde le droit de propriété sur les choses.

> Chacun garde la propriété de sa propre personne. Sur celle-ci nul n'a droit que lui-même. Le travail de son corps et l'ouvrage de ses mains, pouvons-nous dire, sont vraiment à lui. Toutes les fois qu'il fait sortir un objet de l'état où la nature l'a mis et l'a laissé, il y mêle son travail, il y joint quelque chose qui lui appartient et, de ce fait, il se l'approprie[2].

Cette citation de Locke est à rapprocher de celle de Bastiat :

---

1   Hazlitt H. 1964, *The Foundations of Morality*, Nash Publishing, Los Angeles
2   Locke J. 1985, *Deuxième traité du gouvernement civil*, chapitre V, Paris, Librairie Philosophique J. Vrin

> Quand le travail a rendu assimilables, appropriables, des substances qui ne l'étaient pas, je ne vois pas comment on pourrait prétendre que, de droit, le phénomène d'appropriation doit s'accomplir au profit d'un autre individu que celui qui a exécuté le travail[1].

L'économiste vient en fait au secours du philosophe. Car il est ici sur un terrain familier. Les questions éthiques ne sont que des conflits sur l'usage d'une ressource particulière : son propre capital humain ou celui d'autrui. Pour résoudre ce conflit, il suffit d'attribuer un droit de propriété sur le corps humain à celui qui en est le premier occupant, c'est-à-dire à l'individu lui-même. C'est lui qui décidera de son usage et de la morale qui guidera ses actions. On sera certain que son corps ne sera pas utilisé comme moyen à des fins auxquelles il n'aura pas consenti. On recoupe la vision morale et déontologique d'E. Kant et de R. Nozick.

Le respect du droit de propriété sur soi devient le critère par lequel on juge du « bien » et du « mal ». Tout acte qui entraîne la violation du droit de propriété d'un individu sur lui-même et sur ce qu'il a acquis justement est un acte « injuste », « malhonnête » ou « mauvais ». Tout acte qui ne constitue pas une violation de ce droit est au contraire « juste » ou « correct » ou « honnête » ou « bon ». Le respect du droit de propriété sur soi est le moyen par lequel on rend compatibles les diverses morales. De la cohérence et de l'universalité de ce droit de propriété sur soi émerge une éthique « objective » qui guide les actions individuelles. L'échange volontaire de ces droits de propriété pour les placer dans les mains de ceux qui savent en faire une meilleure utilisation signifie que le principe du consentement joue un rôle essentiel comme guide de l'interaction individuelle.

La notion de consentement, conjointement avec le droit de propriété sur soi, n'exclut pas certains « vices » (faute, erreur ou contrainte), ni certains problèmes d'interprétation, mais, en tant que guide des actions individuelles, elle a une force qui vient de son caractère universel, de sa cohérence et du fait qu'elle rend compatibles entre elles les diverses morales.

---

1   Bastiat F. 1850, *Les harmonies économiques*, Paris, Guillaumin

C'est avec ces deux principes simples que l'économiste peut pénétrer en position de force dans le domaine de la philosophie morale. C'est ce que nous allons faire avec les différents débats que nous aborderons dans ce livre.

La question de l'appropriation du corps humain[1]

La loi du 30 juillet 1994, dite loi sur la bioéthique, dénie aux êtres humains la possibilité juridique d'être propriétaires de leurs corps, et ce au nom du respect du corps de chacun !

Reprenons les neuf articles de la loi qui interdisent cette appropriation.

> Art. 16-1. — Chacun a droit au respect de son corps. Le corps humain est inviolable. Le corps humain, ses éléments et ses produits ne peuvent faire l'objet d'un droit patrimonial.

> Art. 16-2. — Le juge peut prescrire toutes mesures propres à empêcher ou faire cesser une atteinte illicite au corps humain ou des agissements illicites portant sur des éléments ou des produits de celui-ci.

---

1 Ce chapitre est une version remaniée d'un article publié dans la revue *Droits revue française de théorie juridique*, n° 13, en 1991, sous le titre : « Le corps humain : propriété de l'État ou propriété de soi ? »

Art. 16-3. — Il ne peut être porté atteinte à l'intégrité du corps humain qu'en cas de nécessité thérapeutique pour la personne. Le consentement de l'intéressé doit être recueilli préalablement hors le cas où son état rend nécessaire une intervention thérapeutique à laquelle il n'est pas à même de consentir.

Art. 16-4. — Nul ne peut porter atteinte à l'intégrité de l'espèce humaine. Toute pratique eugénique tendant à l'organisation de la sélection des personnes est interdite. Sans préjudice des recherches tendant à la prévention et au traitement des maladies génétiques, aucune transformation ne peut être apportée aux caractères génétiques dans le but de modifier la descendance de la personne.

Art. 16-5. — Les conventions ayant pour effet de conférer une valeur patrimoniale au corps humain, à ses éléments ou à ses produits sont nulles.

Art. 16-6. — Aucune rémunération ne peut être allouée à celui qui se prête à une expérimentation sur sa personne, au prélèvement d'éléments de son corps ou à la collecte de produits de celui-ci.

Art. 16-7. — Toute convention portant sur la procréation ou la gestation pour le compte d'autrui est nulle.

Art. 16-8. — Aucune information permettant d'identifier à la fois celui qui a fait don d'un élément ou d'un produit de son corps et celui qui l'a reçu ne peut être divulguée. Le donneur ne peut connaître l'identité du receveur ni le receveur celle du donneur. En cas de nécessité thérapeutique, seuls les médecins du donneur et du receveur peuvent avoir accès aux informations permettant l'identification de ceux-ci.

Art. 16-9. — Les dispositions du présent chapitre sont d'ordre public.

L'article 227-12 du code pénal est complété par un troisième et un quatrième alinéas ainsi rédigés :

Est puni des peines prévues au deuxième alinéa le fait de s'entremettre entre une personne ou un couple désireux d'accueillir un enfant et une femme acceptant de porter en elle cet enfant en vue de le leur remettre. Lorsque ces faits ont été commis à titre habituel ou dans un but lucratif, les peines sont portées au double. La tentative des infractions prévues par les deuxième et troisième alinéas du présent article est punie des mêmes peines.

On sait que l'État a déjà nationalisé discrètement les cadavres (loi du 22 décembre 1976 sur les prélèvements d'organes). Il laisse en effet la médecine en disposer comme elle l'entend, sauf si l'individu a explicitement signalé sur un registre à l'entrée de l'hôpital où il a été conduit qu'il refusait de donner son corps à la science, ou si les médecins, après enquête, trouvent des témoins qui affirment que le patient ne désirait pas donner son corps. Hors ces cas, le consentement est présumé.

Mais cela ne suffisait pas. Le Conseil d'État a créé un statut d'ordre public (article 16-9) pour le corps humain ! Débattre de cette loi et de la doctrine qui la sous-tend constitue une entreprise intellectuelle vitale au sens propre du terme. En effet, ce que le législateur a institué, c'est une atteinte fondamentale à la libre disposition de soi et de son corps. On ne peut rester dans l'ignorance de la véritable nature de cette loi. Il y a trois raisons à cela. La doctrine sur laquelle repose cette législation :

1. est socialement nuisible ;
2. est philosophiquement mal fondée ;
3. confond morale et droit.

UNE DOCTRINE SOCIALEMENT NUISIBLE

Le refus de laisser les individus disposer de leur corps comme ils l'entendent, par exemple de louer leur ventre, de vendre leurs organes ou leur sang, de cloner leur corps pour donner naissance à un être humain identique (un jumeau), de manipuler leurs gènes pour lutter contre diverses maladies contemporaines, de prolonger la vie humaine en évitant le vieillissement, de choisir les caractéristiques corporelles de leurs enfants, de procréer artificiellement, de congeler des embryons pour une naissance dans deux siècles, d'intervenir sur le génome, etc. est socialement nuisible.

En effet, en refusant cela, on sacrifie des vies humaines et on met en péril l'espèce elle-même. Aussi brutal que cela puisse paraître, si, pour vivre un peu mieux, une personne astreinte à une dialyse hebdomadaire recherche désespérément un rein naturel pour une transplantation et que d'autres personnes soient prêtes, moyennant rémunération, à renoncer à un rein de leur vivant ou après leur mort, un échange mutuellement bénéfique est possible. Empêcher un tel échange, c'est sacrifier la vie de la personne astreinte à la dialyse, en lui refusant une possibilité d'améliorer son bien-être. C'est aussi empêcher celui qui renonce à son rein — un pauvre, par exemple — de gagner sa vie en mettant en valeur la seule ressource dont il dispose : les éléments de son corps. Nous reviendrons plus spécifiquement sur la question des transplantations d'organes au chapitre suivant.

Empêcher une femme stérile d'avoir un enfant grâce à une mère porteuse, c'est priver cette femme des joies d'avoir son propre enfant et la condamner à se reporter sur le marché de l'adoption. C'est en même temps refuser à une autre femme le droit de gagner de l'argent comme elle l'entend.

Empêcher la manipulation des gènes ou la constitution de banques d'embryons congelés, c'est priver nos enfants d'opportunités de vie meilleures que les nôtres qui leur éviteraient des maladies, retarderaient le vieillissement et allongeraient la durée de vie, ou amélioreraient les performances de leurs corps. C'est aussi priver les générations futures d'une plus grande diversité génétique. C'est aussi interdire à des communautés en voie d'extinction — les Pygmées, les Indiens d'Amazonie, les Blancs d'Europe ou d'Amérique du Nord — d'user d'un moyen qui leur éviterait de disparaître. La richesse génétique des Pygmées, des Indiens ou des Blancs contribue tout autant que celle des Noirs, des Rouges ou des Jaunes à la richesse de l'espèce humaine.

La conservation et l'échange libre du matériel génétique des êtres humains sont un moyen de préserver l'identité d'un groupe humain et sa survie autrement que par des règles de mariage draconiennes.

Interdire aux scientifiques de modifier la nature humaine, c'est priver les hommes des moyens de préserver leur vie face à des environnements hostiles sur notre planète ou en prévision de voyages sur d'autres planètes. C'est aussi les priver d'un moyen d'améliorer leurs capacités physiques et intellectuelles, ce dont la plupart ont grandement besoin. D'une certaine manière aussi, c'est rétablir une égalité des chances devant la vie, dont la sélection naturelle nous prive.

Il faut donc de solides raisons pour interdire à chacun d'entre nous de disposer librement de son corps et imposer à tous ceux qui désirent une transplantation, une procréation artificielle, une manipulation des gènes, etc. de sacrifier leur vie au nom de la morale de quelques-uns, aussi experts soient-ils. Le législateur n'est pas non plus habilité à trancher entre une morale au détriment d'une autre. Ce n'est pas à une majorité de députés de dire quelle morale est la meilleure et de l'imposer par la force.

UNE DOCTRINE JURIDIQUE PHILOSOPHIQUEMENT MAL FONDÉE

L'intangibilité du corps humain, l'inviolabilité de la personne humaine sont des concepts que les juristes posent mais n'expliquent pas. Le corps et l'esprit ne feraient qu'un. La personnalité de l'individu ne serait pas séparable de son corps ni de ses prolongements (*cf.* le droit moral de l'auteur). Dans une telle conception, le corps humain et ses éléments deviennent inaliénables. En fait, toute la doctrine juridique contemporaine repose sur la distinction radicale entre les personnes et les choses, entre le patrimonial et l'extrapatrimonial, sur la base « objet-sujet ». Elle développe un droit des personnes physiques (par différence avec les personnes morales) en opposition fondamentale à un droit des choses. Cette tradition nous vient de la Rome antique. Au départ, les mots *res* et *persona* avaient un sens différent de ceux d'aujourd'hui et traduisaient des fonctions juridiques (le mot *res* voulait dire tout ce qui peut faire l'objet d'un débat judiciaire et le mot *persona* désignait l'individu détenteur de droits et d'obligations à propos d'un patrimoine). Ces mots ont ensuite pris leur sens contemporain sous l'influence de la religion chrétienne[1]. La question est donc

---

1   Crignon-De Oliveira C. et Gaille-Nikodimov M. 2004, *À qui appartient le corps humain ?*, Paris, Les Belles Lettres

de savoir dans quelle catégorie va se situer le corps humain : dans celui des personnes ou dans celui des choses ? Si l'être humain ne peut être à la fois sujet et objet de lui-même, faute de pouvoir séparer l'un de l'autre, alors le corps humain est mis dans le droit des personnes.

L'idée que le corps humain, dans ses parties, n'est pas un objet mais un sujet est un postulat philosophique. Le fait même que l'on puisse déplacer de son vivant ou après sa mort les éléments du corps humain rappelle beaucoup plus les distinctions entre meubles et immeubles en droit que la distinction entre sujet et objet. Ce postulat, même s'il fonde notre système juridique et prétend protéger la dignité humaine — ce qu'il ne fait pas —, est contestable non seulement parce qu'il conduit à des conséquences socialement nuisibles, mais aussi parce qu'il est philosophiquement mal fondé.

La définition de la personne humaine, bien que nécessaire pour différencier l'être humain de l'animal, est ici purement arbitraire[1]. Être une personne, cela suppose être une entité consciente d'elle-même, raisonnable, libre d'effectuer des choix et en possession d'un sens moral, c'est-à-dire d'une capacité à discerner le bien du mal. Cette définition de la personne est celle du philosophe Kant. Un lion mange une antilope, un chat tue un oiseau parce qu'il est dans leur nature de le faire ; un fou tue quatorze personnes parce qu'il n'est plus un être raisonnable en possession d'un sens moral. Un fœtus, un enfant, un être humain endormi ou un handicapé mental ne sont pas des personnes : ce ne sont pas des êtres conscients d'eux-mêmes ou libres d'effectuer des choix ou de discerner le bien du mal. La personnalité d'un individu ou la personne ne se confondent donc pas avec l'être humain. Sinon l'inviolabilité du corps humain interdirait de pratiquer l'avortement mais aussi tout progrès médical ! Pensons aux premiers chirurgiens et anatomistes qui découpaient des cadavres volés dans les cimetières. Pensons qu'aujourd'hui des hôpitaux conservent illégalement des fœtus plongés dans le formol pendant de nombreuses années !

Si le corps humain et la personnalité ne font qu'un et que l'on pose *a priori* l'inviolabilité de la personne humaine, pourquoi accepter le don de son rein ou d'une partie de sa peau ou d'éléments fluides et

---

1   Beigner B. 1992, *Le droit de la personnalité*, Paris, Presses Universitaires de France, Collection Que sais-je ?

renouvelables comme le sang ? Pourquoi accepter la commercialisation des cheveux ou du placenta et non celle du sang, au prétexte que les cheveux et le placenta sont des déchets ? Si les cheveux et le placenta sont des déchets, pourquoi un cadavre n'en est-il pas un ? Il est contradictoire de poser comme postulat l'inviolabilité de la personne humaine et en même temps d'accepter les pratiques de don d'un organe ou de commercialisation de certains éléments du corps humain. Ce principe d'intangibilité du corps humain sous prétexte que la personnalité de l'individu est inviolable est difficilement tenable. Il a été tout de suite amendé par le législateur, qui affirme le principe mais le viole aussitôt en édictant toutes les exceptions au principe lui-même.

A-t-on vu la personnalité d'un individu qui reçoit un rein ou qui en donne un se modifier ? Non, évidemment. Les éléments du corps humain, une fois séparés de celui-ci, ne contiennent pas la personnalité de l'individu. Les expériences sur le cerveau tendent à accréditer l'idée que les potentialités de la personnalité sont localisées dans certaines parties du cerveau lorsque l'âge adulte est atteint. Il faudrait pouvoir vérifier que, après transplantation du cerveau d'un individu dans un autre corps humain, l'individu qui reçoit le nouveau cerveau garde sa personnalité et ne prend pas celle du nouveau cerveau. Ce test semble hors de la portée des scientifiques, encore qu'il existe des gens qui naissent avec deux têtes et un seul corps humain ; on pourrait donc vérifier si les deux cerveaux ont une personnalité identique. *A priori*, on s'attend à ce que le corps humain reflète la personnalité du cerveau transplanté. On fait aussi l'hypothèse implicite que dans un corps humain existe une seule personnalité. Mais *quid* des gens qui se disent possédés par d'autres personnalités ou qui, tel Mr. Hyde et Dr. Jeckill, en ont deux dans un même corps. Doit-on les classer parmi les fous ? Pourtant les deux personnalités sont conscientes d'elles-mêmes, raisonnables, discernent parfaitement le bien du mal. Comment peut-on s'apercevoir qu'une personne est une personne si par malheur on ne peut communiquer avec elle ? Imaginez un instant que les recherches patientes menées sur le langage de certains animaux — les dauphins ou les chimpanzés — débouchent finalement sur un dialogue. Ceux-ci nous disent alors qu'ils en ont assez d'être traités comme des animaux. Le concept de personne est profondément dépendant de notre anthropomorphisme et des progrès que nous pouvons réaliser dans l'art de communiquer.

Prenons l'expérience suivante. Vous construisez un robot extrêmement sophistiqué. Dans l'ordinateur de bord du robot vous imprimez votre mémoire, votre manière de raisonner, vos talents et vos caractéristiques émotionnelles. Il crie de douleur si on lui tape dessus. Il n'a pas tout à fait la même forme qu'un être humain. Il ressemble à un fauteuil roulant. Mais il parle, raisonne, émet des jugements moraux, communique ses émotions, prend des décisions et peut faire un cours de théorie économique dans un amphi. Il a toutes les caractéristiques de la personne humaine. Doit-on le traiter comme tel alors que l'on sait qu'il ne s'agit pas d'un être vivant ? Si personne ne vous dit qu'il a été entièrement fabriqué avec de la ferraille et du plastique plus quelques composants spéciaux pour l'ordinateur de bord, comment classerez-vous ce robot ? Vous êtes amené à donner un statut de personne à un non-existant.

Imaginons un instant une telle possibilité : celui qui a fabriqué le robot est-il propriétaire du robot ? Est-il propriétaire d'une personne ? Oui, normalement, puisqu'il s'agit d'un objet. Mais le concept de personnalité interdit justement que l'on soit propriétaire d'une personne. Il ne s'agit pas de science-fiction. C'est ce que font déjà les juristes avec le droit moral de l'auteur. L'œuvre de l'auteur et sa personnalité sont contenues dans un objet. Et sous le prétexte que la personnalité du créateur est contenue dans cet objet, on interdit à l'acheteur de modifier ou d'utiliser l'objet dans un sens qui viole la personnalité de l'auteur. Les juristes attribuent à des choses et des non-existants une personnalité ! Alors qu'en même temps ils refusent à des êtres existants, le fœtus de moins de treize semaines, par exemple, le droit élémentaire de vivre. C'est en cela que le concept de personne est un faux concept.

Pourquoi donc s'embarrasser d'un faux concept alors qu'il est si simple de concevoir le corps humain comme une « machine biologique » ou de la matière vivante dans laquelle notre esprit est incorporé. Nous ne disons pas que le corps humain est le produit de la pensée ou de l'esprit. Il ne s'agit pas ici de spiritualisme. Nous ne disons pas non plus que la pensée est le produit du corps humain. Il ne s'agit pas non plus de matérialisme. Le message imprimé dans les gènes, qui, pour certains, est une manifestation de l'esprit ou de la pensée, ne peut exister qu'en s'incorporant dans une matière vivante. Dans l'état actuel de nos connaissances, il s'établit des rapports entre processus mentaux et physiologiques tels que nous apprenons à maîtriser la machine biologique dans laquelle nous sommes incorporés. Le point essentiel ici est que les autres individus reconnaissent à l'esprit — parfaitement identifié par son empreinte génétique — un droit de propriété privé sur cette « machine biologique » pour les simples et seules raisons :

1. qu'il est incorporé dans cette matière vivante ;

2. qu'il en est en général le seul occupant ;

3. qu'il ne peut en changer.

C'est parce que l'existence de l'individu ou de l'esprit incorporé dans cette « machine biologique » est unique et exclusive qu'il est insensé — comme on le fait aujourd'hui avec la loi de 1994 (revue et adaptée en 2001 sans en changer les principes fondamentaux) — d'attribuer ce droit de propriété privé à quelqu'un d'autre (ici à l'État, c'est-à-dire à personne).

Un droit de propriété privé sur son propre corps humain veut dire que celui-ci appartient au domaine des objets. On peut user, disposer et transférer tout ou partie de son corps comme on le fait de sa maison ou de sa voiture, de meubles ou d'immeubles. C'est aussi parce que l'on considère le corps humain comme une « machine biologique », fût-elle imparfaite, qu'un retardé mental, un embryon, un malade en état de coma, un malade mental atteint d'un dédoublement de la personnalité, etc. sont considérés comme des êtres humains propriétaires de leurs corps avec tous les attributs de la propriété privée. Ce qui va définir la personne humaine, c'est justement ce droit de propriété sur soi ou sur son corps humain. C'est cette revendication radicale de la libre disposition de son corps qui définit la personne humaine et non l'inverse.

Améliorer les performances du corps humain, s'évader des contraintes qu'il impose, se désincorporer sont des fins ultimes du progrès scientifique tel que le révèle l'histoire des techniques. L'homme ne peut voler avec des ailes : qu'à cela ne tienne, il vole avec un avion ou avec un delta-plane. Il ne peut vivre sous l'eau : il invente les bouteilles à oxygène. Il ne court pas assez vite : il utilise des anabolisants. Il n'arrive pas à tuer avec ses propres mains : il invente des armes qui tuent à distance. Il ne calcule pas assez vite : il invente l'ordinateur. Il veut être un créateur : il s'efforce de stimuler son cerveau avec des drogues. Il ne peut vivre plusieurs vies en même temps : il invente le cinéma et pendant deux heures se prend pour un agent secret de Sa Majesté la reine d'Angleterre. La modification du corps humain en vue d'améliorer ses performances est irréversible parce que cela fait partie de la poursuite du bonheur. Pourquoi vouloir empêcher la manipulation des gènes, la transplantation des organes, la procréation artificielle, etc. si cela permet aux individus de réaliser leurs rêves sans violer les droits de propriété d'aucun autre individu ?

UNE DOCTRINE QUI CONFOND DROIT ET MORALE

Ce dont il s'agit, au travers de cette doctrine, c'est d'imposer à nos concitoyens dans leurs affaires privées et dans leurs choix les plus intimes une morale que certains qualifient de transcendantale. La morale est un code de valeur pour guider chacun de nous dans ses actions. Or, lorsque l'on applique la doctrine de l'intangibilité du corps humain, on impose une morale particulière héritée d'une religion. L'idée d'une inviolabilité du corps humain signifie ne pas utiliser son corps comme moyen pour atteindre certaines fins ; le seul moyen autorisé est le don et les seules fins convenables sont les finalités thérapeutiques.

Il ne s'agit pas ici de droit mais de morale. Il ne s'agit pas de résoudre l'incompatibilité des fins multiples des individus qui entrent en conflit, il s'agit d'interdire les fins elles-mêmes. Comment peut-on interdire à un individu d'utiliser une greffe de peau pour supprimer une calvitie précoce, si la calvitie de l'individu provoque chez lui un mal-être que l'on accepterait de soigner par ailleurs avec d'autres procédés ? La médecine s'intéresse à toutes les plaintes des patients. Cela va de l'acné au cancer, du trouble gastrique à la dépression. Il n'y a pas de frontière entre être mal dans sa peau et avoir mal à la peau.

Il est toujours tentant pour n'importe quel groupe de pression d'user de la contrainte publique pour imposer aux autres ses propres goûts ou ses propres intérêts privés. Mais l'usage de la violence politique par un groupe de pression pour promouvoir sa propre morale montre on ne peut plus clairement que la morale que l'on cherche à imposer n'est pas aussi bonne qu'on le dit puisqu'il faut user de la violence pour que les gens l'adoptent. On ne conçoit pas qu'une morale puisse s'imposer par une procédure majoritaire. Car, s'il existe des points de vue moraux différents, en quoi celui de l'électeur médian devrait-il être supérieur aux autres ?

Même si la morale du Comité national d'éthique est correcte, bonne ou vraie, cela ne démontre pas non plus qu'il faille utiliser la contrainte publique pour l'imposer. Il ne faut pas oublier que le fait d'utiliser la contrainte publique signifie aussi qu'on utilise des moyens qui violent les principes fondateurs d'autres morales. En particulier celles qui reposent sur le droit de propriété privé de soi-même.

Le droit n'a pas pour but de violer les morales des uns et des autres mais de permettre qu'elles puissent s'épanouir dans un respect mutuel les unes des autres. Ce n'est pas ce qu'ont fait les législateurs en votant cette loi. Ce n'est pas au droit ni à la loi de trancher ou d'imposer une morale. Pour trancher entre ces diverses morales — c'est-à-dire pour savoir laquelle est bonne ou mauvaise — il faut une procédure et des règles permettant d'écarter certaines d'entre elles. L'éthique est l'instrument intellectuel qui permet d'une façon rationnelle de trancher entre des points de vue moraux différents. On exigera d'une morale soutenue par un groupe de pression quelconque (les scientifiques, les religieux, les moralistes, les juristes, les économistes) qu'elle soit au moins cohérente, universalisable et d'une certaine manière non contredite par les actes spontanés des individus. Or, si on adopte cette façon de porter un jugement sur les diverses morales, celle avancée par le Comité national d'éthique et indirectement par le législateur en matière de science de la vie est incohérente, car le concept de personne sur laquelle elle est fondée présente trop de contradictions : elle est non universalisable parce que le concept de personnalité n'est pas neutre et dépend de la façon dont les personnes elles-mêmes se définissent comme personnes ; et enfin elle est contredite par les actes spontanés des individus qui s'approprient de plus en plus leur corps humain et désirent disposer librement de ses éléments ou de ses produits. Le droit ne doit pas être confondu avec la morale.

ÉTHIQUE ET DROIT

On peut conclure ce chapitre par un rappel fondamental. Le droit a pour objet de résoudre les conflits que nous avons les uns et les autres à propos de l'usage des choses mais aussi à propos de l'usage des individus ou des personnes dans nos relations interindividuelles. Les règles d'appropriation ont pour objet de pacifier les conflits concernant une ressource convoitée par plusieurs personnes. La règle du premier occupant résout le conflit. Comme, manifestement, le corps humain est une ressource convoitée par plusieurs personnes, un conflit d'appropriation naît. C'est pour résoudre ce conflit que l'on attribue le droit de propriété au premier occupant, donc à l'individu lui-même.

Un droit de propriété décrit ce que l'individu peut faire avec les ressources dont il a la propriété. Ainsi il peut : 1) user ; 2) transformer ; 3) détruire ; 4) abandonner ; 5) transmettre ; 6) transférer ; 7) exclure ; 8) conserver à perpétuité ; 9) jouir des revenus tirés de cette ressource. En revanche, 10) il ne peut en faire une utilisation qui endommage la propriété d'autrui ou qui vise à nuire à autrui (abus de droit) ; et 11) si quelqu'un endommage ou vole cette ressource, il est en droit d'exiger la restitution de la ressource ou une compensation. Chaque point décrit un droit. Ce que l'on appelle couramment un droit de propriété est en réalité un panier de droits. Le propriétaire est libre d'exercer les droits décrits ci-dessus sur ce qui lui appartient. Personne, y compris l'État, ne peut le contraindre à exercer ces droits. Il est interdit à des tiers, y compris l'État, d'interférer avec l'utilisation que le propriétaire veut faire de ces droits. Celui-ci est libre de céder tout ou partie de ces droits à des tiers avec leur consentement, gratuitement ou non.

Il n'y a pas de dichotomie entre le droit des personnes et celui des choses. Le droit de propriété, conjointement avec les règles d'appropriation, est un instrument de pacification des conflits à propos de l'usage des personnes, des êtres vivants ou des choses. En affirmant que le corps humain est la propriété de celui qui l'occupe en premier, on définit la propriété de l'individu sur lui-même et on identifie la notion de personne à la propriété de l'individu sur lui-même.

Cette notion de droit, qui consiste en une appropriation de son corps, est cohérente. Le corps humain est un objet comme un autre dont le propriétaire est parfaitement identifié. Elle est universalisable :

tout être humain, potentiel ou non, tout esprit incorporé dans une machine biologique ou non bénéficie d'un droit de propriété sur cette machine, parce qu'il en est l'occupant ou qu'il en a la possession. Cette notion n'est pas contredite par les actes spontanés des individus puisque ce droit de propriété accompagne la privatisation de plus en plus grande de l'individu sur ses actes comme sur l'usage de son corps.

Cette reconnaissance d'un droit de propriété sur soi légitime la libre disposition de son corps et de ses éléments. Elle ne confond pas morale et droit. Attribuer la propriété du corps humain à celui qui y habite ne dit rien des fins que poursuit l'individu et ne porte pas de jugement sur les valeurs qui vont guider les actions de l'individu qui pilote ce corps humain. Elle n'est pas non plus socialement nuisible. Bien au contraire. Elle permet de ne pas hypothéquer l'avenir de l'espèce humaine et protège mieux les libertés individuelles que le concept de personne cher aux philosophes de notre droit contemporain. Enfin, elle n'est pas philosophiquement mal fondée. Le droit de propriété sur soi est facilement définissable. Il est souple et peut être décomposé. On peut louer son corps. On peut en vendre certains éléments ou la totalité après décès. On peut le détruire, le transformer, etc. Le droit de propriété privé sur soi-même est un droit, non une morale.

Chacun peut utiliser la morale qu'il veut pour guider ses actions. Mais il ne pourra le faire qu'en respectant le droit de propriété d'autrui sur son propre corps. En ce sens le droit de propriété privé sur soi rend compatibles les différents points de vue moraux. C'est sa supériorité. Il est fondé sur la tolérance. En revanche, la morale du Comité national d'éthique est fondée sur une vision esclavagiste de l'être humain, puisque ce comité veut contrôler l'usage que font les individus de leur corps et des produits qu'ils en tirent.

LES OBJECTIONS À LA LIBRE DISPOSITION DE SON CORPS

Bon nombre de lecteurs, même convaincus par cette argumentation, ne sont pas encore prêts à accepter une telle liberté. Car, après tout, c'est de liberté individuelle que l'on parle. Ils se disent que si l'on ne contrôle pas sévèrement les activités des scientifiques qui jouent aux apprentis sorciers avec la vie et si l'on ne fait pas de même avec les utilisateurs des biotechnologies qui en découlent, c'est à une commercialisation du corps humain que l'on va assister.

Oui, et alors ? La libre disposition de soi conduit à un échange libre des éléments et produits du corps humain. Et c'est bien parce que la liberté est laissée aux individus que les conséquences de ces échanges ne sont pas socialement nuisibles. Ceux qui veulent soustraire les éléments et produits du corps humain à l'échange libre argumentent, non plus cette fois à partir d'une morale, mais à partir des méfaits supposés qu'un marché libre des organes, de la procréation ou du matériel génétique introduirait.

Certains des arguments que nous allons présenter n'ont pas été avancés dans les débats. En effet, qu'il s'agisse de soustraire aux lois du marché le travail, la monnaie, le blé, les carottes, le droit de garde des enfants, l'éducation, etc., les arguments sont toujours les mêmes ; il n'est pas inutile de les rappeler. Mais, pour un économiste, une telle discussion est devenue si monotone que cela ne coûte rien d'en ajouter quelques-uns auxquels les détracteurs du commerce des éléments du corps humain n'ont pas encore pensé.

L'échange libre des organes exclut les pauvres

Mettre un prix sur un rein naturel, c'est empêcher un pauvre sous dialyse de bénéficier d'une transplantation. Seuls les riches auront accès à ces techniques. Pire encore, les pauvres bien portants seront incités à vendre l'un son rein, l'autre la cornée de ses yeux, un troisième son sang, etc. Les riches malades, tels des vampires, vivront du sang et des organes des pauvres. Vous voyez le tableau.

Un tel argument est inacceptable. On ne voit pas pourquoi il faudrait interdire à un pauvre de s'enrichir de cette manière alors que l'on accepte que les femmes prostituent leur sexe, ou, pire encore, que certains individus pauvres prennent des risques énormes dans les mines ou dans certains métiers très dangereux. Pourquoi gagner sa vie en vendant son rein ou son sang, voire son cadavre, devrait-il être répréhensible ? Sinon à porter un jugement de valeur sur le caractère bon ou mauvais de l'activité exercée par l'individu.

S'il s'agit de pauvreté, personne n'interdit aux altruistes de donner leur argent pour aider les pauvres sous dialyse à bénéficier d'un rein naturel. Par ailleurs, dans le système actuel, la situation d'un pauvre sous dialyse n'est pas exempte d'une certaine discrimination. Elle est pire, car le pauvre a peu de chances de connaître personnellement le directeur de l'hôpital ou le médecin chef qui pourrait le faire passer en priorité pour bénéficier d'une transplantation (puisque, en raison de l'interdiction du commerce des reins naturels, l'offre de reins est excessivement rare !). En revanche, le préfet ou le riche bourgeois de la ville, lui, a les moyens de passer en premier. Quel médecin peut se permettre de négliger à ce point de telles relations dans la ville où il exerce ?

La mauvaise qualité chasse la bonne

Si la vente du sang rapporte de l'argent, même les individus se sachant atteints du sida seront incités à vendre leur sang. Le sang transfusé sera de mauvaise qualité. Ce qui est vrai du sang sera vrai de tout autre organe. Celui qui cède son rein en connaît mieux la qualité que celui qui le reçoit. Si le receveur ne peut tester le rein avant son achat ou si celui qui le vend ne peut certifier sa qualité (ce qui n'est justement pas le cas du sang ou des organes à transplanter), le vendeur peut être incité à vendre un mauvais produit. En revanche, si on interdit l'achat et la vente du sang et que la collecte repose sur le seul pool des donateurs, le sang à transfuser sera de meilleure qualité.

Les tenants de cet argument font l'hypothèse implicite et non vérifiée que les donateurs sont charitables et veulent le bien d'autrui. S'ils se savent atteints du sida, ils renonceront à donner leur sang. Répondons tout d'abord qu'il n'est pas certain que les donateurs soient systématiquement des gens bienveillants à l'égard d'autrui. Qu'il y ait don ou échange libre, il faudra toujours vérifier la qualité du sang ou du greffon. Ensuite, c'est méconnaître le rôle du collecteur ou de l'intermédiaire qui transplante l'organe ou le sang et qui tire un profit de cette activité. Sa réputation repose sur une bonne qualité des services qu'il rend. Toute erreur de sa part est sanctionnée par une perte d'argent. Ne pas satisfaire une telle exigence, c'est disparaître du marché. S'il veut continuer à exercer, il doit trouver les moyens de vérifier la qualité du produit qu'il offre à ceux qui en ont besoin pour une transfusion, une transplantation ou une procréation artificielle par mère de substitution.

C'est au contraire quand les intermédiaires sont publics que tout est à craindre, faute d'incitation à vérifier la qualité des organes et de sanction réelle sur l'organisme public s'il commet une erreur. Aujourd'hui, il est interdit de vendre son sang, celui-ci est obtenu grâce à des donateurs, mais ce n'est pas pour autant que de tels accidents sont supprimés. Ce que l'expérience, hélas, a bien démontré avec le cas des hémophiles et l'affaire du sang contaminé, c'est l'irresponsabilité institutionnelle des hommes politiques en charge du contrôle de l'entreprise qui a le monopole de la collecte du sang. Malheureusement elle est toujours publique et son monopole a été renforcé.

Admettre un marché libre des transplantations, c'est ne plus assurer une qualité exceptionnelle des transplantations elles-mêmes

Sous la pression de la concurrence et la course au profit, il faudra économiser les coûts et faire du chiffre. Les unités de transplantation seront alors amenées à sacrifier la qualité au profit de la quantité. On fera des transplantations inutiles et coûteuses. On ne s'entourera pas de toutes les précautions nécessaires à chaque étape de la transplantation pour assurer un maximum de sécurité au patient.

C'est une variante de l'argument précédent. Comme les transplantations d'organes en Inde le suggéraient il y a de nombreuses années, la notion de qualité est subjective. Être soigné à Bombay pour une maladie rénale n'était pas la même chose que d'être soigné à Paris (ce qui n'est plus le cas aujourd'hui). Avoir un accident de voiture en Roumanie il y a quelques années voulait dire attendre des heures avant de voir les secours arriver, et quels secours ! La question de la qualité est une question de prix. Les Européens qui autrefois allaient en Inde pour une transplantation rénale révélaient qu'ils préféraient une moindre qualité de soins aux sacrifices que leur imposait une attente trop longue.

Paradoxalement la concurrence et la recherche de profit sur un marché n'impliquent pas une moindre sécurité des consommateurs. Comme l'expérience le montre pour des produits aussi hautement technologiques, sinon plus, qu'une transplantation et impliquant un nombre bien plus grand de consommateurs — le transport aérien —, la compétition ne s'est jamais faite au détriment de la sécurité, car un accident dans ce domaine équivaut à la faillite s'il est prouvé qu'il s'agit d'une faute imputable à la compagnie aérienne. Les unités de transplantations des hôpitaux privés qui offriraient de tels services pour des profits seraient vraisemblablement plus concernées par la qualité et la sécurité du greffon comme de la transplantation à tous les niveaux de la chaîne. L'hôpital privé n'aurait nul besoin de réquisitionner des infirmières ou des médecins pour prendre soin du cadavre sur lequel on veut prélever des greffons. Il pourrait payer ces gens à la valeur véritable de leurs services. Le marché ici révélerait le véritable prix d'une transplantation. Il indiquerait aussi si, comparativement à d'autres, de telles techniques pour sauver des vies humaines valent les sacrifices que l'on fait pour les employer.

Admettre un marché libre de la procréation artificielle et du matériel génétique, c'est imposer à un tiers non contractant (l'enfant à naître) une situation qu'il peut ne pas désirer. C'est aussi accepter l'eugénisme

Habituellement un échange se fait au bénéfice des échangistes. Mais quand il s'agit de congeler un embryon pour le faire naître deux siècles plus tard, ou de manipuler ses propres gènes et ceux de son épouse pour faire naître un enfant vert et bleu zébré de rouge, ou ayant un corps d'homme au-dessus de la ceinture et de taureau en dessous, il est un tiers involontaire qui ne peut faire prévaloir son intérêt : l'enfant à naître. Chacun voudra disposer d'un double de ses enfants sous forme d'embryons congelés pour prévenir une disparition subite. Pire encore, les scientifiques fabriqueront des monstres pour la guerre, des femmes au tempérament sexuel hors pair ou des sous-hommes pour les travaux pénibles.

L'enfant est toujours un tiers involontaire au contrat, qu'il soit fabriqué naturellement ou par procréation artificielle. Qu'il naisse bleu, noir, rouge ou vert, ou encore avec un corps de centaure, ne change rien au problème. La nature produit des enfants qui naissent avec trois bras, parfois deux têtes. D'autres naissent nains. Faut-il interdire la manipulation des gènes dans la crainte que les familles ne fabriquent des monstres que l'on montrerait dans les foires ?

N'oublions pas une chose : se marier, c'est pratiquer la sélection des gènes, c'est manipuler indirectement ceux-ci. Faut-il interdire à des nains de se marier entre nains sous prétexte que l'enfant nain qui naît n'a pas demandé à naître avec un tel handicap ? L'homme et la femme atteints de nanisme ont procréé volontairement un enfant en sachant que celui-ci ne mesurerait pas 1,80 m. Pourquoi ne pas interdire à un Blanc d'épouser une Noire ou réciproquement sous prétexte que l'enfant qui va naître sera d'une couleur anormale, ni tout à fait blanc ni tout à fait noire. C'est très exactement ce que nous proposent ceux qui veulent interdire les manipulations génétiques parce que l'enfant qui naîtra n'aura pas fait prévaloir son intérêt. Pourquoi exiger de ceux qui veulent des enfants dont les caractéristiques biologiques correspondent à leurs goûts ce que l'on n'exige pas de parents naturels ?

C'est donc d'autre chose que nous parlent ceux qui sont opposés aux manipulations génétiques. Imaginons, comme dans le film *Hibernatus*, que le double de votre arrière-grand-père, congelé, mais sous forme d'embryon, naisse aujourd'hui. Vous vous rendez compte que vos enfants à naître en même temps auront le même âge que votre arrière-grand-père. Imaginez les problèmes de filiation. Mais les problèmes de filiation n'existent qu'en vertu du droit à l'héritage, car un individu est parfaitement identifié avec son empreinte génétique. Vos enfants vivront comme frères et sœurs avec un arrière-grand-père par la filiation. Mais le problème de filiation n'existe pas en tant que tel, car les enfants n'ont aucun droit à hériter de leurs parents. C'est un privilège régalien qu'ils ont. En quoi les enfants auraient-ils un droit sur le fruit du travail de leurs parents ? Les parents peuvent léguer leur fortune à leurs enfants ou à quelqu'un d'autre qu'ils apprécient mieux.

Revenons aux craintes de la fabrication en série de monstres ou de doubles de soi. L'eugénisme en soi n'est pas une mauvaise chose. On pratique l'eugénisme sur les plantes et les animaux. On crée de nouvelles plantes sans qu'il y ait de problèmes particuliers. L'idée que l'on pourrait fabriquer des sous-hommes est proprement anachronique à une époque où les tâches sont spécialisées et où les robots sont bien plus efficaces que n'importe quel sous-homme ou animal. Un robot n'a nul besoin d'être nourri, ni logé, et il peut travailler 24 heures sur 24. Non, ce que l'on craint, c'est de créer une race de surhommes, qui, à terme, pourrait supplanter la nôtre. Et alors ? Croyez-vous que l'espèce humaine ne mérite pas d'être améliorée ? Ne vous méprenez pas sur le type d'amélioration que le marché fera apparaître. Imaginez que l'on puisse créer par une manipulation des gènes une race d'hommes-oiseaux. Ils ont des ailes et tels des anges ils volent. Aujourd'hui les hommes volent déjà. Ils volent avec des avions, des ULM, des delta-planes. Mais, naturellement, il est plus commode de voler avec un avion, un ULM ou un delta-plane qu'avec des ailes. Et ce pour une raison simple. Vous laissez votre ULM au garage. En revanche, si vous volez avec des ailes comme un oiseau, par la force des choses, vous êtes obligé de les garder avec vous, et, compte tenu du poids de votre corps, la taille de vos ailes ne sera pas petite, elles seront de la taille d'un delta-plane. Imaginez les conséquences : être obligé de vivre dans des montagnes près de précipices pour vous lancer dans les airs. Non, vous ne le ferez pas. Mais imaginez que, pour des raisons militaires, l'État ait besoin d'hommes-oiseaux : lui est capable, pour raison d'État, de les créer !

Le commerce du corps humain est moralement dégradant

Un marché libre des éléments du corps humain est moralement indé-fendable. L'apparition d'un marché suscitera des vocations : les pauvres vendront régulièrement leur sang, ils se sépareront d'un rein ou d'un œil, des mères passeront leur vie professionnelle à porter les enfants des autres. L'esprit de lucre l'emportera. Au lieu d'utiliser ces techniques pour soigner les malades, on les utilisera pour convenance personnelle, comme on le fait déjà avec l'avortement. L'égoïsme prendra le dessus et éliminera les comportements altruistes. Quand vous regarderez une femme, vous verrez dans son corps le profit que vous pouvez en tirer et non les services affectifs qu'elle peut rendre. Vous soupèserez combien peut rapporter la cession d'un rein ou encore une maternité de substi-tution. À force de mettre un prix sur tout, on finit par oublier que la vie a une valeur infinie. À force de voir son propre corps humain comme un objet, on finit par voir le corps des autres comme des objets. On ne respecte plus autrui en tant que sujet.

Un tel raisonnement est dangereux, car il est généralisable à toutes les activités. Le fait de dire que louer son ventre pour une maternité de substitution est moralement dégradant est proprement ridicule dès que l'on pousse le raisonnement. Un chanteur d'opéra qui n'aime pas les airs qu'il chante prostitue sa voix. On admettrait donc qu'il est moralement noble de prostituer sa voix, mais pas son ventre ou son sexe ? C'est justement parce que certains attachent une grande valeur au chant d'opéra, qu'ils ne peuvent produire eux-mêmes faute de talent, qu'il existe un marché des chanteurs d'opéra. C'est parce que certains couples stériles attachent une très grande valeur aux enfants et à leur éducation qu'il y a un marché de la procréation artificielle ou un marché (noir) de l'adoption. Il est heureux alors que ceux qui offrent ce service s'intéressent qu'aux seuls aspects monétaires, car ils sont alors incités à satisfaire l'intérêt des autres et non le leur.

Nous pourrions continuer longtemps ainsi. Nous n'avons pas épuisé toute l'argumentation. Mais peu importe ici : ce que nous voulons montrer, c'est que les objections contre l'instauration d'un marché libre des organes, ou de la procréation artificielle, ou du matériel génétique ne sont pas convaincantes au regard des effets socialement nuisibles qu'impose une interdiction de disposer librement de son corps.

Le refus du système de prix et la pénurie des organes à la transplantation

Lorsqu'il y a pénurie d'un produit, le prix a tendance à monter. Les consommateurs sont mécontents et font pression auprès des hommes politiques pour qu'ils imposent un plafond. Au contraire, lorsqu'il y a abondance d'un produit (la récolte de blé a été bonne ou les éleveurs de porcs ont élevé trop de ces animaux), les prix ont tendance à baisser. En pareil cas, les producteurs et leurs ouvriers voient leurs revenus baisser et cherchent alors à faire pression auprès des hommes politiques pour que ceux-ci imposent des prix planchers. Cependant, de telles tentatives d'entrave du fonctionnement du système de prix ou de la loi de l'offre et de la demande impliquent toujours des résultats contraires aux effets recherchés. En effet, lorsque l'État contrôle les loyers pour protéger les locataires, le logement se raréfie parce qu'il n'est plus rentable de construire ou d'entretenir les immeubles et les maisons d'habitation. Quand un gouvernement fixe un salaire minimum pour protéger les travailleurs, les emplois marginaux disparaissent et le chômage augmente. Lorsqu'on établit un prix plancher pour les produits agricoles, les excédents s'accumulent dans les entrepôts. L'histoire fournit nombre d'exemples spectaculaires de ces effets pervers. Ce n'est pas un hasard si de pareilles interventions engendrent de telles conséquences.

Un exemple actuel particulièrement cruel de cette incompréhension du mécanisme de prix, comme de l'échange volontaire, est celui des transplantations d'organes. Cet exemple mérite que l'on y consacre un chapitre. Il illustre l'inculture économique des médecins et leur méconnaissance des questions d'éthique, au nom desquelles pourtant ils s'opposent au fonctionnement des mécanismes de marché dans ce domaine. Il va nous permettre de confronter deux modes d'allocation des biens : le mécanisme de marché, qui repose sur l'échange volontaire entre un donneur d'organe et un récipiendaire (comme en Inde il y a quelques années), et un mécanisme de rationnement et d'organisation de la pénurie, qui est celui d'un monopole étatique : l'Agence de la biomédecine.

DE QUOI S'AGIT-IL ?

Sauver une vie humaine ou la prolonger de quelques années est actuellement possible grâce aux transplantations d'organes ou aux greffes de tissus. Il existe diverses formes de greffes et transplantations. Les autogreffes consistent à prélever les tissus sur le propre corps de celui qui est hospitalisé. Par exemple, on peut soigner la peau d'un brûlé en prélevant sur lui la peau à greffer. On peut aussi prélever de la moelle épinière, la cultiver, et, lorsque celle-ci est détruite chez le sujet malade, la reconstituer par greffe. Les homogreffes consistent à prélever des organes ou des tissus sur des individus de la même espèce. En revanche une hétérogreffe est un prélèvement d'organe ou de tissus sur d'autres espèces. On prélève des valves sur le porc pour les implanter dans le corps humain. Enfin les isogreffes sont celles consistant en un prélèvement entre jumeaux homozygotes.

À ce jour les organes transplantés sont principalement les reins, le cœur, l'ensemble cœur-poumons, les poumons, le foie et le pancréas, et, exceptionnellement, l'intestin grêle. On parle de transplantation lorsqu'il s'agit d'organes et de greffe lorsqu'il s'agit de tissus. Les tissus qui font l'objet de greffes sont la peau, les os, la moelle épinière, les tendons, la cornée et les valves cardiaques. On cultive aussi des cellules : cellules de la moelle épinière, de la peau, pancréatique, etc.

Selon F. Ponchon[1], en 1997, on dénombrait en France plus de 15 000 personnes vivant avec un organe transplanté. Actuellement, selon un rapport du cabinet du ministre Douste-Blazy présenté au Conseil des ministres du 25 mai 2005, ce chiffre est monté à 32 300.

En 1995, cinq ans après leur opération, 42 % des transplantés cardiaques sont encore en vie, 47 % pour les greffés du foie et 63 % pour ceux ayant eu une transplantation rénale. En 2003, le taux de survie à 5 ans sur la période de greffe est de : 79 % pour les greffons rénaux, 72 % pour les patients ayant bénéficié d'une greffe du foie et 60 % pour les greffés du cœur. Le taux de réussite des greffes s'améliore donc au fil du temps sans toutefois être excellent.

En France, au 31 décembre 2004, on recensait 6 744 personnes en attente d'une greffe d'organe (dont 4 940 nouveaux inscrits). Seulement 3 948 personnes avaient pu être greffées. La demande totale de greffés et de gens en attente est de 10 692 patients, auxquels il faut ajouter les personnes décédées et celles qui ont renoncé dans l'année à se porter candidates. Selon le cabinet du ministre de la Santé, 11 500 personnes ont exprimé leur désir d'une greffe d'organe tandis que 250 malades sont décédés faute de greffons. Ce chiffre de décès est à peu près constant d'une année sur l'autre. L'excès de demande de transplantations est repéré par le nombre de personnes en liste d'attente. Depuis 1995, cet excès de demande ne fait qu'augmenter.

1　Ponchon F. 1997, *Les prélèvements d'organes et de tissus humains*, Berger-Levrault

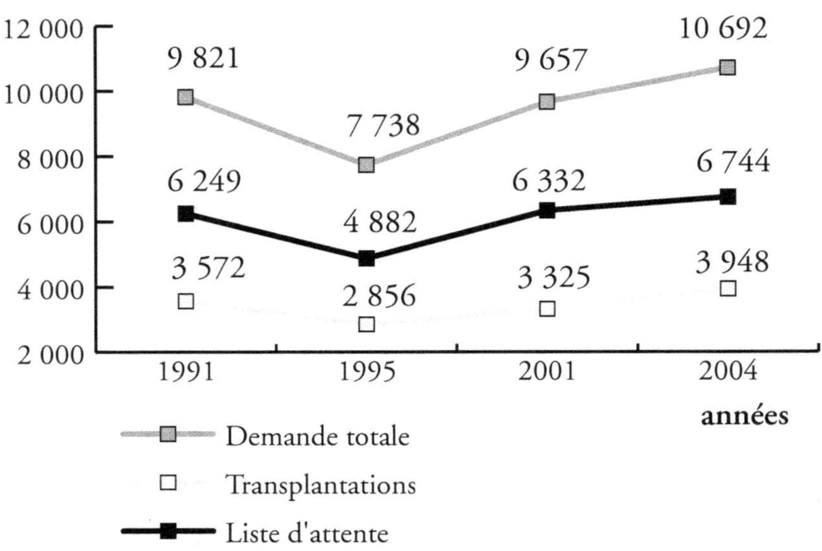

Source : Agence de la biomédecine. http://www.efg.sante.fr/fr/rapport/index_1.html

Le problème ne vient pas tant du nombre de personnes sur liste d'attente chaque année que de la durée d'attente d'un greffon. Ainsi, pour les transplantations rénales, où il existe un traitement de substitution, la dialyse, il faut attendre en moyenne 15 mois en France avant de pouvoir bénéficier d'une transplantation. Il s'agit d'une moyenne qui varie en fonction de l'hôpital où la transplantation est effectuée. À l'hôpital Necker, à Paris, il faut patienter 39 mois. Entre 1995 et 2004, la durée d'attente a augmenté de 13, 3 à 17,7 mois.

D'où vient l'offre d'organes à la transplantation ? Elle provient de deux sources : des cadavres susceptibles de subir un prélèvement et des donneurs vivants. La progression du nombre de cadavres susceptibles de subir un prélèvement est constante au cours de cette période, le chiffre évoluant de 1 515 en 1991 à 1 606 en 1995 et 2 115 en 2004.

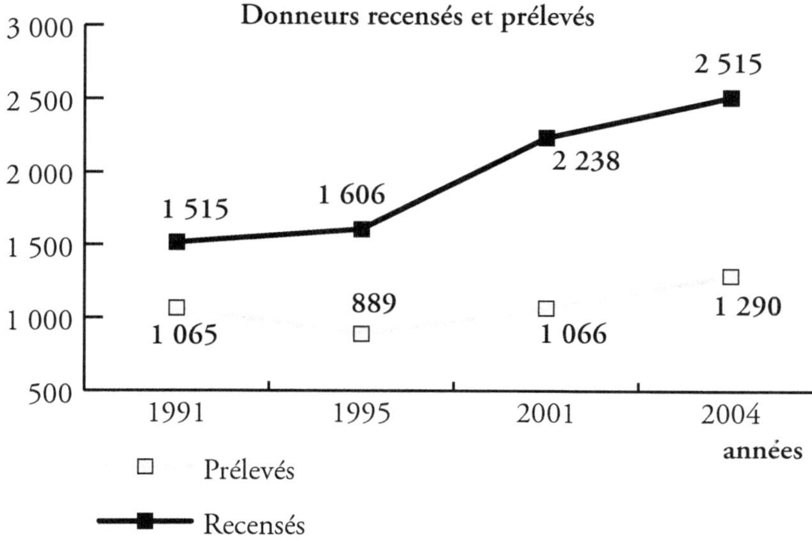

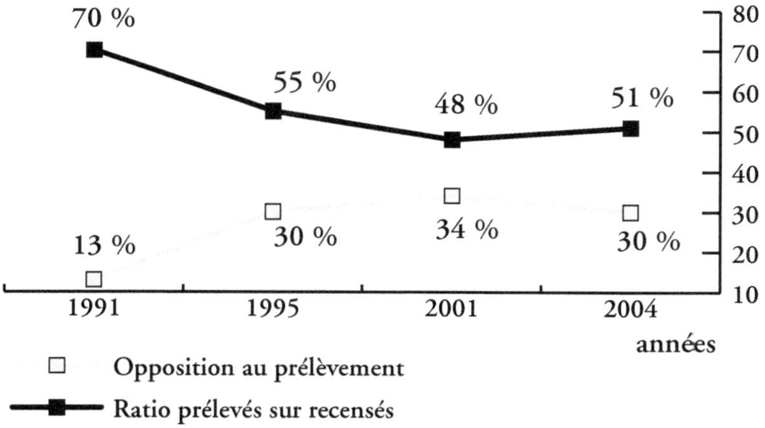

Donneurs recensés et prélevés

Source : Agence de la biomédecine. http://www.efg.sante.fr/fr/rapport/index_1.html

En revanche, le nombre de cadavres sur lesquels on prélève effectivement un organe est de plus en plus faible. En 1991, on prélevait des organes sur 70 % des donneurs recensés (1 065 sur 1 515). En 2004, ce chiffre est tombé à 51 % (1 290 sur 2 515). L'une des raisons — en dehors des antécédents du donneur, des difficultés logistiques ou des obstacles médicaux au prélèvement (problèmes de réanimation, coagulation intravasculaire disséminée) — vient de l'opposition au prélèvement lui-même, qui passe de 13 % en 1991 à 30 % en 1995, à la suite de l'affaire de Rennes (après l'autorisation de prélever un organe sur un adolescent tué dans un accident de la route, un hôpital avait prélevé la cornée sans l'autorisation des parents). Ce chiffre culmine à 34 % en 2001, et se maintient aux alentours de 30 % depuis. Par ailleurs, le nombre de décès par accident vasculaire ou par accident tout court diminue depuis les années 1990, comme le suggère le tableau suivant, raréfiant l'offre d'organes à la transplantation en provenance de décès.

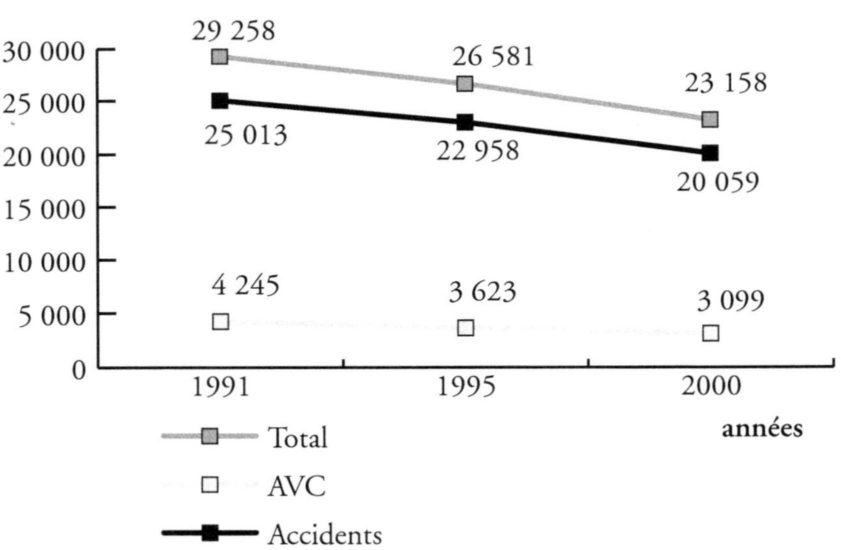

Source : Agence de la biomédecine. http://www.efg.sante.fr/fr/rapport/index_1.html. AVC : accident vasculaire cérébral.

Par comparaison, la proportion des donneurs vivants sur l'ensemble des transplantations d'organes (reins et foie) est faible et se cantonne à la famille proche. Ainsi, en 2004, sur les 3 948 transplantations, il n'y en avait que 213 dont l'organe provenait de donneurs vivants. Toutefois, cette proportion s'accroît faute de prélèvements *post mortem.*

La quasi-stagnation du nombre de transplantations (3 572 en 1991 et 3 948 en 2004), la montée des refus de prélèvement d'organes, les décès des patients sur liste d'attente faute d'organes à la transplantation, tout ce désordre social résulte d'une seule cause : le refus d'un marché des organes à la transplantation.

Les lois bioéthiques de 1994 interdisent en effet aux individus de disposer librement de leur corps. Ils ne peuvent vendre leurs organes pour une transplantation ni de leur vivant ni après leur mort. L'échange volontaire est interdit ; en revanche le don est autorisé. Nous allons donc faire d'une pierre deux coups : d'une part comparer l'échange volontaire au rationnement par le don, et d'autre part comprendre la fonction essentielle d'un système de prix. La conséquence immédiate du refus d'établir un marché des organes à la transplantation est la création d'une demande excédentaire de transplantations avec une file d'attente, puisque l'offre d'organes provenant du pool des donateurs est très inférieure à la demande.

L'ORGANISATION DE LA PÉNURIE PAR LE LÉGISLATEUR

En quelques articles, le législateur scelle la destinée de centaines de patients. Ils vont décéder dans l'année parce que la loi du 30 juillet 1994 interdit un marché libre des transplantations d'organes.

Rappelons brièvement les principes généraux applicables au don et à l'utilisation des éléments et produits du corps humain.

Art. L. 665-10. — La cession et l'utilisation des éléments et produits du corps humain sont régies par les dispositions du chapitre II du titre 1er du livre 1er du code civil et par les dispositions du présent titre.

Art. L. 665-11. — Le prélèvement d'éléments du corps humain et la collecte de ses produits ne peuvent être pratiqués sans le consentement préalable du donneur. Ce consentement est révocable à tout moment.

Art. L. 665-12. — Est interdite la publicité en faveur d'un don d'éléments ou de produits du corps humain au profit d'une personne déterminée ou au profit d'un établissement ou organisme déterminé. Cette interdiction ne fait pas obstacle à l'information du public en faveur du don d'éléments et produits du corps humain. Cette information est réalisée sous la responsabilité du ministre chargé de la santé.

Art. L. 665-13. — Aucun paiement, quelle qu'en soit la forme, ne peut être alloué à celui qui se prête au prélèvement d'éléments de son corps ou à la collecte de ses produits. Seul peut intervenir, le cas échéant, le remboursement des frais engagés selon des modalités fixées par décret en Conseil d'État.

Art. L. 665-14. — Le donneur ne peut connaître l'identité du receveur, ni le receveur celle du donneur. Aucune information permettant d'identifier à la fois celui qui a fait don d'un élément ou d'un produit de son corps et celui qui l'a reçu ne peut être divulguée. Il ne peut être dérogé à ce principe d'anonymat qu'en cas de nécessité thérapeutique.

Le législateur a donc organisé sciemment la pénurie d'organes à la transplantation. Pourquoi en est-il ainsi ? Parce que l'offre d'organes à transplanter repose soit sur le bon vouloir des donateurs soit sur le vol (perpétré par les hôpitaux publics). Nombre d'individus, pour des raisons religieuses ou autres, refusent de se séparer de leurs organes de leur vivant ou après leur mort. D'autres, au contraire, seraient prêts à vendre leurs organes, mais refusent de les donner.

Représentons cette situation par un graphique.

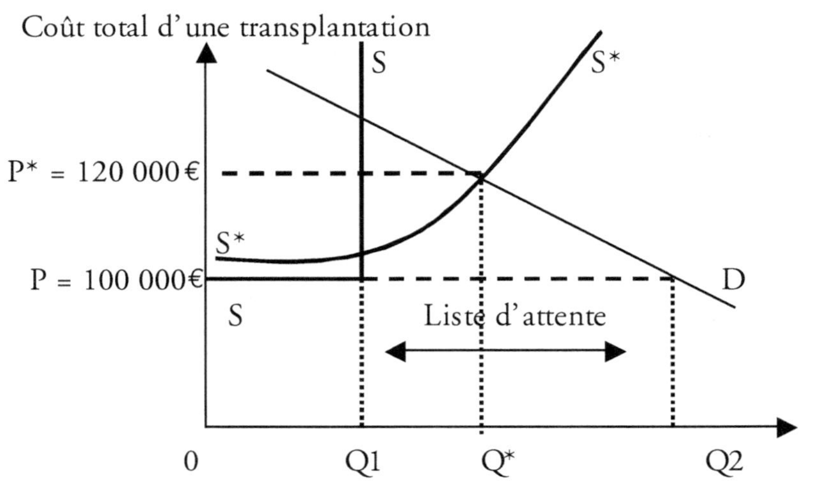

Sur l'axe vertical, on porte le coût total d'une transplantation (en excluant le prix correspondant au droit de prélever des organes à la transplantation sur le donneur — dans la plupart des pays, ce coût est pris en charge par l'État), et, sur l'axe horizontal, le nombre d'organes que l'on peut transplanter dans une année. 0Q1 mesure le nombre d'organes en provenance du pool des donateurs, dont l'offre est mesurée par la droite en équerre SS. L'offre en provenance des donateurs est totalement indépendante du prix ou du coût de la transplantation. Ce coût est supporté par d'autres. Dans le cas d'un financement par l'État, le contribuable est le payeur. En revanche, dans le cas d'une assurance, c'est le pool des assurés. Q1Q* mesure le nombre d'organes en provenance du marché (avec une offre mesurée par une courbe égale à S*S*, on suppose ici que les altruistes retirent leurs offres si un marché des organes à la transplantation devient légal, sinon cette offre commence à partir de Q1) avec une offre croissante en fonction du coût de la transplantation qui inclut l'achat du droit de disposer de l'organe du donneur si celui-ci n'est pas un donateur. Pour un prix de 0P*, toute personne qui désire une transplantation dans l'année trouve un organe à la transplantation.

0Q2 mesure la demande désirée par les patients lorsqu'il est interdit de vendre ou d'acheter librement un organe à la transplantation au donneur ou à ses ayants droit. Dans un tel cas on prive le donneur (et sa famille) de la valeur du service qu'il rend en cédant son organe à la transplantation et l'offre repose uniquement sur le bon vouloir des altruistes. La caractéristique essentielle d'un donateur est qu'il est prêt à offrir un organe. Il ne demande donc pas de rémunération pour le service qu'il rend. Si la demande est faible, celle-ci peut être satisfaite sans faire appel au marché. En revanche, si elle est importante, l'interdiction de la vente et de l'achat d'un droit de prélever un organe à transplanter revient à imposer un prix plafond de zéro à cette transaction. La conséquence est simple : on crée artificiellement une pénurie d'organes à la transplantation !

À un prix nul, seuls les donateurs acceptent de se séparer d'un organe. On trouve 0Q1 reins à transplanter. À ce prix nul, tous les individus qui ont besoin d'un rein à transplanter pour survivre ou vivre dans de meilleures conditions de confort qu'avec un rein artificiel se porteront demandeurs d'un rein à transplanter. Comme la figure le suggère, à un prix nul, la demande (0Q2) excède l'offre (0Q1). Une pénurie existe. Tout individu ayant besoin d'un rein est prêt à payer un prix maximal correspondant à la valeur qu'il accorde à ce qu'il est prêt à sacrifier pour obtenir ce rein. Certains sont prêts à payer très cher parce que la valeur de leur vie pour eux-mêmes ou pour leurs enfants est très élevée ou parce qu'ils en ont un besoin urgent ; d'autres ne sont pas prêts à payer un prix très élevé parce que la valeur de leur vie est faible ou parce qu'il n'y a pas urgence à transplanter cet organe. Plus le prix à payer grimpe, moins il y a de demandeurs. Ceux-ci retardent leur demande de transplantation d'une année ou se tournent vers des substituts moins onéreux. Les quantités demandées diminuent en deçà de 0Q2.

À un prix positif, certains individus, de leur vivant ou après leur mort, accepteraient de se séparer de leurs organes (on peut alors imaginer des contrats à option, offerts par les hôpitaux ou par un assureur, prévoyant qu'après le décès, en contrepartie d'un prélèvement, on verse aux ayants droit un revenu correspondant à la valeur de l'organe prélevé sur ce marché). Au-delà, un individu accepterait de se séparer de son rein si et seulement si, en contrepartie, on lui offrait une rémunération compensant le sacrifice consenti. Au prix P* on trouve 0Q1 reins en provenance de dons et Q1Q* en provenance d'une vente d'organes.

Plus les patients en attente d'une transplantation seront prêts à payer, plus il y aura d'individus prêts à offrir ce bien. Cela ne veut pas dire que tous les gens seront prêts à offrir leurs organes à n'importe quel prix ! Mais plus le prix augmente, plus il y a de gens qui surmonteront leur répugnance à se séparer d'un organe de leur vivant ou après leur mort. L'offre d'organes est une fonction croissante du prix offert. Ainsi le système de prix peut éliminer la pénurie de deux manières :

1. D'une part, lorsque le prix monte, les individus sont incités à offrir leurs organes à la transplantation.

2. D'autre part, ceux qui ont besoin d'un rein ou d'un autre organe sont dissuadés d'en demander et se tournent vers des substituts plus imparfaits pour satisfaire leur demande.

Tant que le prix est nul, l'offre de transplantation ne repose que sur les altruistes. Un grand nombre de patients ne peuvent donc pas bénéficier d'une transplantation d'organes faute d'une offre suffisante. Il y a désordre social puisque les anticipations de ceux qui désirent bénéficier d'un rein dans l'année ne peuvent aboutir. Mettre un prix plafond et interdire la vente et l'achat d'organes, c'est paradoxalement créer le désordre.

Refuser d'accorder au donneur et à ses ayants droit un droit de disposer de son corps, c'est refuser que les personnes soient propriétaires d'elles-mêmes et de leurs organes. Puisque seules les donations sont autorisées, le prix d'offre pour obtenir le droit de transférer un organe d'un donneur à un récipiendaire est nul. Le système de prix ne peut pas fonctionner. Deux phénomènes bien connus apparaissent alors : l'un est l'émergence d'un marché noir et l'autre d'une planification bureaucratique de la collecte des organes à la transplantation avec une distribution centralisée de ceux-ci aux patients. C'est dans ce système que vivent les patients en attente d'une transplantation ! Et c'est ce système qui entraîne le décès de 250 personnes supplémentaires chaque année.

Monopole, bureaucratisation et centralisation : l'Agence de la biomédecine

En l'absence d'un marché légal des organes à la transplantation, il faut organiser la collecte des organes et les attribuer aux patients. Comment cela se passe-t-il ? Dans la plupart des pays, c'est le ministère de la Santé ou une institution agréée qui organise l'intermédiation entre les donneurs et les patients[1]. L'État décide donc qui recevra l'organe et qui ne le recevra pas, et non le donneur ou ses ayants droit. Les transferts ou les dons sont interdits sur une base individuelle. L'identité du donneur ne peut pas être révélée au récipiendaire. Il est interdit de communiquer des informations des donneurs et de leurs ayants droit vers le récipiendaire. L'allocation des organes doit être indépendante de

---

1   Blankart C. B. 2005, « Donor without rights - The tragedy of organ transplantation », Papier présenté à l'European Public Choice Society, University of Dhuram, avril

son origine et reposer uniquement sur des critères médicaux (il existe des exceptions pour les donneurs vivants).

L'Agence de la biomédecine, qui a intégré l'Établissement français des greffes (EFG), a aujourd'hui en charge ce rôle. France-Transplant, organisation spontanée, pilote, qui a coordonné l'offre et la demande d'organes à la transplantation, a été ramenée à un simple organisme d'information et de propagande en faveur des dons. Fondée en 1969 par le professeur Jean Dausset, prix Nobel, l'association France-Transplant a mené à bien le développement du programme de transplantation en France pendant vingt-cinq ans, grâce à la coordination de l'activité dans sept régions du territoire. Le 1er décembre 1994 était créé l'Établissement français des greffes (EFG), établissement public chargé par le ministre de la Santé de toute l'organisation sanitaire, réglementaire et fonctionnelle des greffes en France.

Le maintien de France-Transplant a été l'objet d'une réflexion puis d'un vote favorable, à une large majorité, par référendum. Les statuts de l'association ont été recentrés sur deux objectifs prioritaires, en plein accord avec l'EFG et en harmonie avec les autres associations militant pour le don d'organes : promouvoir les prélèvements et les greffes, et maintenir et développer la vie associative régionale des acteurs de la transplantation.

Ce système d'allocation digne de l'Éducation nationale ou du système judiciaire ou encore de la planification soviétique fonctionne de la manière suivante.

L'intermédiation

Comment cela se passe-t-il ? La demande de transplantation vient du médecin traitant, qui est contraint de la transmettre, non au médecin ou à l'équipe médico-chirurgicale spécialiste de la transplantation comme il peut le faire pour d'autres types d'opérations chirurgicales (en adressant son patient au spécialiste qu'il juge le plus compétent), mais au planificateur central. Ce dernier (l'Établissement français des greffes, devenu l'Agence de la biomédecine) développe un fichier central des patients — il y a trois listes d'attente nationales : une pour les organes, une autre pour les cornées et une troisième pour la moelle osseuse — en notant une date d'inscription, les caractéristiques morphologiques, le groupe sanguin et le groupe tissulaire du patient. C'est alors le planificateur central qui décide d'assortir le patient à l'équipe médico-chirurgicale hospitalière qu'il a lui-même agréée auparavant.

De l'autre côté, les hôpitaux disposent d'un flux de patients en état de mort encéphalique (en moyenne, il y a 5 morts encéphaliques sur 1 000 décès). Ils transmettent à un planificateur régional les disponibilités de prélèvement d'organes ou de greffes en donnant les informations sur toutes les caractéristiques cliniques et biologiques du donneur. Ce planificateur interrégional organise la transplantation en choisissant sur la liste d'attente nationale les meilleures compatibilités possibles entre patient et donneur. Il coordonne ensuite la logistique de la transplantation avec l'équipe médico-chirurgicale qui fera l'opération. Au niveau national, il existe aussi un planificateur qui coordonne les régions et les échanges internationaux d'organes ou de greffes (exportation et importation).

L'attribution du greffon au patient

L'organe est attribué exclusivement à un patient inscrit sur la liste d'attente et une priorité est assurée aux malades dont la vie est menacée à court terme, aux jeunes (16 ans et moins) si le greffon provient d'un jeune, et à ceux qui ont une faible probabilité de trouver un greffon. La question centrale est celle de la compatibilité des tissus, qui détermine la fréquence des rejets. Il en est ainsi de la compatibilité du sang. Les individus dont le sang est de type O sont des donneurs universels, mais ne peuvent recevoir, eux, que du sang de type O. Les gens qui sont de type A ne peuvent recevoir du sang B. Les types B ne peuvent recevoir du A (B, AB et O sont compatibles). Compte tenu de ces restrictions, la réussite d'une transplantation va conduire les médecins à introduire une priorité qui n'a rien à voir avec la date d'inscription. On préférera assortir des individus de type O sans tenir compte de l'ordre d'arrivée dans la liste d'attente. En fait, ce critère technique prévaut sur la liste d'attente. D'autres critères interviennent : les échecs répétés, un patient âgé, ou dont l'espérance de vie est faible, son style de vie (alcoolique ou non), etc. Des dérogations sont possibles après qu'un collège d'experts s'est prononcé. Ce système présente des défauts majeurs qui doivent être évalués à l'aune des souffrances et du nombre de décès qu'il impose aux patients en attente d'une transplantation.

Absence d'incitation

La première critique que l'on peut faire est qu'en interdisant les échanges (y compris les donations) sur une base individuelle, le gouvernement crée un problème majeur de défaut d'incitation qui engendre la pénurie dont il se plaint par ailleurs. En séparant le donneur du récipiendaire par l'interdiction d'un échange sur une base individuelle et en refusant tout droit de propriété aux donneurs sur leurs propres organes, l'État prend le parti pris du récipiendaire. Les donneurs (autres que vivants) n'ont aucun intérêt à offrir leurs organes à la transplantation après leur décès. Pour combattre le défaut d'incitation inhérent à ce système bureaucratique d'intermédiation et d'attribution des organes, il a fallu forcer le consentement du donneur. Cela s'est traduit par des abus de consentement et une modification de la législation (loi Cavaillet) pour passer du consentement affirmé au refus affirmé (en Belgique ce refus de prélèvement est même assorti du paiement du document exprimant son opposition !). Des campagnes de propagande et de culpabilisation sont organisées et financées par l'État pour inciter la population à collaborer à la collecte des dons d'organes. Cette culpabilisation se traduit de plus en plus par une montée de fausses opinions, émises publiquement, qui trompent le législateur sur la réalité des préférences des individus dans la population. Qu'observe-t-on, *in fine* ? Une montée des refus à la transplantation.

Un mode d'attribution inefficace

La deuxième critique porte sur le mode d'attribution des organes à la transplantation. Un tiers non concerné — le planificateur local ou central — décide au lieu et place des patients et des donneurs de ce qui est bien ou mal pour eux. Comme il est aussi un médecin, ou quelqu'un sous l'influence d'un médecin, c'est le point de vue du médecin qui prime et non celui du patient ou du donneur. On comprend que les critères de compatibilité des tissus pour éviter les rejets soient prioritaires. Il faut bien sûr que l'opération réussisse. Mais, une fois ces critères satisfaits, il n'est pas évident que l'on doive sauver de préférence une vie humaine parce qu'elle est jeune (moins de 16 ans) ou parce qu'elle est menacée. En effet, dans ce cas, le médecin fait un jugement non seulement sur la « valeur » de la vie de quelqu'un par rapport à quelqu'un d'autre, mais aussi sur la valeur de la vie de celui qui contribue au financement du coût de l'opération de transplantation (ici, le contribuable). Celui qui prend la décision à la place du patient en choisissant, toutes choses égales par ailleurs, d'attribuer l'organe à un ouvrier plutôt qu'à un préfet (ou *vice versa*) fait ce jugement de valeur alors qu'il n'est pas fondamentalement habilité à le faire. Est-ce que cela vaut la peine de sacrifier 100 000 euros pour prolonger la vie d'un ouvrier de quelques années ? Qui serait prêt à payer pour sauver cette vie à part le patient lui-même ? S'il n'a pas les moyens, il peut emprunter ou payer une prime d'assurance plus élevée pour le risque d'une transplantation, ou encore faire appel à un don financier auprès d'âmes charitables.

L'argument de l'urgence parce que la vie serait menacée soulève un autre problème. Comment savoir si une telle vie « doit » être prolongée par une opération de transplantation aux dépens des autres patients. D'une façon ou d'une autre, en préférant un patient à un autre, le décideur public assume les conséquences de son choix : il dépense l'argent du contribuable et celui-ci peut normalement exiger des comptes sur son bon emploi. Or, parmi les conséquences de ce choix, il y a la question de la rentabilité de l'opération de transplantation. Est-ce que cela vaut la peine de dépenser autant d'argent pour prolonger la vie de quelqu'un de quelques années ? Nous avons souligné plus haut qu'au bout de 5 ans, seulement 60 % des greffés du cœur survivaient (période 1992-2003). Cela veut dire que 40 % d'ente eux décéderont avant 5 ans. Prenons un ouvrier qui gagne chaque année 14 400 euros. La valeur présente de cette somme reçue chaque année pendant 5 années à un taux d'intérêt réel de 2 % est : 67 867 euros (on applique la formule : $W = R[\dfrac{1-(1+i)^{-n}}{i}]$). Mais comme il n'a que deux chances sur trois de pouvoir en bénéficier, la valeur présente attendue de ce flux de revenu n'est que de 45 245 (67 867 × 2/3, où 2/3 est la probabilité de survivre au bout de 5 années à la suite d'une greffe cardiaque). Si l'ouvrier décidait de la transplantation, cela lui coûterait 70 000 euros pour la transplantation (coût d'une greffe cardiaque en 2002), et pour le traitement anti-rejet une certaine somme chaque année que nous négligeons. S'il emprunte les 70 000 euros pour préserver sa vie qui ne lui rapportera que 45 245 euros, il fait une mauvaise affaire. Car lui et ses ayants droit devront rembourser le capital emprunté plus les intérêts. Cependant, si cette décision est prise, cela veut dire que l'ouvrier et ses ayants droit tirent une satisfaction attendue de ces 5 années supplémentaires qui vaut plus que le capital emprunté, plus les intérêts nets des revenus obtenus grâce à cette transplantation.

En revanche, cette opération est rentable avec le préfet, ou un entrepreneur ayant le même niveau de revenu. Si celui-ci gagne chaque année 60 000 euros, la valeur présente de cette somme sur 5 années est de 282 780 euros. La valeur attendue présente est de 188 520 euros. Désormais, cela vaut la peine de faire l'investissement. Sur un marché libre, ceux dont la valeur en capital humain est élevée sont demandeurs d'une transplantation ; ceux dont la valeur en capital humain est faible ne le sont pas dans de telles conditions de survie. On voit immédiatement que le nombre moyen d'années à vivre avec un organe transplanté joue un rôle crucial dans l'estimation du coût d'une telle opération. Le taux d'intérêt joue aussi un rôle crucial dans cette évaluation, indépendamment du niveau de revenu annuel dont dispose l'individu, puisque la valeur actuelle des revenus présent et futur est conditionnée par ce taux.

Si quelqu'un d'autre paie, il en va tout autrement. Le préfet ou l'entrepreneur et l'ouvrier font l'investissement et se portent candidats pour une telle opération. Mais le pouvoir d'attribuer l'organe est dans les mains d'un tiers non concerné par le problème, au sens où ce n'est pas sa vie qui est en jeu, mais celles d'autres personnes. Il décide donc en fonction de critères autres que ceux qui auraient été pris en compte par les parties concernées. Il le fait, en plus, sans se préoccuper du coût d'opportunité qu'il fait supporter au contribuable. S'il préfère l'ouvrier, il réalise un mauvais placement et fait supporter une perte sèche au contribuable. S'il choisit le préfet ou un entrepreneur, il réalise un bénéfice. D'une part il peut saisir un profit, compte tenu de son pouvoir d'attribution de l'organe, en demandant au préfet ou à l'entrepreneur de payer une soulte, ou en demandant une réciprocité. La tentation de corruption est grande. D'autre part le planificateur fait un jugement de valeur à la place du contribuable. Le contribuable peut préférer sauver la vie de l'entrepreneur qui crée des richesses et offre des emplois plutôt que celle d'un préfet qui les détruit par une application trop stricte des réglementations étatiques.

Nous avons pris comme exemple une greffe cardiaque, mais la plupart des transplantations concernent le rein. Le problème est à la fois plus simple, parce que l'on ne décède pas (les patients bénéficient du substitut qu'est la dialyse), et plus compliqué, parce que l'on peut faire appel à des donneurs vivants (potentiellement, l'offre d'un rein à la transplantation est alors infinie, du moment que l'on trouve une incitation monétaire suffisante pour qu'ils offrent un de leurs reins). Paradoxalement, un marché libre des transplantations d'organes est le plus efficace pour ce type de maladie[1].

La bureaucratisation du système d'attribution des organes s'accompagne d'une lourdeur administrative liée aux contraintes qu'elle impose pour vérifier et contrôler que toute la démarche « éthique » a été respectée. Ces contraintes augmentent les délais d'attente, entraînent un appel vers le marché noir, et accroissent automatiquement la pénurie au lieu de la résoudre. Le coût d'opportunité de cette législation se mesure par le sacrifice (y compris la mort, s'il s'agit d'une transplantation cardiaque) que l'on impose aux malades dont on sait par avance qu'ils ne pourront pas bénéficier d'un organe à la transplantation dans des délais raisonnables ! Elle détourne des investissements en recherche vers des voies de substitution comme les xénogreffes ou les organes artificiels qui n'auraient pas été explorées si chacun avait eu la libre disposition de son corps.

On peut terminer ce chapitre par un retour à l'argumentation éthique. Les philosophes et les médecins sont totalement sourds aux conséquences des lois sur la bioéthique et refusent de comprendre que la source de tous ces maux réside dans leur incompréhension des

---

1   Becker G. et Elias J. J. 2003, « Introducing incentives in the market for live and cadaveric organs donations », Papier présenté à la conférence *Organ Transplantation : Economic, Ethical and Policy Issues*, University of Chicago, 16 mai 2003

mécanismes de marché. Depuis un grand nombre d'années, les économistes dénoncent ce système d'attribution des organes à la transplantation qui est inefficace, inéquitable et finalement immoral[1].

En effet, de quel droit et au nom de quelle morale dispose-t-on de la vie de ces gens en leur interdisant d'acheter un rein naturel ? Ceux qui sont pour l'interdiction de ces marchés le font au nom de la morale, mais ils l'explicitent rarement. La loi sur la bioéthique nous dit simplement que le don doit être gratuit pour que le consentement ne soit pas troublé par l'intrusion d'un intérêt financier. Sur quelle morale peut bien reposer un tel argument ? Il ignore que tout contrat commercial, pour être valide, exige une absence de vice du consentement ; si l'intérêt financier constitue un vice dans le consentement, les échanges commerciaux devraient eux aussi être interdits. Ces questions de morale interfèrent souvent avec les mécanismes de marché. Mais rares sont les médecins qui examinent le fondement éthique de leurs propres jugements de valeur. Comment peuvent-ils rendre compatibles leur conception du bien avec le fait qu'ils sacrifient statistiquement la vie d'un grand nombre de patients ? Le médecin suit finalement une morale déontologique. Il applique un principe simple : tout faire pour sauver une vie humaine. Mais cette doctrine morale se heurte à deux autres conceptions de la moralité : 1) juger de la conduite d'un individu en fonction des conséquences attendus de son action ; 2) juger de la conduite d'un individu en fonction du respect de son droit de propriété sur lui-même. Le décideur public, du fait même du système dans lequel le législateur l'a enfermé, entre en contradiction avec ces deux autres conceptions de la moralité. Il n'explicite pas les conséquences de sa décision et il le fait en violant les droits de propriété des patients comme des donneurs.

---

1   Cohen L. 1989, « Increasing the supply of transplant organs : the virtues of futures markets », *Georges Washington Law Review*, 58, 1-51

L'avortement :
un permis de tuer ?

Avant 1967, l'avortement était interdit à peu près partout dans le monde à l'exception de la Suisse. En 1968, le Royaume-Uni adopte la légalisation de l'avortement. Les années 1970 et suivantes amènent dans la plupart des pays occidentaux une légalisation de cette pratique. Le 21 décembre 1974, le Parlement français adopte la loi Veil, promulguée le 17 janvier 1975, autorisant l'interruption volontaire de grossesse (IVG) sous certaines conditions. Le texte impose un réexamen après cinq ans et, le 31 décembre 1979, le Parlement confirme la loi de 1974. Fin 1982, le remboursement de l'acte par la Sécurité sociale est voté. En 1988 la RU-486 est mise sur le marché et permet de réaliser des avortements médicamenteux dans des centres spécialisés. En 1993, pour lutter contre les commandos anti-avortement, la loi de Véronique Neiertz, secrétaire d'État aux droits des femmes, est adoptée. Elle crée le délit d'entrave à l'IVG. Plus récemment, la loi du 4 juillet 2001 a assoupli certaines dispositions de la loi de 1975. Proposée par Martine Aubry, alors ministre de l'Emploi et de la Solidarité, elle fait passer le délai légal de recours à l'avortement de dix à douze semaines de grossesse, elle permet aux mineures accompagnées d'un adulte référent d'obtenir une IVG sans l'autorisation de leurs parents, et la RU-486 peut être prescrite par un médecin de ville. Depuis, le ministre de la Santé, Philippe Douste-Blazy, a augmenté de 29 % les forfaits IVG dans les établissements de santé et a signé un décret autorisant l'avortement médicamenteux en ville jusqu'à cinq semaines de grossesse, mesure qui était inscrite dans la loi de juillet 2001. Cette évolution de la législation va dans un sens unique : celui d'une plus grande permissivité de l'avortement.

La loi et l'évolution de la législation posent un problème philosophique et moral particulièrement aigu parce qu'il s'agit de tuer légalement un être humain dépendant de quelqu'un d'autre sous le prétexte qu'il constitue un handicap pour celui qui l'a en charge. Par ailleurs tout le monde s'accorde à penser que certains événements — guerre, inflation, chômage, tremblement de terre, génocide, pollution — sont des « maux » en soi. Où sont les défenseurs de la maladie, des désastres, du chômage involontaire, de la guerre, des massacres ethniques ? Les gens ne sont peut-être pas d'accord sur les moyens de réduire ces maux, mais en général ils s'entendent au moins sur les fins : les éliminer.

Avec l'avortement il en va tout autrement. Deux camps s'affrontent, qui ont des positions non conciliables sur les fins et pas seulement sur les moyens. Chaque camp considère l'autre comme coupable d'un acte criminel. Les partisans de l'avortement avancent l'argument que la femme a un droit de propriété sur son corps, et, en conséquence, un droit de contrôle sur ce qui y vit. Les opposants à la légalisation de l'avortement considèrent cet acte comme un meurtre prémédité au premier degré.

L'avortement soulève un problème éthique essentiel parce que le développement de l'être humain passe par une évolution progressive. Au commencement, il y a un fœtus, œuf fécondé dont on ne peut pas dire qu'il ressemble tout à fait à un être humain ; à la fin, il y a un enfant dont on peut dire qu'il ressemble beaucoup à un être humain. Beaucoup d'œufs fécondés n'arrivent pas à s'implanter dans l'utérus et sont expulsés sans que l'on s'en aperçoive ; c'est donc l'expulsion préméditée d'un fœtus qui fait de l'avortement quelque chose qui ressemble à un crime de sang. Tuer un être humain de façon préméditée (en absence de légitime défense) est, sans hésitation et presque universellement, condamné par la morale, c'est-à-dire considéré comme un mal. Or, l'avortement et l'infanticide ne sont pas condamnés, sans hésitation et de façon universelle, par la morale. Pourquoi une telle différence ? Avant d'entamer le débat, examinons quelques aspects chiffrés de l'avortement conjointement avec la manière dont on pratique cet acte légalement.

L'AVORTEMENT EN CHIFFRES

Avant 1975, le nombre d'avortements pratiqués clandestinement est mal connu. Les estimations de l'Ined pour l'année 1963 avançaient un chiffre de 250 000. L'estimation était faite à partir des décès imputables à un avortement : la somme des décès, 397 en 1963, était multipliée par 1 000, sachant que dans les pays scandinaves les décès officiels étaient de 1/1 000. Sur ces décès, l'Ined postulait 150 000 avortements spontanés, et en déduisait donc le chiffre de 250 000. Celui-ci apparaît élevé comparé aux 180 000 des années 1980 ou aux 170 000 des années 1990, même si en 1963 la contraception était peu développée. Depuis, l'Ined a ramené ce chiffre à 55 000. Nous sommes loin des chiffres avancés par les militantes féministes de l'époque, par Me Gisèle Halimi lors de sa plaidoirie au procès de Bobigny ou par le député Michel Rocard qui témoignait en faveur de la défense. Ce dernier n'hésitait pas, en 1975, à avancer le chiffre de 500 000 à 1 million. Plus que les naissances d'aujourd'hui et autant que les naissances des années 1970 ! Me Gisèle Halimi affirmait dans sa plaidoirie :

> Méditez cette statistique : comme il y a autant de naissances que d'avortements en France, il faut croire que chaque femme a dû avorter au moins une fois en moyenne[1].

Les militants de gauche ne s'embarrassaient guère à l'époque d'un souci quelconque de vérité ou de décence en matière de chiffres ; il s'agissait de frapper l'opinion et de faire croire que la majorité des femmes pratiquait l'avortement ! Au moins l'une des conséquences de

---

1   Association « Choisir » 1973, *Avortement : une loi en procès, l'affaire de Bobigny*, Paris, Gallimard, Collection Idées

la légalisation de l'avortement a été de ramener la querelle de chiffres à sa dimension réelle.

Mais l'anomalie n'est pas là. Depuis que la loi Neuwirth de 1967 a autorisé la contraception et que la loi sur l'interdiction de l'avortement a été abolie, on devrait observer une diminution progressive du recours à l'IVG. Or, trente ans après l'adoption de la loi Veil, le nombre estimé de femmes qui avortent chaque année oscille toujours autour de 200 000. Selon une étude de l'Inserm et de l'Ined[1], il y aurait 14 femmes sur 1 000, âgées de 15 à 49 ans, qui, depuis 1975, chaque année, pratiqueraient l'avortement. Si le nombre de grossesses non prévues diminue du fait de la contraception — elles constituaient en 1975 46 % des grossesses, aujourd'hui elles n'en font que 33 % —, en revanche le nombre d'avortements pour une grossesse non prévue augmente. En 1975, 41 % des grossesses non prévues se terminaient par un avortement, aujourd'hui il y en a 62 %.

Il est intéressant de faire aussi un rapprochement avec les risques de mortalité usuelle. En 2003, on observe 987 homicides dont 69 sur mineurs de moins de 15 ans, et 550 000 décès toutes causes confondues. Si l'on regarde maintenant les agressions, on observe 10 408 viols dont 6 015 sur mineurs, 11 173 violences, mauvais traitements et abandons d'enfants. Le chiffre de 200 000 avortements par an, soit entre 20 % et 25 % des naissances vivantes, est considérable. Finalement, la personne la plus dangereuse dans la vie, c'est notre propre mère !

Si un fœtus est considéré comme un être humain, l'avortement est un homicide volontaire ; la légalisation de l'avortement conduit alors à des meurtres sans commune mesure avec les homicides que l'on peut observer dans une société à un moment donné. De fait, il serait la principale source d'agression physique sur les individus, la principale violation des droits individuels. Les adversaires de l'avortement parlent d'ailleurs de génocide.

De 1975 à 1997, 3 510 500 avortements enregistrés et légaux ont été pratiqués. Ce que l'on n'accepte pas pour un enfant déjà né ou un

---

1   Bajos N., Moreau C., Leridon H. et Ferrand M. 2004, « Pourquoi le nombre d'avortements n'a-t-il pas baissé en France depuis trente ans ? », *Population et Société,* n° 407, décembre, INED

adulte, on l'accepterait et on le légaliserait pour un fœtus ? Est-ce parce que l'embryon n'est pas un être humain que l'on peut se permettre d'éliminer légalement depuis trente ans des millions de fœtus (5,4 millions si vous prenez 180 000 avortements en moyenne chaque année) ? Pourquoi ne pratique-t-on pas l'infanticide à la même échelle ? En quoi un bébé de trois mois est-il un être humain ?

Si vous pensez que le fœtus n'est pas un être humain et que, au moment où vous prenez la décision d'avorter, vous ne vouliez pas vous embarrasser d'un enfant, ce chiffre traduit tout bêtement une erreur de programmation dans l'étalement de vos naissances désirées.

Le problème se déplace sur la question suivante. Pourquoi un nombre d'erreurs aussi élevé, à une époque où la contraception se généralise ? Comme le rappellent les démographes, la contraception n'est pas pratiquée par la totalité des femmes (par exemple, 28 % d'entre elles n'utilisent pas de méthode contraceptive). Les méthodes modernes de contraception sont le stérilet et la pilule. Les méthodes anciennes vont de l'abstinence périodique à l'usage du diaphragme, des préservatifs, des spermicides, du retrait ou de la douche intra-utérine.

Une réponse simple à l'interrogation précédente peut être offerte. L'utilisation de ces différentes méthodes diverge selon la pratique religieuse, le niveau d'éducation, la région, l'activité professionnelle de l'épouse et la catégorie socioprofessionnelle du mari. Les méthodes contraceptives modernes devraient se diffuser d'abord chez les couples où, pour la femme, élever un enfant coûte cher — c'est-à-dire parmi les femmes les plus instruites et celles qui ont une activité profession-nelle. En revanche, elles devraient être moins utilisées dans les catégories de population où élever les enfants, même non désirés, ne coûte rien.

C'est bien ce que l'on observe. Le profil de la femme n'utilisant pas les méthodes modernes de contraception est très typé. Son niveau d'éducation est bas, elle est mariée à un agriculteur ou à un salarié agri-cole, elle est inactive, pratique la religion et vit dans le sud de la France. Ce profil n'est pas celui d'une femme rétrograde mais d'une femme ou d'un couple pour lequel le coût d'opportunité d'une erreur dans la régulation des naissances ou d'un enfant non prévu est extrê-mement faible. Un bas niveau d'instruction implique un faible coût d'opportunité du temps : une femme au foyer dans une région où les emplois ne courent pas les rues n'a pas d'alternative. La femme d'un agriculteur ou d'un salarié agricole vit à la campagne, travaille dans l'entreprise familiale et n'a pas de coût d'accès au marché du travail. Enfin, pour une femme qui pratique la religion, un enfant, même non prévu, ne peut faire que le bonheur du couple. Il est alors rationnel, dans ce cas, de ne pas se préoccuper de méthodes contraceptives efficaces.

Par ailleurs, ces méthodes ne sont jamais à 100 % efficaces. Certes la contraception diminue le nombre de naissances non désirées, mais elle n'évite pas les erreurs de manipulation, les « oublis », et toutes les femmes qui pratiquent la contraception n'utilisent pas les méthodes de contraception les plus sûres. Il ne faut pas oublier non plus que les femmes, dans leur ensemble, contrairement à l'interprétation de Gisèle Halimi, lorsqu'elles attendent un enfant non désiré, ne choisissent pas forcément d'avorter. Dans une enquête de l'Ined de 1988, la question suivante a été posée :

> S'il vous arrivait d'être enceinte et que vous ne vouliez pas d'enfant, est-ce que vous le garderiez ?

Pour 27 % d'entre elles, les femmes de l'enquête répondaient non. Comme les chiffres précédents le montrent, il reste encore 38 % des femmes ayant une grossesse non prévue qui gardent leur enfant.

Enfin, il faut prendre garde à l'idée fausse que, si l'avortement était interdit, le nombre d'enfants par femme serait plus élevé. L'avortement n'affecte pas la fécondité d'une population, parce que les gens désirent vraisemblablement un nombre donné d'enfants survivants à l'âge adulte. Un enfant non désiré qui n'est pas avorté se substitue à l'enfant que l'on aurait désiré plus tard. L'enfant avorté est remplacé par un autre enfant qui naîtra plus tard (on sait par ailleurs que les familles dont un enfant en bas âge décède accidentellement le remplacent rapidement par un autre). C'est la leçon principale que tirent les démographes de ces chiffres : l'avortement n'affecte pas les taux de fécondité. En fait, la contraception et l'avortement rendent plus efficaces, du point de vue de la mère, l'espacement des naissances.

Ce fait social, que l'on ne peut nier, est intéressant, car il révèle que la femme se comporte comme le prédit l'économiste. Sa conduite est dictée par les conséquences de ses actes en termes de bien-être ou de richesse. Elle planifie ses naissances au niveau intertemporel en choisissant de retarder la naissance d'un enfant à la période de son cycle de vie pour laquelle le coût d'opportunité d'avoir cet enfant est minimal. Si l'enfant non désiré apparaît à une date non optimale, la femme a recours à l'avortement.

C'est un comportement que l'on vérifie aussi avec l'espacement des naissances. Si élever un enfant nécessite de sacrifier des opportunités de revenus sur le marché du travail ou des opportunités de plaisirs et de loisirs, la date à laquelle la femme produit les enfants n'est pas indifférente au couple. La décision de retarder d'une année la venue d'un enfant supplémentaire dépend du coût de cet enfant, de la perte d'utilité attendue d'un enfant en retardant cette naissance et de l'effet de ce retard sur le coût d'éducation. Si l'utilité perdue en retardant l'arrivée d'un enfant est la même quelle que soit la date à laquelle on procrée, la décision de retarder la naissance d'une année dépendra uniquement de son coût. Si celui-ci réside dans la perte de revenu attendue en l'élevant, l'intérêt du couple est, d'une part, de concentrer la procréation des enfants désirés sur une période courte et, d'autre part, de les produire à un moment du cycle de vie où ces pertes de revenu sont les plus faibles.

Si les espérances de carrière sont nulles, faute de qualification (c'est-à-dire d'investissement dans son propre capital humain), le coût d'opportunité de l'enfant est le revenu présent. Comme ce revenu croît avec l'expérience professionnelle, le coût d'un enfant est plus faible à l'âge où cette expérience n'a pas été accumulée, c'est-à-dire quand on est jeune. Une année de retard augmente donc le coût de l'enfant. Le couple procrée des enfants plus tôt et sur une période brève. Quand les époux sont engagés dans des investissements en capital humain (diplôme ou qualification), le coût d'opportunité de l'enfant n'est pas mesuré par le revenu présent mais par l'ensemble des revenus présents et futurs actualisés que ce diplôme permet d'espérer. L'arrivée d'un enfant fait perdre le revenu présent et l'ensemble des revenus supplémentaires espérés. Le coût d'un enfant est donc plus élevé dans la phase d'investissement en capital humain. Le couple repousse alors la conception des enfants. Une fois les investissements incorporés, ils n'ont aucun intérêt à retarder leurs venues ni à les espacer, car ce coût va croître avec l'accumulation d'expériences professionnelles et un profil des revenus croissant avec l'âge.

La différence de comportement observée en matière de calendrier des naissances entre les femmes instruites ou non résulte de cette confrontation des coûts et des gains attendus à l'âge où la femme est fertile (les femmes non qualifiées ont leur premier enfant tôt et espacent la venue des autres, tandis que les femmes instruites concentrent les naissances en retardant celle du premier). Cela n'a pas d'importance pour les actes qui la concernent, elle, toute seule. Mais l'avortement affecte un tiers : l'enfant à naître.

Arrêtons-nous quelques instants sur ce concept d'enfants que l'on peut substituer l'un à l'autre. Le fœtus deviendra un adulte si on le laisse se développer normalement ; la femme qui avorte substitue donc une vie à une autre, sans le consentement du fœtus. Elle prive donc d'une vie un être humain qui aurait pu s'épanouir, même si les conditions d'accueil n'étaient pas favorables selon elle. En revanche, elle donne la vie à un autre être humain qui aurait peut-être préféré rétrospectivement ne pas naître. Elle porte donc un jugement de valeur subjectif sur la vie d'autrui. De quel droit peut-elle disposer de la vie *future* d'un être humain ?

C'est en cela que l'éthique et l'économie se rejoignent dans ce débat : la légalisation de l'avortement implique une externalité (négative ou positive) sur un tiers : un être humain futur. Cette question nous est familière, à nous les économistes, puisque très souvent les écologistes nous rebattent les oreilles avec les externalités (négatives) que notre génération imposerait aux générations futures (qui n'existent pas encore). Ils font pression auprès des hommes politiques pour nous interdire des actes qui pourraient endommager la vie d'êtres humains futurs. Évidemment leur crédibilité en prend un coup quand, simultanément, les mêmes militent pour l'avortement, c'est-à-dire pour abolir une législation dont le but était justement de préserver la vie d'êtres humains futurs.

L'AVORTEMENT DANS LA PRATIQUE

Une grossesse dure 9 mois et 10 jours, c'est-à-dire 37 semaines. La période embryonnaire est de 10 semaines. Du jour J0 à J4, l'œuf a deux cellules et se promène. De J4 à J7, il s'implante. De J7 à J13, le système nerveux apparaît. De J13 à J17, il y a différenciation du système nerveux central. Au 27e jour, on observe la mise en place du cristallin et l'ébauche des jambes. À 1 mois (4 semaines), le cœur est formé et les premières contractions cardiaques apparaissent. À J32, les hémisphères cérébraux sont eux aussi formés. Finalement, au bout de 70 jours, soit de 9 à 10 semaines, le fœtus ressemble étrangement à un bébé. Les avortements spontanés ou fausses couches apparaissent tout au début, et les avortements provoqués ne peuvent, dans la législation française, être pratiqués après 12 semaines de gestation. Au-delà, il faut aller à l'étranger (en Autriche vous avez jusqu'à 13 semaines, en Finlande 16 semaines, en Suède 18 semaines ; le Royaume-Uni bat le record avec 28 semaines). Un enfant prématuré est viable, rappelons-le, à partir de 27 semaines.

Vous avez le choix aussi entre différentes méthodes :

1. l'aspiration (on introduit une pompe aspirante dans l'utérus sous anesthésie locale ou générale) ;

2. le curetage (après dilatation, on racle l'utérus avec une curette pour enlever, sous anesthésie générale, tous les corps étrangers, y compris le fœtus) ;

3. la pilule abortive, la fameuse RU-486 inventée et brevetée par les laboratoires Roussel UCLAF. Elle s'oppose aux effets de la progestérone, hormone nécessaire à l'implantation de l'œuf dans l'utérus, et entraîne une fausse couche.

Il existe naturellement des méthodes plus frustes : injecter dans l'utérus de l'eau de Javel ou du sel, ce qui est efficace mais dangereux, ou bien percer l'œuf avec une aiguille à tricoter en évitant de percer le reste. Quelle que soit la méthode employée, il existe toujours un risque mortel pour la femme qui décide d'expulser son enfant, même si elle le fait en milieu hospitalier. Le taux de décès y est faible comparé à celui des avortements clandestins puisqu'il avoisine 2 pour 100 000 avortements. Néanmoins ce chiffre est comparable au nombre de décès chez les femmes pour cause de tumeur maligne de la langue ou du pharynx, ou encore de psychose alcoolique. Il est moins élevé que les décès dus à la naissance d'un enfant. En effet, on estime en moyenne le nombre de décès de femmes enceintes à 10 pour 100 000 naissances. Il était un temps où la mortalité des femmes lors des accouchements était encore beaucoup plus élevée. Il est donc clair qu'un avortement comme un accouchement ne sont pas des actes médicaux anodins.

En temps habituel, une femme décide d'avorter parce qu'elle ne désire pas, ou ne désire plus, l'enfant qu'elle porte. Mais elle ne peut pas, nous dit la loi de 1975, avorter pour des raisons de convenances personnelles. Une femme qui doit partir en vacances, continuer des études ou remplir un contrat rémunérateur au moment même où elle tombe enceinte ne peut normalement obtenir l'autorisation d'avorter. Les raisons ou les motifs invoqués pour avorter sont contrôlés par l'administration et le médecin.

Le motif peut être thérapeutique. Il s'agit alors de sauver la vie de la mère ou de préserver sa santé physique ou mentale. Il peut aussi être lié à un risque de malformation ou de maladie de l'enfant à naître. On parle alors d'IMG, interruption médicale de grossesse. En matière d'IMG, le plus souvent, le médecin prend la décision sans demander l'accord de la mère, même si la loi impose le contraire[1]. Enfin, le viol, l'inceste ou la détresse sociale ou médico-sociale sont des motifs acceptés par l'administration. Il faut une demande écrite signée par un médecin.

L'établissement où se pratique l'avortement peut être public ou privé. S'il est privé, il doit être agréé par l'État. La femme est informée des risques de l'avortement et des aides dont elle peut bénéficier pour garder l'enfant jusqu'à son terme. Rappelons que l'avortement est un acte médical remboursé par la Sécurité sociale, et que le médecin peut faire jouer une clause de conscience et refuser l'avortement, ce qui raréfie l'offre des établissements où l'on peut pratiquer ce genre d'acte.

Maintenant nous avons toutes les informations nécessaires pour aborder le débat de fond. L'avortement est-il un acte moral ou immoral ? Doit-il être légalisé ou interdit par le législateur ? Doit-on, au contraire, ne pas légiférer et laisser à un juge de droit commun, s'il y a plainte, le soin de régler le litige ? Ces deux questions sont distinctes. Un acte peut être immoral mais légal, et inversement moral mais illégal. Il peut faire l'objet d'une législation ou être traité en droit commun. En quoi un économiste peut-il éclairer ce débat ?

---

1   Mézerac (de) I. 2004, *Un enfant pour l'éternité*, Paris, Éditions du Rocher.

L'AVORTEMENT EST-IL UN ACTE IMMORAL ?

Il est sans doute plusieurs façons d'aborder ce débat. Nous allons organiser cette discussion en partant de la position de ceux qui sont opposés à la légalisation de l'avortement : les *pro-life*. L'argument fondamental contre l'avortement peut être présenté par le syllogisme suivant :

1. Si chaque être humain innocent a un droit à la vie, alors, tuer un être humain innocent est un meurtre.

2. Le fœtus est un être humain innocent.

3. Donc, tuer un fœtus est un meurtre.

Si vous acceptez les deux premières propositions, la troisième est irréfutable. La législation de 1975 légalise le meurtre pour une catégorie spécifique d'êtres humains : les fœtus. Elle est contradictoire avec la législation en vigueur, qui met en prison les gens coupables de crimes de sang sur des adultes ou d'infanticides. En effet, non seulement elle ne met plus en prison les femmes qui avortent et les médecins qui les assistent dans cet acte, mais encore elle finance ces meurtres en assurant la gratuité totale de l'acte lui-même. Interdire de pratiquer l'avortement après 12 semaines, ou même une fois l'enfant né (c'est-à-dire de pratiquer un infanticide), semble totalement arbitraire puisque, déjà à 12 semaines, le fœtus est un enfant formé. La preuve en est qu'au Royaume-Uni, on peut avorter jusqu'à l'âge d'un prématuré ! D'une façon ou d'une autre, il s'agit de mettre fin à la vie sans le consentement de celui dont on abrège la vie.

La question de l'avortement n'est guère différente des agissements qui consistent à se débarrasser clandestinement d'adultes qui ne peuvent vivre de façon autonome et qui ne sont plus en situation d'exprimer leur consentement. Habituellement on leur injecte un mélange dosé d'une solution saline combinée avec un analgésique puissant et du chlorure de potassium concentré. C'est la pratique de l'euthanasie. L'avortement est même plus immoral que l'euthanasie, car, dans ce dernier cas, la plupart du temps, il s'agit d'abréger une vie de souffrances, ce qui n'est pas le cas pour le fœtus. Or, là encore, l'euthanasie est interdite et l'avortement autorisé.

La position morale des « anti-avortement » ou des partisans de la suppression de la loi Veil est alors extrêmement puissante ; elle finit par justifier la lutte contre la loi, y compris par l'usage de la violence comme le font les commandos anti-avortement. Mais cette position n'est pas aussi forte qu'il y paraît. Avec un peu de réflexion on peut la contrer ainsi : 1) ou bien éviter le syllogisme ; 2) ou bien nier les deux premières propositions. C'est ce qu'ont fait les partisans de l'abolition de la loi.

Reprenons leurs arguments.

Les lois qui interdisent l'avortement ont des conséquences néfastes

On peut accepter le syllogisme, décider qu'il s'agit bien d'un meurtre puis affirmer qu'il s'agit là d'un acte immoral sans pour autant l'interdire. Car interdire l'avortement peut avoir des conséquences plus néfastes que de l'autoriser. Voilà un argument conséquencialiste pur que nous connaissons bien désormais. C'est très exactement une partie de l'argumentation de Me Gisèle Halimi au procès de Bobigny.

Une loi qui interdit l'avortement n'empêche pas les gens d'avorter, elle les incite simplement à rentrer dans l'illégalité et fait apparaître un marché noir avec tous ses méfaits. L'avortement est pratiqué dans des conditions déplorables et est dangereux pour la santé de la femme. Le fait d'interdire l'avortement ne réduit donc pas la demande d'avortements mais accroît les difficultés d'avorter et les dangers auxquels sont exposées les femmes qui désirent vraiment ne pas prolonger une grossesse non désirée. Cette loi frappe les femmes les plus pauvres, celles qui n'ont pas les moyens d'aller en Suisse ou celles qui n'ont pas les protections offertes par l'appartenance au milieu bourgeois. Elles n'ont pas non plus reçu de cours d'éducation sexuelle ni eu connaissance des méthodes contraceptives permettant d'éviter les naissances non désirées.

Cet argument n'est pas recevable. Pour quelle raison ? Ce n'est pas un argument de fond qui porte sur l'avortement en soi : celui-ci est-il bien ou mal ? Doit-il être interdit ou autorisé ? C'est une façon de détourner l'attention de l'objet réel de l'argumentation. L'argument selon lequel, si une interdiction a des effets pervers plus désastreux que les bienfaits qu'elle apporte, elle est une mauvaise loi, est hypocrite. Dans ce cas, on attend avec impatience l'abolition d'une série de lois comme l'interdiction du commerce des enfants, de la drogue, du travail clandestin, la suppression du contrôle des loyers ou du salaire minimum. Toutes ces lois sont des interdictions qui empêchent des personnes d'offrir un service au prix qu'elles désirent et qui entraînent des effets pervers désastreux. Elles frappent essentiellement les plus pauvres. « Justice de classe », nous dirait Gisèle Halimi. Or, ces lois ne sont pas abolies. Justifier l'abolition d'une interdiction sous prétexte que la loi est inefficace, c'est confondre l'inefficacité de la répression avec l'inefficacité de la loi. L'inefficacité de la répression résulte peut-être d'une difficulté à se plaindre pour les victimes ou les ayants droit des victimes. La lutte contre l'avortement est inefficace parce que les victimes ne peuvent se plaindre puisqu'elles sont tuées, et que les ayants droit ne risquent pas de porter plainte puisque ce sont les meurtriers !

Habituellement la répression contre les meurtriers est relativement efficace parce que les ayants droit sont aussi des victimes et se plaignent. Ils réclament vengeance ou réparation du dommage causé. Par comparaison, on peut juger l'inefficacité de la lutte contre la drogue comme provenant fondamentalement de la loi, parce qu'il s'agit de crimes sans victime, au sens où la victime est consentante et où aucun dommage involontaire n'est causé à qui que ce soit. Ce n'est pas le cas de la loi sur l'avortement. Répétons-le, s'il fallait abolir toutes les lois sous le prétexte que la répression est inefficace, les lois interdisant le vol, l'escroquerie, les chèques en bois, où il y a des victimes, devraient être abolies. Cet argument, utilisé par le substitut du procureur, Me Roumaud[1], au procès de Bobigny, est parfaitement valide. On n'autorise pas le meurtre des adultes au prétexte que, malgré la loi, des meurtres sont toujours perpétrés, ce qui est bien le cas !

---

1   Association « Choisir » 1973, *op. cit.*

La loi ne doit pas intervenir dans les affaires privées de l'individu, or les questions morales sont des affaires privées

Intervenir dans la vie intime de la femme, lui dire ce qu'elle doit faire de son corps est une atteinte intolérable à la vie privée. Ce n'est pas au fœtus, ou à ceux qui parlent en son nom, à dicter à la femme ce qu'elle doit faire.

On connaît ce principe, qui consiste à ne pas vouloir intervenir dans l'homosexualité, la prostitution, etc. ; en fait, dans le cas de « crimes sans victime ». Le but de toute intervention contre la volonté et le désir des individus d'une société civilisée est de prévenir les dommages que l'on peut causer aux autres, non à soi-même. Malheureusement, dans le cas présent, il y a justement une victime innocente : un être humain. En tout cas, les partisans de l'interdiction de l'avortement l'affirment. Et on ne peut rejeter leur argument comme on pourrait le faire s'ils voulaient interdire l'homosexualité ou la prostitution, car il s'agit d'autoriser quelqu'un à tuer quelqu'un d'autre, ce qui n'est pas le cas de l'homosexualité, de la drogue ou de la prostitution.

Ces deux premiers arguments n'abordent pas de front le syllogisme des anti-avortement et ne sont pas tenables car ils esquivent le problème. Revenons donc au fond de l'argumentation. Les partisans de l'avortement nient habituellement les deux premières propositions.

Le fœtus n'est pas un être humain

Le fœtus est-il un être humain ? Non, répondent les abolitionnistes ; oui, répondent les tenants de l'interdiction. Si le fœtus n'est pas un être humain, qu'est-ce que cela peut bien être : une excroissance du corps de la femme, un être vivant plus proche du règne animal que de celui de l'homme, un être humain potentiel ? Il y a plusieurs façons d'approcher cet argument. Nous en retiendrons deux.

1. Un fœtus n'est pas un être humain, il est un être vivant d'un rang inférieur à celui des animaux. Il n'a aucune des caractéristiques qui feraient de lui un être humain ou même un animal. Il ne parle

pas, il n'est pas autonome, il n'est pas conscient, il ne souffre pas, etc. Il passe par des stades d'évolution qui le mettent à un rang inférieur à celui de certains animaux. Les chimpanzés, une fois qu'on leur apprend un langage, deviennent conscients d'eux-mêmes et raisonnent. Pourtant on les utilise dans des laboratoires et on les tue. Les dauphins et les baleines sont chassés, ce sont pourtant des êtres vivants dont on soupçonne qu'ils ont un langage. S'ils pouvaient communiquer avec nous, peut-être nous apprendraient-ils qu'ils en ont assez des massacres que l'on perpétue à leur égard. Les animaux ont parfois plus de jugement et sont plus conscients qu'un bébé. Or, on ne se pose pas de problème moral quand il s'agit de tuer des animaux. Le fœtus est finalement comme un animal. Si vous acceptez le massacre des animaux, vous devez accepter aussi l'avortement. L'homme est un être vivant qui émerge du règne animal doté d'une capacité différente de celles des autres animaux, mais cette différence peut ne pas être exploitée. Le fœtus ne fait que retracer cette évolution. Jusqu'après la naissance, il appartient au règne animal. Si vous refusez l'avortement, alors vous devez refuser le massacre des animaux qui ont des caractéristiques identiques à celles d'un nourrisson !

2. Le fœtus ne serait pas un être humain, mais un être humain potentiel. Il n'est pas non plus une personne consciente, libre de ses choix et capable de discerner le bien du mal. Un être humain potentiel ne peut avoir les mêmes droits qu'un être actuel. Le prince Charles est un roi potentiel, cependant il n'a pas les droits d'un roi. Sinon il serait roi. Si le fœtus n'est pas un humain actuel mais potentiel, il n'a donc pas les droits d'un être humain. S'il n'est pas une personne, il n'a pas non plus les droits liés à la personnalité de l'être humain.

Revenons sur ces deux arguments.

Le paradoxe de la première argumentation vient de la comparaison entre le droit de l'animal et celui de l'être humain. Les droits de l'homme sont relatifs à l'espèce. On n'a pas encore vu des lions refuser de tuer des antilopes ou des hommes sous prétexte que les antilopes ou les hommes auraient le droit de vivre. On ne les voit toujours pas pétitionner pour le droit à la vie. Un animal qui mange un autre animal n'agit pas de façon immorale. Il suit sa nature. L'homme en revanche est libre de tuer son voisin pour le dévorer ou le réduire en esclavage et ainsi survivre par la violence. Au contraire l'homme peut échanger et commercer avec d'autres hommes et donc survivre en respectant la vie des autres êtres humains quelles que soient leur race, la couleur de leur peau ou leur sexe. Mais, si vous oppressez un homme, en niant ainsi qu'il est un être humain, il se défendra les armes à la main. Il pétitionnera pour sa liberté. C'est la différence entre les animaux et les êtres humains. Les premiers n'ont pas de libre arbitre, les autres si.

Les enfants ne pétitionnent pas pour leurs droits, mais ce ne sont pas des animaux. Il sera dans la nature même de leur corps de se comporter comme des êtres humains, s'ils le désirent. L'adulte a le choix de se conduire comme un animal en mordant son supérieur, mais son chien n'a pas le choix de lui parler du dernier film qu'il vient de voir à la télévision si par hasard il regardait en même temps que lui le petit écran ; sinon il y a longtemps que ce chien aurait fait la fortune de son maître. Qu'est-ce qu'un fœtus pourrait bien être d'autre s'il n'est pas humain ? Et si le fœtus est un être humain vivant, avorter est un meurtre prémédité.

Le législateur français suppose que l'être humain devient un être humain à partir de la 12e semaine, mais le même législateur, lorsqu'il est anglais, admet que le fœtus devient humain à 27 semaines. En quoi le fœtus français devrait-il être un être humain plus tôt que l'anglais ? Est-ce parce que les Anglais ont une maturité tardive ? À partir de quand devient-on un être humain ? À la naissance ? Avant l'échographie, c'était le premier signe visible. Mais dès que l'enfant bougeait dans le ventre de sa mère, s'il n'était pas visible, on pouvait le sentir et le toucher. Le père collait son oreille sur le ventre de sa femme, sentait les fesses du bébé. La loi entérine ce fait et distingue le fœtus de l'être humain à partir de l'âge de 7 mois. Aujourd'hui, grâce aux techniques modernes, l'œuf fécondé est visible et on peut même savoir de quel sexe est l'enfant bien avant qu'il naisse ! Or, que ce soient l'œuf fécondé, l'enfant à 12 semaines ou à 7 mois, ou l'enfant né, il s'agit bien du même être vivant. La ligne de séparation entre le fœtus de 70 jours déjà formé et l'enfant né est arbitraire. Certains alors avancent l'argument que, tant que le système nerveux n'est pas formé totalement, l'enfant n'est pas un être humain. Mais le système nerveux n'est entièrement terminé qu'un an après la naissance ! Ou on admet l'avortement et l'infanticide, ou on rejette les deux[1].

Venons-en à la variante. Le fœtus est un être humain potentiel. Oui, mais un être humain est toujours en potentialité. Il est tendu vers des fins et utilise des moyens pour les atteindre. Lorsqu'il investit dans un diplôme, il n'est pas diplômé mais réalisera son objectif et donc ses potentialités une fois réussi l'examen donnant droit au diplôme. L'empêcher de poursuivre ses études s'il le désire, c'est le priver, par la violence, de ses capacités à se réaliser, c'est aussi le priver de sa vie. Pourquoi le fœtus ne serait-il pas dans le même cas ?

Il est aussi difficile de lui refuser le statut de personne. Est-ce parce qu'il dépend de quelqu'un pour survivre puisqu'il vit à l'intérieur du ventre de sa mère ? Est-ce parce qu'il est inconscient ? Est-ce parce que son cerveau n'est pas suffisamment formé au jugement nécessaire à un libre arbitre ? Mais alors les malades adultes inconscients ou dans le coma et les patients qui dépendent d'une machine sophistiquée ou d'un rein artificiel pour survivre ne sont pas non plus des êtres humains. Est-ce parce qu'il est fragile ou parce qu'il n'a pas toute sa raison ? Mais alors l'enfant, les demeurés d'esprit, les fous ne sont pas non plus des êtres humains ? Or, qu'on le sache, il est encore interdit de tuer les enfants, les fous, les demeurés d'esprit ou les mourants.

Le fœtus est un être humain mais il n'est pas innocent : c'est un intrus indésirable

Lorsque les *pro-life* discutent d'avortement, ils acceptent communément une exception : l'enfant né d'un viol. Lorsque la grossesse résulte d'un viol, on affirme qu'il est juste de pratiquer l'avortement car il s'agit d'un intrus qui n'a pas été invité. Lorsqu'une femme change d'avis pour une raison quelconque liée par exemple à une opportunité de carrière ou à sa survie et que la grossesse cesse d'être désirée, le fœtus

---

1   Tooley M. 1972, « Abortion and infanticide », *Philosophy & Public Affairs* 2, n° 1 (fall)

est un indésirable. Il devient un intrus. Il n'est plus innocent. Son hôte a alors le droit de l'expulser. Si vous invitez votre voisine de palier et qu'elle décide de dîner chez vous sans votre consentement, vous êtes en droit de l'expulser de chez vous.

Dans le premier cas, le fœtus est un être humain différent du violeur comme de la mère. Ce n'est pas le fœtus qui a violé sa mère, c'est son père. Le père peut être sanctionné pour cet acte, mais pourquoi le fils devrait-il l'être ? C'est un être humain innocent qui est un tiers à l'interaction entre la femme et son agresseur. Les fœtus sont tous égaux devant la loi. L'origine de la naissance ne peut constituer un motif de peine de mort ! Et si le fœtus est un tiers innocent dans le cas d'un viol, il l'est *a fortiori* quand les parents passent un contrat de mariage. Prenons le second cas, où l'enfant n'est pas conçu par hasard à la suite d'une agression. Il est conçu à la suite d'une erreur de programmation ou par suite d'une défaillance dans les pratiques de la contraception. Le fait de commettre une erreur, même indépendamment de votre volonté, ne justifie pas de tuer pour réparer cette erreur, qu'elle vienne de vous ou d'un préservatif défectueux. Vous pouvez demander des dommages et intérêts au fabricant parce que cette naissance non désirée vous cause un dommage, mais manifestement vous ne pouvez vous venger sur le fœtus lui-même, qui n'y est pour rien.

Les parents sont responsables de la conception et ont des obligations à l'égard du fœtus

Certains imaginent que les parents ont pris la responsabilité d'élever un enfant et ont donc, sous cet angle, passé implicitement un contrat avec l'enfant à naître. En pratiquant l'avortement, ils rompraient ce contrat. Mais ce type de contrat implicite est un contrat par engagement unilatéral de la volonté d'une des parties. En quoi les parents seraient-ils tenus par cet engagement ? Pourquoi ne pourraient-ils pas se délier de cet engagement ? Qui peut exiger des dommages à la rupture du contrat puisqu'il n'y a pas eu accord des parties ? L'enfant à naître est une tierce partie et n'a pas contracté. D'ailleurs, les parents ne peuvent contracter avec quelqu'un qui n'existe pas. Les parents créent un être humain ou donnent la vie. Or, les donateurs ne sont pas les obligés du récipiendaire, le créateur ne peut être l'obligé de sa création, qui est ici l'enfant à naître. Que le fœtus soit innocent ou non ne change rien à l'affaire.

Le droit à la vie n'implique pas qu'il ne faut pas tuer un être humain innocent

Les féministes, en fait, ne soutiennent aucun des arguments précédents. Elles reconnaissent que le fœtus est un être humain innocent. Elles contestent, en revanche, le lien logique exprimé dans la prémisse du syllogisme. Le droit à la vie n'implique pas qu'il est mal de tuer un être innocent. C'est l'argument de la philosophe Judith Arvis Thompson[1]. Imaginez que, pour vivre et guérir d'une maladie mortelle dont vous êtes atteint, la main de Brigitte Bardot sur votre front enfiévré soit indispensable. Si Brigitte se déplace, ce sera gentil de sa part, mais vous n'avez aucun droit d'exiger qu'elle vienne. Peut-on avoir le droit de vivre aux dépens du corps humain de quelqu'un d'autre sans son consentement ? Pouvez-vous utiliser autrui comme moyen pour satisfaire vos propres fins même s'il s'agit ici de préserver votre vie ? Si le fœtus est un être humain, il doit être traité comme tel. Il ne peut utiliser sa mère comme moyen pour satisfaire ses propres fins sans son consentement.

Cet argument célèbre se présente comme une revendication radicale d'un droit de propriété de la femme sur elle-même, ce qui peut nous rendre sympathique la philosophe en question. Mais alors, il faut aussi appliquer ce principe à toutes les lois qui consistent à utiliser les autres comme moyens pour satisfaire ses propres fins sans leur consentement : les privilèges légaux, la protection sociale, le service militaire, l'impôt sur les riches, etc. Or, les partisans de l'avortement sont aussi les partisans de la protection sociale, du service militaire ou civil et de l'impôt sur les riches. Ils sont souvent partisans non seulement de l'esclavage public mais aussi de l'esclavage privé comme la pénalisation du non-paiement des pensions alimentaires ou des presta-

---

1   Thompson J. A. 1971, « A defence of abortion », *Philosophy & Public Affairs*, n° 1 (fall)

tions compensatoires par les ex-maris ! Ce qui entache sérieusement leur crédibilité là aussi.

Cependant, avec l'argument de Judith Arvis Thompson, on tient enfin la solution parce que l'on va pouvoir poser correctement le problème. En effet, on reconnaît un droit de propriété de la mère sur elle-même et on traite le fœtus comme un être humain. Or, si le fœtus est un être humain à part entière, il est aussi propriétaire de lui-même. Nous avons donc une situation où la mère est propriétaire de son corps et où le fœtus est lui aussi propriétaire de son corps, sans qu'il puisse exercer son libre arbitre puisqu'il n'est pas encore un adulte. Un conflit de droit de propriété apparaît entre les deux personnes.

Ce conflit se résout très simplement par la règle du premier occupant. La femme est, par nature, la première occupante de son corps. Elle détient un droit de propriété sur elle-même. Personne ne peut vivre à ses dépens. Le fœtus, qui est propriétaire de lui-même, ne pouvant exercer son droit de propriété, est mis sous la protection de quelqu'un. On applique à nouveau la règle du premier occupant ou celle de proximité. La mère est la plus proche du fœtus, elle est aussi l'hôte du fœtus. Le droit de garde est donc attribué à la mère.

Mais un droit de garde n'est pas n'importe quoi. Ce n'est pas le droit d'agresser le corps humain du fœtus ni de l'enfant. Ce n'est pas le droit de le martyriser. C'est le droit de protéger le fœtus et plus tard l'enfant contre lui-même et les agressions des tiers tant qu'il n'aura pas affirmé son autonomie. C'est ce qui se passe pour les enfants désirés. Dans le cas d'un enfant non désiré, le paradoxe tient au fait que la victime n'a pas la capacité de porter plainte et que la personne qui est censée assurer le droit de protection sur l'enfant est celle qui va commanditer le crime. Comment protéger le fœtus de sa mère sans violer le droit de propriété de la mère sur elle-même ? C'est l'équation qu'il faut résoudre.

AVORTEMENT ET COMPOSSIBILITÉ DES DROITS DE PROPRIÉTÉ SUR SOI

Revenons sur la situation où une personne A viole les droits de B en l'expulsant de son abri sachant que cela entraînera sa mort. Est-ce qu'une personne C a le devoir d'empêcher cet acte ? Est-ce que C a le droit de violer la propriété de D pour empêcher A de violer les droits de B ? Est-ce que C peut pénétrer dans la propriété de D par la force pour secourir B ? Imaginez que A soit votre mère (ou le propriétaire d'un logement à la location), que vous, B, soyez le fœtus (ou le locataire), que C soit un catholique pratiquant (ou un militant du droit au logement) et que D soit le médecin (ou un commissaire de police) qui va exécuter l'expulsion.

Une vision conséquencialiste et hédoniste jugera l'expulsion comme une bonne chose si l'on s'en tient au bien-être de la mère ou du propriétaire. S'il s'agit du bonheur non seulement de la mère ou du propriétaire mais aussi du fœtus ou du locataire, les choses changent. On peut penser que le bonheur d'une personne qui n'existe pas encore est nul : l'expulsion du fœtus ne posera pas de problème moral. Le cas du locataire est différent au sens où il s'agit d'une personne qui s'est déjà réalisée. Le degré d'altruisme du propriétaire décide du poids qu'il faut accorder au locataire dans la somme du bonheur des deux individus. Si la décision d'expulsion est dans les mains du propriétaire, on peut imaginer que ce dernier peut surseoir à l'exécution et attendre le printemps s'il est suffisamment altruiste. Dans un cas comme dans l'autre, les actions de C seront jugées comme « mauvaises », car elles vont à l'encontre des conséquences de l'expulsion qui sont jugées comme « bonnes ».

Une vision aristotélicienne juge de l'expulsion en référence à la nature de l'homme en tant qu'homme. S'il était dans la nature de la femme de procréer, avorter serait contre nature. Mais nous avons précisé que la nature de l'homme en tant qu'homme consistait dans son libre arbitre, sa capacité à se projeter dans le futur, à réaliser sa propre vie en usant de sa faculté de raisonnement, et non pas des fonctions naturelles qu'il a en commun avec les animaux comme la fonction de reproduction. La vie de la femme ou de la mère prime sur le fœtus et il peut être raisonnable de sacrifier la vie du fœtus pour réaliser celle de la mère. Mais le médecin peut juger que réaliser sa vie en expulsant des embryons n'est pas une bonne manière d'user de sa faculté de raisonnement, et les tiers qui se sentent concernés par la survie des fœtus peuvent voir dans la préservation de la vie d'autrui sans défense une vertu cardinale. Aucune compatibilité du bien ou du mal n'émerge de cette morale.

Une vision à la E. Kant rejette l'avortement. Cette règle n'a pas un caractère universel et elle use d'autrui (ici, le fœtus) comme moyen et non comme une fin, sans son consentement, puisqu'il ne peut l'exprimer. Les groupes C trouvent alors une justification à leurs interventions. On suppose ici que le fœtus est une personne. Il a par exemple plus de 13 semaines et la question se pose de savoir si l'on va pratiquer une expulsion en Grande-Bretagne où l'on peut avorter jusqu'à 23 semaines.

En revanche, comme nous l'avons vu, si l'on applique strictement la théorie des droits de propriété au corps humain, les choses se clarifient. La mère est propriétaire d'elle-même. Si le fœtus est aussi propriétaire de lui-même (comme un fœtus de 13 semaines et un nouveau-né peuvent l'être), son statut est celui d'un locataire ou d'un invité indésirable dans le corps de la femme. Comme l'embryon ne peut exprimer son consentement, il est placé sous droit de garde : celui de la mère. Un droit de garde sur la propriété du corps humain du fœtus a pour objet de protéger ce corps des agressions diverses (y compris de celles de la mère) jusqu'à son autonomie. Rappelons que le juge des enfants peut retirer la garde d'un enfant à la mère qui le maltraite ou a un comportement pouvant nuire à l'éducation de son enfant (prostitution). Notez que ce droit de garde peut être échangé et placé dans d'autres mains qui pensent en faire un meilleur usage.

Un conflit apparaît donc entre deux droits de propriété sur soi. La mère ne peut être contrainte de conserver dans son corps ni d'élever un être humain qu'elle juge indésirable. Elle affirme son droit de propriété sur soi. Personne ne peut vivre à ses dépens sans son consentement. L'expulsion du fœtus est tout aussi morale que peut l'être celle du locataire. Le problème moral n'est pas l'expulsion en soi, mais le fait que l'expulsion entraîne la mort.

La femme peut attendre les neuf mois et céder son droit de garde, contre de l'argent, à un tiers. Tout le monde y gagne. Le fœtus, la famille d'accueil, et la mère qui ne veut pas s'embarrasser d'un enfant non désiré. Un marché libre de l'adoption incite la femme à choisir une autre alternative que l'avortement. Si personne n'est acquéreur de ce droit de garde (par exemple, si l'enfant a un défaut congénital), la mère abandonne l'enfant à sa naissance et celui-ci meurt. Si la mère désire malgré tout expulser l'enfant avant qu'il puisse naître viable, elle est obligée de s'adresser à un médecin et de lui commanditer l'expulsion. Le problème moral devient celui du médecin (ou celui du commissaire de police dans le cas d'une expulsion locative) et non celui de la mère. Car, après tout, c'est le médecin qui va commettre l'acte d'agression et être responsable du décès de l'embryon, pas la mère ! C'est lui qui a un problème moral.

Logiquement, le contrat entre la mère et le médecin est nul, car un contrat ne peut contenir de clauses qui violent les droits d'un tiers, ici le fœtus. Les autres personnes (les commandos anti-avortement) qui sont concernées par le sort du fœtus, après avoir épuisé l'option de l'achat du droit de garde de l'enfant, pour dissuader la mère d'avorter, peuvent alors se retourner contre le médecin en le boycottant et en le culpabilisant. Les associations en faveur des sans-abri agissent ainsi vis-à-vis des propriétaires qui veulent expulser leur locataire indésirable. Elles savent pourtant que le locataire ne va pas décéder (puisqu'elles s'occupent de lui), même s'il n'a plus de logement personnel où s'abriter l'hiver venu. Elles savent aussi qu'il ne s'agit pas d'une personne sous droit de garde, mais très souvent de quelqu'un qui viole un contrat auquel il a consenti. Elles ont obtenu de la loi l'interdiction d'expulser durant les six mois d'hiver.

Des associations de lutte pour les sans-abri squattent des appartements et violent les droits de tiers pour trouver un abri à leurs protégés, au lieu de louer ou d'acheter des logements comme d'autres associations caritatives le font. Elles s'opposent par la force au commissaire de police qui vient exécuter l'expulsion. Il est paradoxal de voir que le traitement accordé au locataire devrait être celui accordé au fœtus et que le traitement accordé par la loi au fœtus devrait être celui du locataire. Mais on aura compris que, sous la pression des intérêts privés de certains électeurs politiquement puissants, du législateur en quête de votes et de la règle de la majorité, aucune morale cohérente et universelle permettant de guider les actions individuelles ne peut émerger de la démocratie.

On peut souligner un dernier point : faut-il vraiment légiférer en la matière ? L'idée précédente repose sur la croyance que le locataire expulsé, ou celui qui est sous droit de garde, va subir, lui ou ceux qui l'aiment, un dommage. Lors d'une violation de propriété, la victime demande réparation ou restitution. Le problème ici est que le dommage est réciproque et que l'une des victimes n'est pas dans la possibilité de porter plainte : le fœtus. Cela justifie une protection spéciale du fœtus de la part du législateur, puisqu'il est la partie faible dans cette interaction. C'est la raison du droit de garde. (Mais cela ne justifie pas qu'il y ait une loi interdisant ou autorisant l'avortement. Le conflit à propos du droit de garde se porte devant le juge des enfants.)

Par ailleurs y a-t-il réellement un dommage causé au fœtus ? Celui-ci n'a pas encore prouvé que sa vie valait quelque chose pour les autres. Il n'est pas encore Beethoven, il ne le sera peut-être jamais. En revanche, le dommage causé à la mère est réel et tangible. Comme pour le locataire, l'expulsion devrait être ordonnée par un juge ou par une procédure d'arbitrage, la demande n'étant recevable que si l'on peut prouver qu'il y a un dommage réel et tangible à la fois pour la mère et l'enfant à naître. Dans tous les autres cas, l'abandon ou la vente du droit de garde à une autre famille s'imposerait[1].

Cette position en termes de conflits de droit de propriété ne vaut que ce que vaut l'axiome ou la prémisse de départ : la propriété de soi-même. Mais si vous n'avez pas la pleine propriété de vous-même, de qui êtes-vous la propriété : de l'État, de Dieu, de vos parents ? Si vous ne pensez pas être la propriété de vous-même, ni de l'État, ni de Dieu, ni de vos parents, ni d'aucun autre individu seul ou en groupe, peut-être êtes-vous une pâture commune ?

Si vous pensez que votre corps est la propriété de Dieu, le fait que celui-ci ne se manifeste plus depuis au moins deux millénaires signifie qu'il a abandonné son droit de propriété. Alors, possession vaut titre, on se retrouve dans la situation précédente, où l'homme a la pleine propriété de lui-même et de son corps humain.

---

1   Lemennicier B. 1988, « Pour un marché libre de l'adoption », dans *Le marché du mariage et de la famille*, Paris, Presses Universitaires de France

La pire constatation qui soit est ce qui existe aujourd'hui : nos gènes, comme les corps humains qui en sont dérivés, sont en fait pour beaucoup de nos contemporains, et surtout pour le législateur, ou une propriété collective ou une pâture commune.

En quoi la discrimination est-elle un mal[1] ?

Les débats sur la discrimination, la ségrégation ou l'exclusion ont souvent un caractère émotionnel. On peut cependant aborder ce sujet de manière raisonnée et convaincre le lecteur que le problème de la discrimination est un faux problème. Toute réflexion sur la discrimination raciale ou sexiste devrait cerner quatre questions fondamentales :

1. En quoi discriminer est-il un mal ?

2. Toute différence observée entre des gens que l'on estime devoir être traités de manière égale résulte-t-elle d'une discrimination ?

3. Si discrimination il y a, d'où vient-elle et comment peut-elle perdurer sans la complicité active de l'État ?

4. Est-on sûr que l'interdiction de la discrimination par la force n'entraîne pas des conséquences plus néfastes que celles que l'on cherche à éliminer ?

---

1 Une version plus courte et plus ancienne de ce chapitre a été publiée dans *Le « refus de l'exclusion», nouvelle expression de l'utopie égalitaire*, Club de l'Horloge, 1995, sous le titre « Discrimination, préférences et liberté »

Les pages qui suivent n'ont pas l'ambition de répondre de manière définitive à ces quatre questions. Elles ont pour but de suggérer que les tenants de la réglementation ont bien du mal à nous convaincre :

1. qu'effectivement la discrimination est un mal ;

2. que toute différence observée entre des individus résulte d'une discrimination ;

3. que l'État n'est pas souvent à l'origine de la discrimination et que, sans sa complicité, celle-ci serait durable ;

4. et que l'intervention en matière de discrimination bénéficie à ceux que l'on veut protéger.

LA DISCRIMINATION EST UN ACTE MORAL

Quel mal y a-t-il à discriminer ? Les mots discrimination, ségrégation, exclusion ont mauvaise presse. Ils sont associés à l'idée d'un préjudice que les individus, seuls ou en groupe, subiraient en raison de la couleur de leur peau ou du fait de leur sexe, ou parce qu'ils ont des activités ou des comportements « anormaux » (adeptes d'une secte religieuse, personnes atteintes d'une maladie honteuse, fumeurs, drogués, divorcés, etc.). Ils sont aussi associés à l'idée que cette discrimination est l'expression d'un goût ou d'une préférence[1]. En vérité, ces mots sont beaucoup plus neutres qu'on le pense. Un comportement discriminatoire peut être bénin, résulter d'une intention méchante ou, au contraire, être pratiqué dans le dessein d'améliorer son propre sort, en adhérant par exemple à un club prestigieux, ou celui de ceux que l'on aime, en leur évitant des fréquentations indésirables.

Ces banalités ne sont pas inutiles. La discrimination, l'exclusion, la ségrégation sont des conduites de tous les jours. Elles révèlent nos préférences. Certains aiment les croissants, d'autres les détestent. Or, le fait de détester les croissants prive le boulanger de revenus supplémentaires. Habituellement, on préfère sortir avec des hommes ou des femmes

---

1   Becker G. 1957, *The Economics of Discrimination*, The University of Chicago Press, Chicago

beaux et intelligents et l'on évite de sortir avec ceux ou celles qui le sont moins. Mais on ne peut pas le décider de manière unilatérale.

Préférer une chose à une autre, ou quelqu'un à quelqu'un d'autre, ou encore une situation à une autre, est un acte de discrimination, d'exclusion, de ségrégation. Cet acte entraîne nécessairement un préjudice. Le fait que vous épousiez la femme que je convoite est une manière de m'exclure et de me priver des joies que j'aurais pu avoir avec elle. Pourquoi cette ségrégation ou cette discrimination à mon encontre n'est-elle pas sanctionnée comme l'est celle d'un propriétaire ou d'une agence immobilière (au nom des propriétaires qui la mandatent) qui refuse de louer à un Maghrébin ou à un Africain ? Si votre femme est blanche, jolie, blonde et a des yeux bleus alors que la couleur de ma peau est noire et que je suis de sexe féminin, est-ce que cela me donne le droit d'exiger de vivre avec votre femme trois jours par semaine, sans son consentement ou le vôtre, sous le prétexte que vous avez une plus grande probabilité de séduire cette jeune femme parce que votre peau a la même couleur que la sienne et que vous êtes d'un sexe différent du sien ?

Quelle différence y a-t-il entre cette obligation et celle que l'on impose à un employeur lorsqu'on l'oblige à embaucher un certain nombre de femmes ou d'hommes de couleur verte, alors qu'il est misogyne et daltonien, c'est-à-dire qu'il préfère côtoyer des hommes et des gens d'une couleur plus neutre ? Hélas, il n'y en a pas. Le droit de chaque être humain à choisir de vivre avec qui bon lui semble est une caractéristique fondamentale des sociétés libres. D'une certaine manière, la discrimination, la ségrégation et l'exclusion individuelles sont la manifestation ou l'expression des préférences individuelles.

Cependant, ce n'est pas sur ce terrain que l'on se place lorsque l'on désire lutter contre la discrimination, car la bataille serait perdue d'avance. Lorsque le législateur évoque le mot de discrimination, ce n'est pas dans ce sens-là qu'il l'entend. Son sens a été détourné pour signifier « le fait de séparer un groupe social des autres en le traitant plus mal » (*Dictionnaire Robert*). Il ne s'agirait pas de lutter contre la discrimination individuelle, expression naturelle des préférences, mais contre la discrimination collective. Mais il est difficile de lutter contre la discrimination collective sans lutter contre la discrimination individuelle, parce qu'un groupe en tant que groupe n'a pas de préférence, seul les individus ont des préférences.

Par exemple, dans l'affaire de l'agence immobilière « Sud Location » de Toulouse, dont la directrice n'envoyait pas ses clients maghrébins ou africains visiter certains appartements pour répondre au souhait des propriétaires de ne pas louer à de telles personnes, le juge en arrive à condamner l'expression même des préférences des propriétaires au nom du refus « de fournir un service ou un bien, à raison de l'origine ou de l'appartenance vraie ou supposée à une ethnie, une race ou une nationalité »[1]. Le propriétaire peut discriminer entre deux Maghrébins ou deux Africains, mais pas entre un Africain et un Polonais : voilà ce que signifient les lois anti-discrimination dans les faits. Le législateur à qui on doit de telles lois ne se rend pas compte des conséquences de son acte sur les personnes qu'il cherche à protéger. Si les propriétaires ne peuvent plus louer leur bien aux personnes qu'ils préfèrent, ils voudront le vendre et placer l'argent ainsi collecté sur un marché financier qui leur rapportera plus d'argent avec les soucis en moins. À propos de cette affaire, on a même pu lire dans la presse que des minorités d'activistes trouveraient normal de mettre en prison tous les propriétaires qui expriment de telles préférences à l'encontre des Africains et des Maghrébins. Vous mesurez mieux maintenant à quel point de telles lois violent manifestement la souveraineté des individus dans leurs actes les plus quotidiens : le refus ou non d'accepter une transaction avec qui l'on veut.

Mais, là encore, les choses ne sont pas aussi simples qu'il y paraît. Il arrive qu'une majorité des individus discrimine à l'encontre de minorités. Les gens sont majoritairement droitiers, donc on écrit de gauche à droite. Cette convention pénalise et cause préjudice à tous les gauchers. Les nains ont du mal à se marier avec des gens de taille normale, ils sont exclus de la communauté et contraints de se reproduire entre eux. De la même manière, certaines minorités s'efforcent de discriminer à l'encontre de la majorité. Un club, par définition, discrimine et exclut les non-membres du club. Le Rotary Club discrimine, les riches aiment habiter ensemble, les fraternités sont des associations où l'on entre par cooptation en ayant satisfait des critères particuliers qui ont pour but explicite de discriminer les membres des non-membres.

---

1   Article de G. Laval dans *Libération* du 4 juillet 2005.

L'État lui-même pratique à grande échelle la discrimination. Il impose proportionnellement plus les riches que les pauvres. En protégeant l'industrie automobile française, il discrimine à l'égard des consommateurs, qui sont forcés d'acheter une voiture à un prix plus élevé que celui du marché mondial. L'Office national d'immigration, en contrôlant et en interdisant, s'il le juge bon, l'entrée du territoire à certains étrangers, et pas à d'autres, discrimine et exclut certains travailleurs étrangers. Il cause un préjudice à ces individus, auxquels il fait subir un traitement qui les empêche de gagner leur vie comme ils l'entendent. La contrainte publique est souvent utilisée par la majorité et parfois par une minorité agissante pour exploiter une minorité et réciproquement. L'apartheid est le produit du syndicalisme blanc. Les interdictions faites aux Juifs de travailler dans des emplois de fonctionnaire ou de posséder des terres sont de la même veine. La propagande et les lois anti-juives des années 1930 en Allemagne ou 1940 en France sont le fait des hommes d'État, et non des individus, même si ces lois sont elles-mêmes le produit d'idéaux d'intellectuels qui influencent l'opinion publique. Nous reviendrons sur ce rôle de l'État dans la discrimination un peu plus loin.

Le problème posé par la discrimination individuelle n'existe pas, parce que tout acte est, par nature, une expression des préférences et que cette expression est nécessairement discriminatoire.

> Dans une société libre de marché, il n'y a aucune discrimination légale contre quiconque, chacun a le droit d'obtenir dans le système social la place où il peut travailler avec succès et gagner sa vie. Le consommateur est libre de choisir, pourvu qu'il soit prêt à en payer le coût. Un Tchèque ou un Polonais peut préférer acheter plus cher dans une boutique tenue par un Slave au lieu d'acheter meilleur marché et mieux dans une boutique tenue par un Allemand. Un antisémite peut renoncer à être guéri d'une vilaine maladie en employant le médicament juif Salvarsan et avoir recours à un remède moins efficace. C'est en ce pouvoir arbitraire que consiste ce que les économistes appellent la souveraineté du consommateur[1].

Le problème posé par la discrimination collective, celle, par exemple, d'une minorité à l'encontre d'une majorité ou, réciproquement d'une

---

1   Mises (von) L. 1947, *Le gouvernement omnipotent*, Paris, Librairie Médicis, p. 261

majorité à l'encontre d'une minorité, n'en est pas un non plus. Si l'on admet la discrimination individuelle, on l'admet en groupe si le groupe, pour exprimer ses préférences, ne viole aucun des droits individuels de ceux qui ne sont pas membres du groupe. Les Juifs expriment en groupe une préférence pour vivre entre Juifs et préserver ainsi leur identité religieuse par des règles draconiennes de mariage interethnique. Mais, en pratiquant cette ségrégation ou cette exclusion, ils respectent les droits individuels des non-juifs (qui peuvent se marier entre eux), comme des Juifs qui veulent épouser des femmes n'appartenant pas à leur communauté. Lorsque ces derniers décident d'épouser une femme non juive, ils perdent leur identité juive. Si la discrimination en groupe pose problème, c'est parce que la minorité ou la majorité use de moyens illégitimes (y compris la contrainte publique) pour imposer ses préférences aux autres. Il s'agit alors d'un problème de violation des droits individuels, non d'un problème posé par la discrimination.

Le problème est donc autre. Il s'agit en fait de savoir si l'acte qui discrimine et révèle une préférence est la cause d'un préjudice à autrui (seul ou en groupe), est juste ou injuste. La discussion porte alors sur le caractère juste ou bon et non sur la discrimination en tant que telle. Si c'est cela le problème, et l'on ne voit pas ce que cela pourrait être d'autre, la réponse est simple. Dans une conception procédurale ou déontologique de la morale, toute discrimination ou expression des préférences qui conduit à des actes qui violent les droits de propriété que les autres individus ont sur eux-mêmes sera considérée comme injuste ou mauvaise. Dans tous les autres cas, la discrimination du fait d'individus (seuls ou en groupe) à l'égard d'autrui (seul ou en groupe) est bonne, juste ou légitime. C'est pour cela que la discrimination est un faux problème. Les gens qui en parlent et le législateur qui opprime les individus pour empêcher cette discrimination visent autre chose. Ils visent à traiter de manière égale des gens seuls ou en groupe qui sont dans des situations semblables. Le désir de voir des gens, seuls ou en groupes, être traités de manière égale dans des situations semblables n'a pas de sens, parce que la justice ou la morale, comme le rappelle Hayek[1], s'appliquent à des conduites humaines et non à des états de choses.

---

1   Hayek F. A. 1981, *Droit, législation et liberté,* t. 2, *Le mirage de la justice sociale,* Paris, Presses Universitaires de France

Prenons un exemple : un homme et une femme, occupant un emploi identique, perçoivent des salaires différents. Cette inégalité de traitement est parfaitement légitime si elle ne résulte pas d'une violation des droits de propriété que la femme a sur elle-même. L'employeur a-t-il forcé la femme à occuper cet emploi ou à accepter les termes du contrat ? Même si elle n'avait pas parfaitement connaissance, avant d'être embauchée, que son collègue, un homme, touchait un salaire plus élevé pour la même tâche, rien ne l'empêche, si elle veut travailler aux mêmes termes que son collègue, de demander, seule ou en groupe, à l'employeur de réviser son contrat ; et, s'il refuse, elle peut chercher ailleurs un autre employeur proposant un salaire plus élevé.

Juger le résultat, et non si le résultat a été atteint sans violation des règles de l'échange, n'est pas une mince affaire. On ne sait pas comment juger cette différence. Cela, pour une raison simple : le marché ne récompense pas le talent ou le mérite, mais les services que l'on rend aux autres. Le système de prix récompense les actions que les individus entreprennent pour offrir à leurs concitoyens ce qui leur manque et non ce qu'ils ont déjà en abondance ! La rémunération qu'impose le système de prix va dans le sens de sa fonction de communication et de coordination. Il signale la direction dans laquelle les gens doivent investir leurs efforts, talents et ressources. C'est une chose que même des esprits éminents ont du mal à comprendre.

La rémunération offerte par le marché pour inciter et motiver les gens à agir est fondée sur la valeur attachée au service rendu par celui qui le demande et non sur le mérite ou les coûts supportés par celui qui le fournit. Un *golden boy* aujourd'hui gagne beaucoup d'argent, et facilement, parce que ce service est très demandé. En revanche, un mineur du Nord et un enseignant qui endurent beaucoup de peine et d'effort pour gagner trois fois rien n'ont pas encore compris que la valeur que les autres attachent à leurs services est justement trois fois rien. Le marché leur signale qu'ils feraient mieux tous deux de faire autre chose. Paradoxalement le système de prix comme guide des actions humaines est hautement altruiste puisqu'il dirige les efforts des individus vers des actes qui rendent service à autrui et non à eux-mêmes.

L'ANALYSE DES DIFFÉRENCES DE SALAIRES

Cela nous amène à la deuxième question : est-on sûr que toutes les différences observées dans certaines situations correspondent à une expression des préférences d'un groupe à l'encontre d'un autre — c'est-à-dire à une discrimination ?

On peut aisément illustrer ce point par l'exemple des différences de salaires selon le sexe ou la race. Cette question a été étudiée longuement par les économistes. Elle est même devenue un classique des manuels de l'économie du travail, tel celui d'Erhenberg et Smith[1]. Les salaires et les revenus peuvent varier selon :

1. la localisation, la profession ou les caractéristiques de l'emploi occupé (risqué ou non) ;
2. le type de marché sur lequel la firme exerce ses talents (exposé à la concurrence ou non) ;
3. la nature du contrat de travail (salaire aux pièces ou mensuel) ;
4. l'absence ou la présence d'un syndicat.

Ils varient aussi avec les caractéristiques individuelles :

5. l'âge ou l'expérience ;
6. le niveau d'éducation ;
7. le sexe ;
8. la race ;
9. la religion ;
10. la nationalité d'origine ;
11. le statut matrimonial, etc.

Pour éliminer les effets consécutifs à la localisation, à la profession ou à l'emploi, prenons un homme et une femme occupant un poste identique dans une même entreprise. Dans un tel cas, on a éliminé, par hypothèse, les différences de salaires que l'on pourrait attribuer à la localisation de l'emploi ou au poste occupé. Les seules différences de

---

1   Ehrenberg R. G. et Smith R. S. 1991, *Modern Labor Economics*, HarperCollins Publishers Inc.

salaires qui nous intéressent sont celles associées aux caractéristiques individuelles.

Le salaire horaire est au mieux égal à la valeur du service rendu par l'homme ou la femme sur le marché, grâce, par exemple, à une heure de travail supplémentaire. C'est le prix du service multiplié par la productivité de cette heure de travail. Comme le prix du produit est le même, que l'on utilise un homme ou une femme, les différences individuelles de salaires viennent de la productivité de l'homme ou de la femme. Les différences de salaires seront donc d'abord expliquées par une différence de productivité. L'âge, l'expérience et le niveau d'éducation ou le talent sont des facteurs essentiels dans les différences de productivité. Il faut comparer ce qui est comparable et maintenir constante la productivité de l'homme et de la femme. Il faut comparer des individus de même âge, de même niveau d'éducation, etc. Imaginons que l'homme et la femme aient le même âge, le même niveau d'éducation et la même expérience. Admettons aussi que l'on observe encore une différence de salaire. Cette différence peut-elle être imputée à une discrimination ?

Non, pas encore. Il y a à cela une raison : le recrutement de quelqu'un présente des coûts fixes. Il faut prospecter et trouver la personne, l'embaucher et la former au savoir-faire propre à l'entreprise. Embaucher un homme ou une femme, c'est finalement un investissement pour l'employeur. Il sacrifie des ressources pour embaucher et former ses employés, dans l'espoir d'en tirer un bénéfice plus tard. Ce qui compte pour l'employeur, c'est la valeur capitalisée de la productivité de l'homme et de la femme et non leur productivité courante. Or, si l'employeur anticipe que la femme va interrompre sa carrière professionnelle pour élever ses enfants, l'investissement qu'il a fait dans la femme, comparativement à l'homme, risque de ne pas être récupéré ou de ne pas être rentable. Pour éviter ce risque, il rémunère la femme à un salaire moindre. Ou, plus précisément, pour être embauchée, la femme devra accepter un salaire inférieur.

Les femmes mariées qui élèvent des enfants tout en exerçant une activité professionnelle ont une double charge. Elles sont plus souvent absentes. L'employeur prend en compte, de la même manière, ces pertes de productivité et se couvre aussi contre ce risque. Cela est tellement vrai que les femmes célibataires d'un certain âge obtiennent un salaire comparable à celui des hommes célibataires du même âge. Le statut matrimonial joue un rôle très important non seulement à l'égard de la productivité, mais aussi à l'égard de la mobilité. Une femme mariée n'est pas aussi mobile qu'une femme célibataire. Elle ne peut pas saisir toutes les possibilités offertes par le marché pour avoir un salaire identique à celui d'un homme dans la même position. En effet, si l'emploi comparable se trouve à 600 km de chez elle, accepter un tel emploi, c'est aussi se priver des joies familiales. L'épouse préfère un salaire moindre pour ne pas être séparée de son époux. L'époux aurait pu rechercher un emploi près de celui de sa femme. Mais on ne l'y attend pas. L'entreprise similaire qui est près de celle de son épouse n'offrira pas nécessairement un salaire identique à celui de l'emploi qu'il vient de quitter.

Cette moindre mobilité, consécutive au fait d'être mariée, affecte le salaire. Par ailleurs il faut ajouter au salaire de la femme sur le marché du travail la rémunération qu'elle prélève sur les revenus de son époux pour les services qu'elle lui rend à domicile. Une fois prises en compte toutes ces variables, reste-t-il encore des différences de salaires ? Les tests empiriques faits par les économistes montrent que les variables liées à la productivité — expérience, âge, éducation, statut matrimonial, etc. — expliquent au moins les deux tiers des différences observées. Comme on ne connaît pas la part de la rémunération du mari qui va à l'épouse, on surestime encore cette différence.

Une fois éliminées les différences de productivité, de statut matrimonial et de mobilité, peut-on attribuer à la discrimination le tiers restant ? Non, une explication plus subtile peut encore rendre compte de ce résidu. L'employeur doit deviner la productivité potentielle de la personne qu'il veut embaucher, mais, si sa productivité n'est pas observable avant l'embauche, il prend un risque. S'il se trompe et doit licencier son employé, il va supporter des coûts de séparation. Or, ces coûts auraient pu être évités avec un peu plus de précaution, avant de conclure le contrat de travail.

Les seules informations dont l'employeur dispose au moment de l'embauche sont des caractéristiques observables chez l'employé avant de contracter. L'employeur peut interpréter ces caractéristiques. Certaines d'entre elles sont vraisemblablement corrélées positivement avec la productivité. Ce peut être le sexe, la race, l'âge, etc. Cette information, facile à obtenir (il suffit d'une interview), est confrontée à l'expérience qu'ont les employeurs des individus déjà embauchés et présentant des caractéristiques semblables. Les employeurs se sont fait une idée approximative, bonne ou mauvaise, de la productivité de ceux qu'ils désirent employer, compte tenu de celle observée chez ceux qui ont déjà été embauchés. Le bouche-à-oreille fonctionne : si, en moyenne, un groupe d'individus se trouve être moins productif qu'un autre, les employeurs préféreront embaucher les personnes appartenant au groupe jugé, à tort ou à raison, comme étant plus productif que l'autre.

Une stigmatisation ou une discrimination apparaît. En effet, si l'individu moyen du groupe est peu productif, un individu marginal appartenant à ce groupe peut, en revanche, être très productif. Mais, comme il en coûte à l'employeur de le trouver, cet individu subit un préjudice, qui correspond aux dépenses supplémentaires que l'employé doit supporter pour signaler à l'employeur qu'il n'est pas comme les autres. Cette discrimination statistique, dont la théorie a été développée par le prix Nobel d'économie K. Arrow[1], n'est pas, à proprement parler, une discrimination. Elle ne correspond pas à une manifestation des préférences, mais à l'incertitude dans laquelle est l'employeur avant d'embaucher une personne qu'il ne connaît pas.

On remarquera aussi que le préjudice supporté par l'employé, ici la femme, n'est pas le fait de l'employeur. Si les employeurs refusent d'embaucher des femmes mariées aux mêmes conditions qu'un homme, parce que celles-ci, en moyenne, interrompent leur carrière, cela est imputable au comportement des femmes mariées, et non à l'employeur. La femme mariée qui ne pense pas interrompre sa carrière professionnelle ne peut pas blâmer les autres femmes et doit payer un surcoût pour signaler aux employeurs qu'elle désire travailler comme un homme. Cette discrimination ou cette stigmatisation disparaîtra lorsque toutes les femmes mariées cesseront d'interrompre, d'une façon statistiquement significative, leur carrière professionnelle pour élever leurs enfants… ce qui ne va pas tarder avec les jeunes générations. On en a pour preuve le fait qu'une telle discrimination ne

---

1   Arrow K. 1972, « Some mathematical models of race in the labour market », dans Pascal A. H., *Racial Discrimination in Economic Life*, Exington Books, Toronto.

s'observe pas dans les emplois temporaires, où la productivité est aisément observable et où les coûts d'embauche, comme les coûts de séparation, sont faibles. Dans un tel cas, l'employeur n'a pas à se protéger contre une erreur d'embauche, pour une raison simple : comme le contrat est temporaire, il n'a pas à investir dans l'employé ! Là où cette productivité est aisément et directement observable avant de contracter, l'employeur n'a nul besoin de faire des estimations sur la productivité du groupe. C'est le cas des sportifs ou des universitaires ! On n'observe pas de différences de salaires liées au sexe dans ces professions. Ce qui est vrai de cette caractéristique est vrai aussi de la race ou de toute autre caractéristique observable et difficilement altérable par l'individu lui-même avant de passer un contrat.

On pourrait continuer et rechercher d'autres facteurs qui expliquent les différences de salaires autrement que par une différence de goûts. Après avoir corrigé ces différences par les différences de productivité, de mobilité et de stigmatisation, on n'est même pas certain que la discrimination ait une importance statistiquement significative. À vrai dire, on ne sait même pas si le résidu résulte d'une révélation des préférences des employeurs à l'encontre de certains employés, parce que, par définition, le résidu est un résumé de notre ignorance !

Admettons, cependant, qu'il existe entre deux individus une différence de salaires que l'on n'arrive pas à attribuer à autre chose qu'à des différences de goûts. Cela ne veut pas dire, pour autant, que cette discrimination soit le seul fait de l'employeur. C'est une chose que l'on oublie trop vite. Par exemple, dans les établissements de plaisirs, les clients peuvent vouloir être servis par des femmes (ou des Blancs) et non par des hommes (ou des gens de couleur). Si les clients préfèrent être servis par des femmes (ou des Blancs), les hommes qui sont employés dans cette entreprise recevront un salaire moindre ou devront être plus qualifiés que les femmes, parce qu'il en coûte au patron d'embaucher du personnel non désiré par ses clients !

Non seulement des clients peuvent exprimer des préférences vis-à-vis de certains employés, mais les employés eux-mêmes peuvent préférer travailler avec des gens auxquels ils ressemblent. Les hommes, dans la police ou l'armée, supportent mal d'être commandés par des femmes. Ce qui est vrai de ces professions est vrai de n'importe quelle profession où les hommes (ou les Blancs) quittent leurs emplois si leurs préférences pour travailler avec un tel ou un tel ne sont pas satisfaites. Les employeurs, s'ils veulent les retenir, sont incités à les payer davantage.

Si la discrimination est une manifestation des préférences, il ne faut pas se tromper de cible. Qui discrimine qui ? En réalité, la seule et véritable discrimination durable que l'on devrait observer est celle des clients, c'est-à-dire celle du consommateur qui exprime ses préférences. Lorsque l'employeur discrimine sur la seule base des goûts, il se prive d'un profit. Et c'est bien parce qu'il se prive de revenu que la discrimination, si elle existe, ne peut pas être, à long terme, le fait de l'employeur. (Ce qui vaut aussi pour les employés.) Cela nous amène à la troisième question.

LA PRESSION DE LA CONCURRENCE ET L'INTERVENTION DE L'ÉTAT

La rivalité et la compétition entre employeurs empêchent que la discrimination soit un phénomène durable. Un employeur, par exemple, n'aime pas les femmes, et encore moins les Noirs. Il ne veut pas les embaucher dans son entreprise. Ces deux groupes, pour obtenir un emploi, devront être moins exigeants sur les salaires que les autres travailleurs. S'ils sont embauchés, leurs salaires seront donc plus bas, à productivité identique, que celui des autres salariés, hommes ou Blancs.

Mais si les discriminés acceptent de travailler avec la même productivité que les non-discriminés, le profit dégagé avec les femmes et les Noirs est plus élevé. Pourquoi alors perdre de l'argent à embaucher des hommes et des Blancs que l'on rémunère à un salaire plus élevé ? En embauchant des femmes et des Noirs, l'entreprise diminuerait ses coûts salariaux, pourrait faire des prix plus bas, prendrait des parts de marché et augmenterait ses profits.

Discriminer signifie donc une chose simple pour l'employeur : se priver de profit. Peut-il, à long terme, accepter de perdre de l'argent systématiquement pour satisfaire ses goûts ? Dans une situation de compétition et de rivalité, de telles préférences ne peuvent se maintenir. Les concurrents qui ne discriminent pas rémunèrent leurs employés au taux de salaire que les femmes et les Noirs sont prêts à accepter pour travailler. Ces firmes ont des coûts moindres et font des prix plus bas. Si l'employeur qui discrimine maintient sa politique, il finira par être éliminé par ses concurrents.

La sanction peut venir également des actionnaires. Ceux-ci sont intéressés au profit de la firme, non aux objectifs propres des gérants. Ils peuvent sanctionner ce comportement en changeant de gérant. Si les profits moindres ont pour seule source la discrimination qu'exercent les gérants à l'encontre de certains employés, d'autres actionnaires peuvent voir là une occasion de profit : ils pratiqueront une OPA et remplaceront l'équipe dirigeante par des gens plus soucieux de maximiser les profits.

La discrimination par l'employeur ne peut durer dans un environnement compétitif. En revanche, dans une situation où la firme est protégée de la concurrence, soit parce qu'elle bénéficie d'un monopole, soit parce que les titres de propriété ne sont pas négociés sur un marché boursier, il peut exister une possibilité pour les employeurs de poursuivre des objectifs autres que la maximisation du profit. Mais comment une telle situation de monopole peut-elle exister sans l'intervention de l'État ? Il n'y a en effet situation de monopole que si l'État bloque l'entrée du marché à des rivaux.

On pourra, néanmoins, se trouver face à une situation de monopsone, c'est-à-dire une situation où l'entreprise est le seul employeur dans la région. Dans un tel cas, l'employé supporterait un coût s'il voulait sanctionner un employeur qui lui offre un salaire inférieur à sa productivité. Il accepte donc l'emploi à une rémunération plus faible. L'employeur a alors une plus grande facilité pour manifester ses préférences et il peut refuser d'embaucher des femmes au même salaire que les hommes. L'employeur, ici, exploite sa position sur le marché. Mais la discrimination qu'il exerce n'est pas nécessairement une manifestation de ses préférences. Il peut tout simplement s'agir d'une maximisation du profit s'il paye un salaire en dessous de la productivité marginale, parce que la femme, par exemple, est moins mobile que l'homme.

Malheureusement pour la théorie, les monopsones sont plutôt étatiques. Or, en général, les firmes publiques ou fortement syndiquées discriminent non sur les caractéristiques du sexe ou de la race, mais sur l'âge, et parfois sur des critères politiques ou religieux, comme dans l'enseignement. En fait, une discrimination de la part des employeurs ne peut être durable à long terme que si l'État, d'une façon ou d'une autre, offre aux firmes déjà installées sur le marché des privilèges leur permettant de se protéger contre des entrants potentiels. En l'absence de ces protections, les groupes qui sont discriminés ont un avantage comparatif sur le marché, qui empêche les employeurs de pratiquer leur goût pour la discrimination.

L'intervention de l'État est souvent une des grandes causes de la discrimination, de la ségrégation ou de l'exclusion

Prenons un exemple simple : le salaire minimum. Si un travailleur rapporte 800 euros dans un mois de travail et que l'on oblige l'employeur à le payer 1 000 euros, celui-ci refusera de l'embaucher. En revanche, s'il produit pour 1 200 euros, il sera embauché. Les employés les moins productifs — faute, par exemple, d'expérience ou de qualification, comme les jeunes ou les immigrés — seront exclus du marché du travail et seront discriminés (entre un homme blanc et un homme noir qui rapportent juste 1 000 euros, l'employeur peut préférer l'homme blanc). L'homme noir ne peut se faire embaucher, car il ne peut offrir un salaire plus faible pour emporter l'emploi et éliminer son concurrent, l'homme blanc.

Cette législation du salaire minimum pénalise et discrimine les gens de couleur ou les femmes. On remarquera que la discrimination statistique jouera à plein et que le marché ne peut corriger les anticipations erronées. Si les employeurs pensent que les femmes, comme les Noirs, ont une moindre productivité que les hommes et les Blancs, ils embaucheront de préférence les hommes et les Blancs. Les minorités exclues du marché ne peuvent faire la preuve que leur productivité est identique à celle des autres, faute de pouvoir proposer des salaires inférieurs. Hélas, les faits montrent trop clairement la justesse de ce raisonnement. Les chômeurs sont jeunes, immigrés et plutôt de sexe féminin !

Une grande partie de la discrimination vient du syndicalisme masculin, par l'intermédiaire de la législation sur le travail. Une interprétation traditionnelle de l'apartheid en Afrique du Sud, expression même de la ségrégation, de la discrimination, de l'exclusion d'une race, est que cette législation a été initiée par les syndicats de mineurs blancs, qui redoutaient la concurrence des Noirs, avec le Mine and Work Act de 1911, réglementation excluant les Noirs des emplois dans les mines. Cette politique a culminé en 1948 avec la séparation totale des races. Mais seul un État usant de la violence a la capacité de pratiquer la discrimination à grande échelle, et cela de façon injuste puisqu'il viole les droits de propriété des Noirs sur eux-mêmes.

Cette discussion sur les effets pervers du salaire minimum, renforçant les pratiques de discrimination et d'exclusion des firmes, est une transition toute trouvée pour analyser les conséquences inattendues des réglementations et programmes gouvernementaux dont le but serait de mettre fin à la discrimination.

Les conséquences inattendues des législations antidiscriminatoires

« À travail égal, salaire égal. » Cet article célèbre du code du travail est l'un des instruments de la politique de lutte contre la discrimination. L'autre instrument est plus connu sous le nom de politique des quotas ou de contingentement. Ces deux instruments ont des conséquences dramatiques pour les femmes ou les gens de couleur les plus défavorisés, toujours soulignées par les économistes[1].

Prenons d'abord le principe : « À travail égal, salaire égal. » Si, pour une raison ou pour une autre, les employeurs estiment que les Noirs ou les femmes sont moins productifs que les Blancs ou les hommes, l'imposition d'un salaire égal supprime l'un des mécanismes de marché qui permettaient justement aux femmes de faire connaître la valeur de leur productivité. Nous avons déjà développé ce raisonnement. Mais la conséquence principale est autre.

---

1   Migué J.-L. 1989, « Égalité des femmes au travail », dans *Action positive : théorie et conséquences*, édité par M. Krauss et Y. Blais, édition Cowans Ville, Québec ; Migué J.-L et Masse M. 2000, « Libérer la main-d'œuvre féminine et les gais de la discrimination d'État », *Le Québécois Libre*, Montréal ; Becker G. 1993, « La discrimination envers les minorités », dans « Voir la vie de façon économique », *Journal des économistes et des études humaines,* vol. 4, n° 2&3, juin/septembre 1993

Si, pour une raison ou pour une autre, les employeurs pensent que les femmes (ou les Noirs) ont une moindre productivité que les hommes (ou les Blancs), obliger l'employeur à payer les femmes (ou les Noirs, les jeunes, etc.) à un salaire plus élevé que leur productivité signifie que les femmes ne trouveront pas d'emploi dans ce secteur protégé. De deux choses l'une. Ou elles se reportent alors sur un secteur non protégé — travail temporaire, saisonnier, ou encore travail au foyer (ce qui est un travail comme un autre) —, et donc elles augmentent l'offre d'employés dans ce secteur et font pression à la baisse sur les salaires, c'est-à-dire sur les rémunérations des femmes, des Noirs ou des jeunes les moins productifs et les moins protégés par la législation ; une redistribution des revenus s'opère entre, d'une part, les femmes privilégiées, celles qui peuvent accéder aux emplois bénéficiant de la règle « à travail égal, salaire égal », et, d'autre part, celles qui ne peuvent y accéder. Ou bien elles attendent la possibilité d'être employées dans ce secteur protégé et viennent gonfler la file d'attente des chômeurs ; auquel cas la redistribution des revenus se fait entre les femmes au chômage et celles qui ont la chance d'être employées.

Paradoxalement, ces femmes vont payer *ex ante* le droit de bénéficier d'un salaire plus élevé par une période de chômage ou d'attente plus longue. Ce prix sera juste égal à la rente dont elles vont bénéficier en accédant à un emploi qui donne un salaire identique à celui d'un homme. L'opération est blanche pour ces femmes. Mais l'ensemble de la collectivité est pénalisé, parce que le temps passé au chômage par ces femmes, pour cette seule raison, a un coût de substitution : la valeur des services qu'elles auraient rendus si elles avaient été embauchées dans l'autre secteur. Celle-ci est perdue pour tout le monde. Finalement, le principe « à travail égal, salaire égal » ne fait que redistribuer les revenus des femmes (ou des Noirs) les moins qualifiées vers les plus qualifiées.

La politique des quotas a un effet différent. Cette fois, l'employeur doit embaucher une femme dont il pense qu'elle est moins productive qu'un homme. Cette obligation lui impose un coût. Pour maximiser son profit, il diminue l'utilisation des autres facteurs substituts. Spontanément, il économise sur l'emploi des hommes ou les rémunère à un salaire plus faible. La conséquence principale est que le coût de production augmente dans le secteur contingenté. Ce secteur embauche moins. L'emploi du secteur contingenté se réduit et celui des autres secteurs augmente. Comme ce sont les hommes qui font les frais de cette politique, c'est l'emploi relatif des hommes qui baisse dans les secteurs où cette politique s'applique. Ceux-ci vont se reporter dans les autres secteurs et faire pression à la baisse sur les salaires des hommes dans les secteurs non contingentés.

Cette politique implique une redistribution des revenus entre les hommes, mais n'améliore en rien le sort des femmes, puisque, globalement, l'économie est moins productive. Par conséquent la politique des quotas réalise une égalité des hommes et des femmes dans le secteur contingenté, mais se fait au détriment des hommes dans le secteur non contingenté. Cette politique ne veut pas dire que les femmes, égales des hommes, vont obtenir un salaire supérieur à ce qu'elles auraient obtenu si l'employeur n'avait pas été obligé de les embaucher. Car la firme produit moins. L'idée de vouloir contingenter et réduire la productivité conduit à une perte pour tous.

Un exemple particulièrement significatif est l'imposition d'un quota de femmes sur les listes électorales. François Maniquet, Massimo Morelli et Guillaume Frechettte[1] ont montré que, lorsque l'on opposait des candidats hommes à des candidats femmes lors d'une élection, les électeurs (hommes et femmes) préféraient élire un homme plutôt qu'une femme. Les hommes étant moins nombreux que les femmes, cela veut dire que des femmes préfèrent voter pour des hommes plutôt que pour des femmes. Présenter autant de femmes que d'hommes sur une liste électorale raréfie l'offre des hommes, et, comme les électeurs préfèrent les députés hommes, cette législation protège les députés hommes de la concurrence de leurs adversaires hommes.

On peut terminer cette discussion en rappelant un fait majeur du siècle dernier. Le marché a suscité une croissance économique phénoménale. Celle-ci a donné lieu à des possibilités innombrables d'emplois, qui ont permis aux femmes, comme aux gens de couleur, de s'émanciper. La compétition et la rivalité des employeurs à la recherche de main-d'œuvre bon marché ont fait plus pour « libérer » les femmes et les Noirs ou les Rouges que la prise de conscience « intellectuelle »

---

1   Maniquet F., Morelli M. et Frechettte G. 2005, « Endogenous affirmative action : gender bias leads to gender quotas », Working Paper

des groupes féministes ou antiracistes. Le marché a accompli cette profonde égalisation des conditions, malgré les barrières, les protections et les cartels qu'imposaient aux autres les groupes de pression les plus divers — féministes, antiracistes, syndicalistes, etc. — en usant de la contrainte publique à leurs fins privées.

Pour un commerce libre de la drogue[1]

« *Alors même qu'une action, une habitude, une pratique est reconnue mauvaise, vicieuse, immorale, par le bon sens public, quand il n'y a pas de doute à cet égard, quand ceux qui s'y livrent sont les premiers à se blâmer eux-mêmes, cela ne suffit pas encore à justifier l'intervention de la loi humaine. Il faut savoir de plus si, en ajoutant aux mauvaises conséquences de ces vices les mauvaises conséquences inhérentes à tout appareil légal, on ne produit pas, en définitive, une somme de maux qui excède le bien que la sanction légale ajoute à la sanction naturelle.* »

FRÉDÉRIC BASTIAT[2]

---

1 Une version plus courte de ce texte a été publiée dans le *Journal des économistes et des études humaines* de 1996, vol. 7, n° 2

2 Bastiat F. 1850, *Harmonies économiques*, Paris, Guillaumin

Doit-on libéraliser le commerce et l'industrie de la drogue ? Évitons d'abord un malentendu. Il faut vraiment se persuader que ceux qui consomment de la drogue s'engagent dans une vie difficile. Ceux qui profitent de la faiblesse des jeunes pour les inciter et les accrocher à la drogue ne sont pas des gens à fréquenter, et il est urgent que les parents exercent leur autorité parentale pour empêcher les dealers d'offrir de la drogue à leurs enfants, même si, pour cela, il leur faut lutter contre l'État lorsque, au nom de son monopole, il entrave l'exercice de cette autorité.

Comme la législation interdit de présenter sous un jour favorable les consommations illicites et tous les délits liés à la toxicomanie, le fait même de contester les bienfaits de la prohibition est souvent pris pour un encouragement « moral » à la consommation de drogue. Cet amalgame est fait pour empêcher toute réflexion sur la politique de prohibition qui est suivie, il appartient à l'art de la rhétorique. L'objet de ce chapitre n'est pas de vanter la consommation de cannabis, de cocaïne ou d'héroïne, mais de discuter du bien-fondé de l'interdiction absolue de la consommation de drogue, ce qui n'est pas la même chose.

La lutte contre la toxicomanie et le trafic des stupéfiants soulève des débats passionnés pour la simple raison que deux camps aux positions difficilement conciliables s'opposent : les abolitionnistes et les partisans de l'interdiction. Les partisans de l'interdiction dramatisent le risque que l'on prendrait en renonçant à interdire cette consommation. Ils cherchent à culpabiliser les partisans de l'abolition en affirmant qu'ils n'ont pas le droit à l'erreur, car libéraliser la drogue, c'est accepter davantage de morts par overdose et de morts induites par cet usage. Les partisans de l'abolition font observer que la prohibition nous a déjà engagés dans une voie erronée, sans issue et tout aussi dramatique puisque les morts déjà induits par la prohibition ne reviendront pas.

La controverse sur la légalisation de la drogue n'est pas nouvelle et dépasse largement tous les clivages politiques. À gauche, on trouve des gens qui veulent dépénaliser la drogue, par souci pragmatique. Le but est de mieux la contrôler. D'autres veulent l'interdire pour signifier que la société n'est pas indifférente à ceux qui veulent fuir leur responsabilité et qui usent de la drogue pour le faire. Ils préconisent de lutter contre la demande de drogue par la prévention. Pour cela il faudrait entrer dans les quartiers, connaître les familles, celles touchées par le phénomène mais aussi celles qui pourraient l'être ! À droite, on trouve des libéraux classiques qui veulent légaliser la drogue parce que la prohibition en tant que telle, c'est-à-dire l'intervention de l'État pour lutter contre la drogue, produit des effets qui sont plus redoutables que le mal lui-même. À ces libéraux s'opposent les néoconservateurs qui, au nom des valeurs morales de la société qu'il faut préserver, demandent l'interdiction absolue de la consommation de drogue. Que pourrait-on dire d'un État qui, au nom de la démocratie, encouragerait « la destruction acceptée d'une partie de sa population » ? La réponse apportée à cette question par les gouvernements successifs, de droite ou de gauche, est sans nuance. L'option officielle prise par ceux qui nous gouvernent, contrairement à des dirigeants d'autres pays européens, est simple : celle d'un renforcement officiel de la répression.

Cette interdiction absolue de la consommation, de la production comme de la commercialisation de la drogue mérite un arrêt sur image. Elle est une excellente illustration du débat qui oppose les moralistes aux économistes. En effet, aux États-Unis avant 1920, la consommation légale d'alcool n'entraînait pas de criminalité ni de problèmes sérieux pour les consommateurs d'alcool ; ces conséquences sont venues avec la prohibition. Aujourd'hui, la prohibition de la drogue crée des problèmes identiques. Or, malgré les efforts et les sommes considérables consacrés à la lutte contre le commerce de la drogue, les choses vont en empirant. C'est cet état de fait qui incite les gens concernés par la lutte contre ce fléau à réfléchir sur la liberté du commerce et de l'industrie de la drogue. L'analyse économique, plus que d'autres, permet d'éclairer cette controverse et de suggérer des solutions, car la prohibition du commerce de la drogue n'est pas fondamentalement différente de celle de l'alcool ou de la prostitution, même si ce fléau est jugé par beaucoup comme plus grave que les deux autres par ses effets destructeurs sur la personnalité de l'individu. Avant de développer les raisons pour lesquelles il faut remettre en cause une politique d'interdiction absolue du commerce de la drogue, mesurons l'ampleur du phénomène pour resituer cette controverse dans une perspective sereine.

L'AMPLEUR DU PHÉNOMÈNE : LES FAITS STYLISÉS

Il est important de mesurer l'ampleur de ce phénomène par rapport à l'ensemble de la criminalité et à son évolution au cours du temps. Si l'on admet les chiffres officiels, le tableau suivant montre que la criminalité pour usage de stupéfiants est une part faible du total de la criminalité, même si l'on constate que cette part double en dix ans.

Tableau 1

Années	1996	2000	2004
Trafic et revente de stupéfiants sans usage	5 158	4 254	6 296
Usage et revente	12 424	14 058	15 386
Usage de stupéfiants	57981	78305	107 035
Autres infractions	4 054	7 114	12 580
Total	79 617	103 731	141 297
Consommateurs laissés libres	96,36 %	98,67 %	98,10 %
Trafiquants laissés libres	52,56 %	52,73 %	52,80 %
Total des crimes et délits	3 559 617	3 771 849	3 825 442
Part des stupéfiants dans le total de la criminalité	2 %	3 %	4 %

Source : « Aspects de la criminalité et de la délinquance constatées en France en 2004 », *Direction générale de la Police nationale*, Tableau disponible sur Internet à l'adresse : http://www.interieur.gouv.fr/rubriques/c/c3_police_nationale/c31_actualites/2005_01_21_stats_2004/stats_del_2004.pdf

Le total des crimes et délits en France en 1996 s'élevait à 3 559 617 et à 3 825 442 en 2004. Les infractions constatées à la législation sur les stupéfiants sont seulement de 79 617 en 1996 et de 141 297 en 2004. Ces infractions montrent que l'usage illégal de drogue concerne une part mineure mais croissante du total des infractions, 2 % et 4 % exactement sur les 15 dernières années. On remarquera aussi une dépénalisation de fait de l'usage des stupéfiants puisque 98 % des consommateurs de drogue sont laissés libres après interpellation et que près de 53 % des dealers non consommateurs sont eux aussi laissés libres après interpellation. Ce fait n'est pas nouveau puisqu'en 1996 96 % des consommateurs de drogue étaient déjà laissés en liberté après avoir été interpellés.

Maintenant, observons la proportion de consommateurs en pourcentage de la population générale des 12-75 ans en 2001. Elle est faible quant aux usages réguliers ou quotidiens. En revanche, les expérimentateurs et les consommateurs occasionnels sont beaucoup plus nombreux. Il est donc crucial de séparer les consommateurs occasionnels des réguliers. Un marché rentable est souvent composé d'une forte majorité de consommateurs occasionnels et d'une petite minorité de consommateurs réguliers, à l'exemple des activités sportives.

Année 2001[1]	Expérimen-tateurs	Occasion-nels	Réguliers	Quotidiens
Alcool	96,5 %	90,8 %	28,5 %	17,0 %
Tabac	80,0 %	34,8 %	28,3 %	28,3 %
Médicaments psychotropes	//	19,3 %	8,3 %	5,22 %
Cannabis	23,7 %	9,1 %	1,8 %	1,0 %
Cocaïne	2,2 %	0,4 %	//	//
Ecstasy	1,1 %	0,4 %	//	//
Héroïne	0,9 %	//	//	//

En France, le nombre d'expérimentateurs de cannabis est estimé à 9,1 millions de personnes, le nombre d'usagers réguliers au cours de l'année 2001 à 3,8 millions et le nombre d'usagers quotidiens à 2,4 millions. Il y a environ deux fois plus d'expérimentateurs de cannabis chez les hommes (28,9 %) que chez les femmes (14,7 %). Le cannabis est donc, de loin, la substance psychoactive illicite la plus expérimentée. C'est sur cette consommation que se concentre souvent le débat.

Enfin on peut faire la remarque suivante : la nocivité de la consommation de drogue en termes de décès prématurés imputables à ce

---

1 Adapté de l'Observatoire français des drogues et des toxicomanies, http://www.insee.fr/fr/ffc/figure/NATTEF06216.xls

produit (overdoses et VIH) est dérisoire comparée aux décès prématurés imputables à la consommation d'alcool ou de tabac. En 1997, on estimait le nombre de décès prématurés imputables à :

◆ l'alcool : 43 963 ;

◆ le tabac : 41 977 ;

◆ les drogues illicites : 547.

Si l'on prend les décès prématurés comme indicateur de l'aspect nuisible de ce produit, la nocivité de la consommation illégale de drogues apparaît comme négligeable par rapport à des consommations beaucoup plus massives et légales classées, sans doute arbitrairement, comme des drogues. Il ne faut pas oublier non plus que mourir prématurément ne crée pas de dommages pour l'individu lui-même, car personne ne sait quel bien-être il aurait pu tirer d'années supplémentaires de vie. Certes il peut souffrir et vivre une agonie difficile par suite de cette consommation dangereuse, mais cette souffrance et cette agonie pourraient aussi être une expérience même en absence de consommation de drogue. C'est donc pour les autres que le problème se pose, ceux qui vont souffrir de la disparition prématurée de l'être cher.

De ce bref bilan chiffré, il ressort une leçon et une seule : ou bien ces chiffres sont faux, ou bien l'hystérie collective de nos hommes d'État et des activistes de la santé publique à propos de la drogue est une anomalie. Il ne s'agit pas encore d'un fléau social comme le sont l'alcoolisme, la consommation de tabac, la mortalité sur les routes ou les séjours dans les hôpitaux avec les maladies nosocomiales. Ce défaut de perspective, accentué par les médias à la recherche d'audience, est en soi dangereux. Il fait oublier aux citoyens qu'ils s'accommodent fort bien d'autres fléaux sociaux dont la gravité, mesurée en termes de décès prématurés, apparaît comme largement supérieure à celle de la drogue.

Dans ce qui suit nous allons admettre que la consommation de drogue (y compris, donc, le cannabis) est ou peut devenir un fléau social plus important que celui de l'alcoolisme. Ce n'est pas parce qu'il n'a pas encore atteint l'ampleur de celui de l'alcoolisme qu'il faudrait s'accommoder de celui de la drogue pour les générations futures.

La question de prohiber la consommation de drogue demeure donc entière, quelles que soient l'ampleur du phénomène et sa nocivité. Même s'il y avait autant de décès par consommation de drogue qu'il y en a par alcoolisme ou qu'il y en a eu, la prohibition serait-elle pour autant justifiée ? Vraisemblablement non. Pourquoi ? C'est l'objet de ce chapitre que d'en débattre.

LA PROHIBITION EN QUESTION

Les discussions autour de la liberté du commerce de la drogue pourraient être aisément résolues si l'on partageait la même vision du bien et du mal. Malheureusement ce n'est pas le cas. Par exemple, les adeptes d'une morale aristotélicienne seront partisans de la prohibition, indépendamment du fait qu'elle pourrait avoir de bonnes conséquences sur l'individu en éliminant une souffrance physique ou morale, parce qu'elle est contre la nature de l'homme en l'empêchant d'exercer ses facultés rationnelles pour assurer la pleine maîtrise de sa vie (en supposant des phénomènes de dépendance et d'altération du jugement). Un néo-aristotélicien ne considérera la consommation de drogue que si elle contribue à son épanouissement (améliore la connaissance ou les performances ou bien répare un déficit), mais il ne la considérera pas comme une façon de vivre parce qu'elle n'est pas une activité ou une vertu qui puisse être désirée pour elle-même.

D'autres, au contraire, à la manière de R. Nozick, seront des partisans de l'abolition parce que la consommation de drogue est un échange entre adultes consentants qui ne violent pas les droits d'un tiers. La seule façon de lutter contre la drogue passe alors par la dénonciation d'un vice du consentement (dol, violence, tromperie, etc.), problème classique en théorie des contrats.

Quelqu'un qui juge du bien et du mal en termes de conséquences que peut avoir cette consommation sur l'individu lui-même doit démontrer que cette consommation entraîne un excès de souffrance et de dépendance à long terme sur le plaisir procuré à court terme par ces euphorisants. Il affronte alors deux difficultés quasi insurmontables : la subjectivité des choix et la préférence pour le présent, qui consiste systématiquement à préférer consommer et prendre des loisirs maintenant plutôt que de retarder la consommation et le loisir à des périodes ultérieures. Si un individu a besoin d'une drogue pour produire des textes littéraires (qui sont jugés tels après avoir été produits) qu'il ne pourrait produire autrement, nous ne pouvons pas nous mettre à sa place et affirmer que, s'il n'avait pas consommé de cocaïne, les textes littéraires auraient été encore plus beaux. Il est aussi paradoxal de reprocher aux individus de préférer le présent à l'avenir lorsque le législateur fait tout ce qu'il faut pour empêcher les gens de préférer l'avenir au présent en taxant massivement l'épargne et le travail qui sont les complémentaires de la consommation et du loisir ! Que peut-on dire, dans cette vision, si l'individu lui-même, parfaitement informé sur les conséquences de ses actes (y compris des effets de dépendance), choisit malgré tout le « vice » à la « vertu » ? Il n'y a ni crime, ni victime, ni dommage tant que des tiers ne sont pas affectés par cette consommation.

S'il est difficile de s'entendre sur le fait de savoir si la consommation de drogue en soi est un acte « bien » ou « mal », en revanche il est plus facile de s'entendre sur le fait de savoir si la prohibition est « bonne » ou « mauvaise ». L'explication en est simple. Une politique sociale ou économique, par définition, use de la coercition. Elle use de certains êtres humains comme de moyens et non comme de fins en soi. Elle interfère dans des contrats entre adultes consentants. Elle est donc « immorale » en soi d'un point de vue déontologique. Elle est contre la nature de l'homme en l'empêchant d'exercer ses facultés rationnelles pour assurer la pleine maîtrise de sa vie, puisqu'elle traite l'individu comme s'il ne disposait pas de sa raison. Elle est aussi immorale d'un point de vue aristotélicien. Mais on juge en général des politiques sociales ou économiques en termes de conséquences sur les individus. Pour emporter l'adhésion, cette politique doit au moins « être » efficace. C'est-à-dire au moins atteindre les objectifs qu'elle se propose d'atteindre, si possible au moindre coût. La question de la lutte contre la drogue est alors de savoir si les coûts de cette prohibition excèdent les gains attendus d'une diminution de la consommation de drogue ou tout au moins de sa limitation, objectif avoué de l'interdiction absolue. En effet, si les coûts de cette politique excèdent les gains, la prohibition ne bénéficie plus d'un préjugé favorable.

EST-CE QUE LES « MAUVAISES » CONSÉQUENCES DE LA PROHIBITION EXCÈDENT LES « BONNES » ?

La prohibition a-t-elle bien pour conséquence de réduire les dommages causés par la drogue ? Si oui, il faut comparer ce gain attendu aux dommages que la loi elle-même impose aux individus. Tel est dans le fond l'argument de F. Bastiat dans le texte mis en exergue au début de ce chapitre. Sous cet angle, on peut spécifier les preuves respectives que les partisans de la prohibition ou de l'abolition doivent apporter au débat pour l'emporter et convaincre. Un juriste américain, J. Ostrovski[1], a repris l'argument de Bastiat en l'approfondissant. Suivons-le dans sa démarche.

Les effets pervers de la prohibition du commerce et de l'industrie de la drogue

Interdire le commerce de la drogue ne supprime pas la consommation de la drogue, elle la rend illégale. C'est ce qui arrive avec toute consommation ou activité désirée par des individus quelles que soient les raisons pour lesquelles ces consommations sont désirées. Il est toujours très difficile pour quelqu'un qui ne consomme pas de cannabis, de tabac, d'alcool, ou ne fréquente pas le bois de Boulogne la nuit, de comprendre quels plaisirs les gens trouvent à ces activités, mais il en est ainsi. Il existe alors toujours des producteurs et des commerçants pour satisfaire les désirs de ces consommateurs si ceux-ci sont prêts à payer pour cela. Si ces activités ne sont pas légales, ou si elles sont taxées trop fortement, nous assistons automatiquement à l'émergence d'un marché noir. Les Français des générations de l'occupation allemande ont une expérience du marché noir pour des biens de consommation courante. Les habitants des pays de l'Est ex-communistes, même dans les années 1990, où il est interdit d'avoir de l'essence sur un marché libre, sont eux aussi familiers de ce phénomène. La drogue, en dépit de ce qu'affirment les prohibitionnistes, est un bien comme un autre parce qu'on le désire pour les services qu'il rend, avec ses caractéristi-

---

1   Ostrowski J. 1989, « Thinking about drug legalisation », *Policy Analysis*, May 25, CATO Institute

ques positives et négatives sur le bien-être des gens. En cela la consommation de drogue ne diffère pas de la pratique d'une activité sportive à risque qui présente aussi des phénomènes de dépendance à la sérotonine.

Restreindre la quantité de drogue consommable sur un territoire donné ne modifie donc pas la demande, mais l'offre, qui diminue. Cette rareté « artificielle » a pour première conséquence d'augmenter le coût d'approvisionnement de ce produit pour les consommateurs. Les offreurs ajoutent au prix de base les primes de risques encourus en fonction de la probabilité d'être appréhendé et de la sévérité de la sanction dans ce cas. Plus la répression est forte, plus le coût d'offrir des quantités supplémentaires sur le marché noir augmente et plus les prix montent à des niveaux élevés.

Cette politique a deux effets : l'un sur l'offre, l'autre sur la demande. Si la demande est inélastique (une hausse de 10 % du prix du produit réduit la quantité consommée de moins de 10 %), les profits augmentent lorsque les quantités offertes sont réduites (pour que les profits baissent, il faudrait que la demande soit élastique). Ces profits vont dans la poche des offreurs, ici des trafiquants. Cette hausse des profits incite des offreurs à entrer sur le marché en dépit des risques encourus. La hausse du prix induit une forte hausse de la production de drogue, car, à ce prix (prenant en compte les risques encourus), l'activité « produire de la drogue plutôt que du café » devient très rentable. C'est normalement un aspect transitoire. À long terme les profits dans cette activité tendent vers des profits normaux, même si nous sommes sur un marché noir. Cependant ces profits sont réinvestis par les trafiquants pour lutter contre la répression avec des moyens puissants. Nous avons alors une escalade dans les moyens mis en œuvre, qui va jusqu'à la militarisation de la police et à une véritable « guerre » entre deux factions : les trafiquants et les policiers ou militaires spécialisés dans la lutte contre ce trafic. Les moyens mis en œuvre par les États sont toujours inférieurs à ceux mis en œuvre par les trafiquants, parce que l'une des factions dispose de ses moyens de manière flexible et privée, sans limite s'il le faut, et l'autre d'une manière bureaucratique et publique, donc avec un budget limité et peu de flexibilité.

Du côté de la demande, cette hausse de prix signifie que les demandeurs qui vont sur le marché noir sont ceux qui, ou bien sont riches, ou bien ont un goût très prononcé pour la drogue. Ceux qui ont un goût prononcé pour la drogue et qui n'ont pas les moyens financiers de satisfaire leur goût (ou leur dépendance) sont incités à trouver l'argent par tous les moyens, y compris le vol et la revente.

Cependant le dommage créé par le marché noir ne vient pas fondamentalement des profits élevés ou des prix élevés sur ce marché, mais de la nature des offreurs. Les offreurs sur un marché habituel sont d'honnêtes commerçants. Mais, comme il s'agit ici d'une activité illégale, ils sont remplacés par des gens efficients et compétents spécialisés dans l'illégalité. Les offreurs sur un marché noir sont des professionnels du crime. Si cette activité est rentable — ce qu'elle est —, ils se lancent dans la production et la distribution de drogue. Si l'État interdisait la consommation d'essence, vous observeriez les mêmes phénomènes, ceux qui vous offriraient de l'essence seraient aussi des professionnels du crime. L'expérience des pays de l'Est illustre cette vérité économique. Les usagers sont donc en contact avec des criminels : les traiter aussi comme des criminels les fait basculer dans le crime.

Le marché noir entraîne plusieurs conséquences.

Des crimes et des violences commis dans la rue par les dealers et les usagers

L'appropriation des points de vente se fait par la violence, les relations entre vendeurs et acheteurs n'étant pas protégées par la législation. Aussi, violence et tricherie accompagnent ces transactions pourtant volontaires. L'absence de légalité oblige les partenaires à se connaître pour ne pas être dénoncés. En dépit de ces difficultés, les échanges ont lieu. Ils sont ponctués par des règlements de comptes lorsque les contrats ne sont pas respectés. Les conflits ainsi occasionnés engendrent des dégâts collatéraux et parfois même des victimes innocentes, tuées au hasard des accrochages… Le nombre de ces décès prématurés peut excéder le nombre de décès par overdose. Un des défauts majeurs du marché noir est la difficulté de résoudre pacifiquement les conflits qui émergent entre producteurs et distributeurs, ou entre demandeurs et offreurs. Les usagers eux-mêmes, à la recherche de fonds pour financer leur consommation de drogue, commettent des délits ou des crimes souvent accompagnés de violence.

Des produits dangereux et de faible qualité offerts à la consommation

Faute d'un contrôle de la qualité des produits offerts sur le marché noir, la prohibition tue les usagers eux-mêmes. Les décès par overdose ne peuvent être comptabilisés comme un dommage causé par la consommation de drogue, ils doivent être comptabilisés comme un dommage causé par la législation. Il est toujours difficile de faire comprendre à ceux qui luttent contre le trafic des stupéfiants que les morts qu'ils observent, les consommateurs dépendants qu'ils côtoient sont le produit de cette lutte et non pas nécessairement un effet induit de la consommation de drogue.

Cela illustre la difficulté du dialogue entre les professionnels de la lutte contre la toxicomanie et les citoyens. Les drogués usent de seringues. Comme il est interdit d'acheter librement et anonymement (dans un supermarché) des seringues, les drogués se les revendent ou se les partagent. L'épidémie du sida frappe les drogués autant, sinon plus, que les transfusés. Il apparaît clairement que les consommateurs de drogue ne bénéficient pas de la prohibition, non pas parce que leur consommation est réduite, mais parce qu'elle se fait dans de mauvaises conditions.

Les sommes dépensées dans la lutte contre la drogue ne sont plus disponibles pour assurer la sécurité des citoyens face à d'autres activités criminelles

La lutte contre la consommation de drogue a surchargé les prisons. La capacité des prisons est telle que l'on est obligé de raccourcir les peines et de relâcher les criminels plus rapidement qu'on le désirerait. Mettre un drogué en prison, c'est libérer un criminel violent qui va commettre des exactions. Le séjour en prison, même pour le drogué, est aussi une école du crime. Il va y apprendre comment commettre des forfaits pour financer son vice. Devant ce phénomène, les juges hésitent à mettre en prison et prononcent des sanctions peu sévères. Mais, lorsqu'ils agissent ainsi, ils diminuent l'efficacité de la répression. En effet, pour un spécialiste du crime, le risque est le produit de la probabilité d'être appréhendé, qui est dans les mains de la police, et de la sévérité de la sanction, qui est dans les mains du juge. Le produit d'une probabilité d'être appréhendé proche de l'unité et d'une probabilité d'être sanctionné proche de zéro fait que le risque de s'engager dans cette activité est devenu nul pour les spécialistes du crime, qui ne se préoccupent guère du qu'en-dira-t-on. Cela annule les efforts de répression que l'État engage avec les lois d'exception, la coordination internationale de la police, la lutte contre le blanchiment.

La corruption

Un des aspects les plus dangereux de la prohibition est de créer un marché noir où des sommes fabuleuses sont échangées. Les trafiquants peuvent alors corrompre qui ils veulent : juges, policiers, hommes politiques, hommes d'État.

La violation des libertés individuelles par les policiers eux-mêmes alors qu'ils sont en charge de les protéger

Le renforcement de la répression conduit à des privilèges et des excès qui sont un danger pour les libertés civiles. Les douaniers, les policiers et les gendarmes peuvent vous arrêter sur le territoire, organiser une fouille, vous obliger à un test d'urine, et même vous contraindre à aller à la selle avec un laxatif s'ils soupçonnent que vous êtes un usager, un revendeur ou un trafiquant transportant de la drogue par ingestion. Ils se déguisent eux-mêmes en trafiquants et revendeurs pour mieux repérer les réseaux. Ils peuvent mettre sur écoute votre domicile privé, avoir accès à votre compte en banque sans votre consentement ; ils achètent même de la drogue pour remonter les filières, etc. Même les juges d'instruction peuvent procéder à des perquisitions dans les cabinets d'avocats, et les arrêter s'il le faut.

Pourquoi ces lois d'exception ? Un tel débordement provient d'un simple fait : la consommation de drogue est une criminalité sans victime. Les transactions sur ce marché sont volontaires. Elles sont donc cachées aux yeux de la police. Personne ne vient se plaindre. La police est donc contrainte à la recherche de renseignements et aux pratiques liées à cette recherche. Des lois d'exception ont été passées pour rechercher ces informations. Mais comment distinguer une recherche d'informations sur dénonciation pour consommation ou trafic de drogue d'une autre pour fuite des capitaux ou d'évasion fiscale, recherches non soumises aux lois d'exception ! On en arrive à vouloir détruire les profits de la drogue en luttant contre le blanchiment de l'argent. Les profits réalisés sont en effet réinjectés dans l'économie légale. Mais comment distinguer un billet de 500 euros en provenance d'une activité illégale d'un autre issu d'une activité légale ? L'argent liquide n'a pas d'odeur, est anonyme et peut être blanchi ; c'est aussi pour cela qu'on le désire, parce qu'on n'a pas toujours confiance dans la personne avec qui on fait une transaction. Comment distinguer l'argent en provenance d'une évasion fiscale, qui révèle une résistance à la spoliation légale, de celui en provenance du commerce de la drogue ? Vouloir étouffer les profits de la drogue en luttant contre son blanchiment, n'est-ce pas en même temps couper la branche sur laquelle nos économies sont assises : les marchés financiers ?

La destruction de l'environnement urbain dans les banlieues pauvres

La prohibition a un effet dévastateur sur les banlieues où vivent des minorités et des immigrés récents. Elle crée des ghettos. Quand les jeunes dealers sont ceux qui, dans la communauté, gagnent le plus d'argent, ils montrent que la criminalité est une activité plus rémunératrice qu'un travail légal. Elle détruit l'ordre naturel de la communauté. Ce sont les jeunes criminels qui font la loi. Quelle autorité peuvent avoir les parents d'un enfant de 16 ans qui paie le loyer de sa famille simplement avec son argent de poche ?

Le revenu moyen d'un dealer excède largement le revenu d'un fonctionnaire de catégorie C. Il ne faut pas oublier cependant qu'il s'agit d'un revenu moyen. Certains dealers ou trafiquants obtiennent des revenus largement plus élevés, alors que d'autres n'obtiennent pas des revenus très importants. Comme pour les artistes, une inégale répartition des revenus dans la drogue va de pair avec un revenu moyen élevé. Mais, devant cette espérance de profit élevé, les jeunes se lancent de plus en plus dans la distribution de la drogue et non dans sa consommation. Comment un instituteur ou un enseignant peut-il convaincre qu'il est bien d'aller à l'école pour avoir un travail, alors que ceux qui ne vont pas à l'école roulent en BMW ? Les profits de la prohibition détruisent la morale et l'autorité parentale.

Vous observez aujourd'hui une appropriation des banlieues par les dealers ou par des extrémistes religieux, la police n'ose plus s'aventurer dans ces quartiers, les honnêtes citoyens non plus, et les pauvres qui y habitent ne peuvent pas faire la police eux-mêmes puisqu'il est interdit de la faire à la place de la police nationale, à qui on ne donne aucun moyen !

On peut également faire remarquer que ces ghettos sont aussi le produit d'une politique sociale et économique qui favorise le chômage des jeunes et des immigrés par un code du travail trop protecteur, un salaire minimum toujours à la hausse, une obligation de scolarité bien au-delà de la capacité de jeunes à poursuivre des études, ce qui favorise l'absentéisme à l'école mais aussi la violence à l'intérieur des écoles, et donc l'entrée de la drogue dans ces établissements. Par un effet de réverbération, ces politiques sociales et économiques encouragent le crime et le développement du commerce illicite de la drogue.

Les effets bénéfiques de la prohibition

On pourrait tolérer ces effets pervers si la prohibition atteignait son but. Le gain attendu de la prohibition consiste à réduire la consommation de drogue et à déplacer la consommation d'euphorisants jugés comme nocifs vers des substituts moins dangereux. Parmi les bénéfices attendus de la prohibition, on pourrait au moins s'attendre à une réduction de la consommation de drogue, qui diminuerait les dommages causés par ce produit, et à ce que ceux qui désirent des euphorisants se tournent vers des substituts moins dangereux. C'est le but implicite des partisans de la prohibition.

Les partisans de la prohibition doivent démontrer qu'une consommation de drogues légale d'une part entraînerait des dommages supérieurs à ceux déjà observés au marché noir et d'autre part accroîtrait de façon excessive la consommation de drogue par la population. Quels sont les dommages attendus d'une consommation accrue de drogue : une perte de productivité, des effets sur des tiers non consentants ? Que la drogue soit légale ou non, on peut contester que de tels dommages existent.

Perte de productivité

Le dommage attendu est une perte de productivité et, s'il y a décès, une perte de la vie. En cela la drogue ne diffère pas de l'abus d'alcool sur le lieu de travail ou au volant. Cependant la notion de productivité est subjective. Si, pour produire un tableau ou écrire un poème, vous avez besoin de boire de l'alcool ou de prendre du cannabis ou de la cocaïne, que signifie le mot perte de productivité ? Si vous devez transitoirement réussir des examens et revoir votre programme en trois jours et trois nuits, quelques doses d'amphétamines ne seront pas inutiles et amélioreront votre productivité. La valeur de ce que vous produisez n'est pas objective mais estimée par les autres. Si vous réussissez votre examen, l'examinateur n'aura aucune raison de vous sanctionner sous prétexte que vous avez passé trois jours et trois nuits sans dormir. Les moyens que vous utilisez pour améliorer votre production ou votre création sont de votre jugement. Même si l'on imagine qu'à la suite de prise de drogue vous êtes plus souvent absent de votre travail et moins productif ou que vous décédez, cela se traduit par des revenus en moins. Cela n'affecte que votre niveau de bien-être. Ce n'est donc pas à cet argument qu'il faut se raccrocher. Il n'est valable que si l'on considère les individus comme des animaux dont on a la propriété et dont on veut prendre soin parce qu'ils rapportent des revenus. Alors, la notion de perte de productivité aurait un sens.

Dommages causés aux tiers

On ne critique donc pas cet aspect des choses mais plus souvent le fait que cette consommation, comme celle d'alcool, affecte des tiers. Ainsi l'employeur n'arrive pas à dissocier dans la perte de productivité ce qui résulte de la prise de drogue ou de l'environnement conjoncturel. Consommer de la drogue affecte les tiers, les parents, la femme, les enfants du consommateur de ce produit. Les drogués peuvent, comme les alcooliques, maltraiter leurs enfants ou leurs époux (ou épouses). Mais un père qui ne s'occupe pas de sa femme ou de ses enfants ou les maltraite est dans le même cas. Ce sont les mauvais traitements qu'il faut réprimer. Évidemment, donner naissance à un enfant lorsque l'on est soi-même drogué, c'est transmettre un déficit à l'enfant. Mais, là encore, ce n'est pas différent du cas ou une mère séropositive transmet la maladie à son enfant, ou du cas où une mère transmet un handicap génétique avec une probabilité élevée sachant qu'elle a elle-même ce handicap, comme cela se produit avec les hémophiles ou les nains. Cet argument n'est donc pas recevable.

Si, naturellement, la légalisation de la drogue permet d'obtenir des euphorisants de meilleure qualité et sans les effets secondaires attendus, l'argument tombe de lui-même. Il ne reste que les effets pervers de la prohibition. Les partisans de la prohibition se gardent bien non seulement de trouver de bons substituts aux drogues toxiques, mais aussi de prendre conscience que l'interdiction pousse les jeunes qui ne peuvent se procurer de la drogue pour satisfaire leur désir à se tourner vers des euphorisants tout aussi dangereux que les drogues.

Le paradoxe vient de ce qu'une liberté du commerce de la drogue pourrait donner naissance à une plus grande consommation de drogue légale, non dangereuse, n'affectant pas la productivité des individus et qui pourrait se substituer aux euphorisants actuels comme les stupéfiants, l'alcool et le tabac — qui sont des drogues ou des substituts aux drogues (voire des compléments puisque souvent on mélange alcool et drogues) dangereux à doses excessives. Cet argument ne peut être prouvé, puisqu'il est interdit de faire le commerce de la drogue.

Est-ce que la baisse du prix entraîne une hausse de la consommation ?

L'idée que la légalisation entraînerait une hausse de la demande de drogue est un argument avancé par les prohibitionnistes. Les abolitionnistes sont d'accord sur ce point. La question n'est pas de savoir s'il va y avoir une consommation accrue mais de quel montant on va voir s'accroître la consommation. La demande de drogue est supposée être plus ou moins inélastique. Cette élasticité dépend fondamentalement des effets substitution, revenu et participation. La présence de substituts et la nature des préférences jouent un rôle important dans la force respective de ces effets. Si la drogue était un produit normal, une baisse du prix, toutes choses égales par ailleurs, devrait entraîner une augmentation des quantités demandées de ce produit. Une hausse devrait entraîner au contraire une baisse des quantités demandées. Avec une élasticité unitaire, une baisse du prix de la drogue de 10 % entraînerait une hausse de la consommation de 10 %. Quand les partisans de la prohibition essayent de faire peur à l'opinion publique en avançant l'argument que la consommation de drogue pourrait exploser à la suite de la légalisation, ils postulent implicitement des élasticités prix très élevées sans les justifier. Les consommations de tabac et d'alcool, deux consommations à risque, ont une forte inélasticité (0,5), de telle sorte qu'une baisse du prix de 10 % (ou une hausse) entraîne une hausse (ou une baisse) de la consommation de 5 %. Il en est de même sans doute pour la consommation de drogue. Faute d'une légalisation, une telle élasticité ne peut être connue ni des partisans de la prohibition ni des abolitionnistes. On ne peut faire que des hypothèses réalistes sur l'importance de ces élasticités. C'est l'économiste qui est le mieux placé pour faire cette estimation, car, après tout, il est de sa compétence de faire de telles hypothèses et de les vérifier empiriquement.

Pour comprendre pourquoi la demande de ce produit devrait être inélastique, il faut revenir sur les déterminants de l'élasticité de la demande. Trois effets concourent à cette détermination : l'effet de substitution ou de prix pur, l'effet revenu et l'effet participation. Pour un bien normal les trois effets s'ajoutent, et, si le bien considéré est très substituable, la demande sera très élastique (une hausse de 10 % du prix diminuera les quantités demandées de plus de 10 %, l'élasticité est supérieure à l'unité). Un effet de substitution faible, un effet revenu peu puissant par suite d'un coefficient budgétaire faible qui pondère le goût pour ce type de bien, et un faible effet participation conduiront à une forte inélasticité de la demande. Parfois l'effet revenu est négatif (bien inférieur) comme avec le tabac, et compense l'effet substitution, réduisant l'élasticité prix du produit. Mais l'effet participation domine très souvent les deux autres de telle sorte que la demande globale est plus élastique que la demande individuelle. Par ailleurs, la drogue, par l'effet de dépendance, serait peu substituable aux autres produits, voire complémentaire des autres produits, une fois l'individu « attrapé » dans ses rets. L'effet de dépendance entraîne des préférences particulières qui rendent le produit plus inélastique. On ne peut donc soutenir les deux arguments en même temps : la drogue a des effets de dépendance, et, si on légalise, la demande explose.

Au niveau intertemporel la drogue présenterait des caractéristiques de complémentarité adjacente qui rendrait sa consommation insensible aux effets de prix relatifs intertemporels transitoires, mais serait sensible aux effets de prix permanents. Si la lutte contre la drogue élève temporairement le prix actuel de la drogue par rapport à celui que l'on observera dans le futur, le consommateur est incité à diminuer sa consommation présente de drogue mais à augmenter sa consommation future, car l'effet hausse du coût d'opportunité de la consommation présente peut compenser l'effet dotation à la baisse sur le revenu réel présent. Une hausse permanente du prix de la drogue dans le présent comme dans le futur, en revanche, réduira la consommation présente et future de drogue, car, cette fois, c'est le revenu réel qui, à chaque période, est affecté.

Les partisans de la prohibition peuvent alors argumenter que si l'on fait croire aux drogués que la lutte contre la drogue sera permanente et que les drogués anticipent cette politique, ils vont effectivement réduire leur consommation présente et future de drogue. C'est aussi en s'appuyant sur un tel argument que les prohibitionnistes peuvent critiquer les abolitionnistes. En effet toute contestation du bien-fondé de la lutte contre la drogue détruit les anticipations des usagers sur le bien-fondé de cette lutte. Or, l'efficacité de cette lutte nécessite que les usagers de ces produits nocifs croient fermement que la politique sera tenue dans le futur. Tout affaiblissement des anticipations, par des discussions publiques sur ce sujet, réduit à néant les efforts entrepris.

L'élasticité du produit est alors faite par l'effet participation et l'effet revenu réel de la hausse (ou de la baisse) du prix. Les données suggèrent un faible effet participation des consommateurs réguliers ou quotidiens ; l'explication résiderait alors dans l'effet revenu pondéré par un coefficient budgétaire plus ou moins élevé. D'une façon générale, les économistes supposent que ce produit est inélastique au prix. Donc l'argument selon lequel on assisterait à une explosion de la consommation de drogue après la légalisation n'est pas recevable sans qu'il y ait contradiction avec l'argument de l'effet de dépendance, qui est le facteur principal de l'inélasticité de la demande de ce produit.

Cependant le paradoxe est le suivant : aujourd'hui la consommation de drogue est illégale, le coût d'offrir ce produit est plus élevé que celui que l'on aurait observé si le commerce de la drogue était légal, or la consommation augmente au lieu de diminuer. Pourquoi, en présence de la répression, les quantités demandées de drogue augmentent-elles ? Pourquoi cet échec ?

On peut avancer deux hypothèses pour expliquer ce phénomène : l'une est que la répression échoue parce que, de fait, le cannabis a été dépénalisé par les juges, annulant pour les criminels le risque d'entrer dans cette activité. L'offre, au lieu de se réduire, s'accroît, et les prix baissent à demande donnée — car la prime de risque devient nulle faute d'une répression effective —, donc la demande s'accroît en fonction de son degré d'inélasticité. Il faut alors montrer qu'entre la dépénalisation de la consommation et la légalisation du commerce, la demande et/ou l'offre devraient s'accroître drastiquement. Pourquoi la demande de drogue serait-elle insensible à la hausse des prix, c'est-à-dire inélastique à la hausse, mais élastique à la baisse du prix ? Pour observer une telle anomalie, il faut supposer un effet participation massif à partir d'un certain niveau de prix à la baisse du fait même du passage de la dépénalisation à la légalisation.

Si, au contraire, la répression est efficace et que l'offre se réduise, l'augmentation de la consommation, à prix plus élevé, est forcément obtenue par un déplacement de la demande à prix donné qui compense largement la baisse de consommation suite à la réduction de l'offre. Mais qu'est-ce qui peut expliquer un tel déplacement ? Ce n'est pas la publicité puisqu'elle est interdite, ce n'est pas non plus la contre-publicité qui, autorisée, tente de dissuader les individus de consommer de la drogue. Il s'agirait alors d'un effet revenu réel. Les individus sont plus riches aujourd'hui qu'autrefois et consommeraient davantage des produits de luxe.

En réalité, les économistes préfèrent l'hypothèse d'une externalité négative : la consommation de drogue d'un individu est négativement associée à la consommation de drogue de ses pairs. En effet le prestige consiste justement à consommer un produit dangereux (ou interdit) alors que les autres n'osent pas le faire. Quand les prix montent, chaque individu est incité à réduire sa consommation, mais, comme les autres réduisent leur consommation, l'effet de démarquage vis-à-vis d'autrui augmente et incite à en consommer davantage. Chaque demande individuelle est négativement inélastique au prix, en revanche la demande totale est positivement inélastique au prix. Paradoxalement, si tout le monde peut en consommer, cet effet de « prestige » est annulé.

En conclusion, les arguments en faveur d'une prohibition sont loin d'être convaincants. Les partisans de l'interdiction absolue n'ont pas démontré que l'abolition entraînerait une hausse supérieure de la consommation de drogue par rapport à ce qui existe et ils n'ont pas démontré non plus que l'interdiction apportait plus de gains que de coûts.

LES SOLUTIONS ALTERNATIVES

Critiquer est une chose, proposer des alternatives en est une autre. L'objectif, dans le fond, que l'on soit partisan de l'abolition ou de la prohibition, est le même : éliminer ou réduire le fléau social que constitue la consommation de drogue. Il existe des solutions alternatives au *statu quo*. Mais certaines d'entre elles sont illusoires. C'est pour cela qu'il faut en discuter. Classons les alternatives par ordre croissant de déréglementation du marché :

1. la dépénalisation de la consommation (comme pour la prostitution) mais l'interdiction de la production ;

2. la production publique de drogue pour les usagers et le maintien de l'interdiction pour les non-usagers ;

3. la liberté du commerce, comme pour l'alcool, avec interdiction pour les mineurs de consommer dans les lieux où l'on vend et consomme la drogue, et une taxation progressive pour les drogués ;

4. la liberté totale avec réappropriation de l'espace publique (rues et établissements publics) pour préserver et exercer l'autorité parentale et éliminer les nuisances dues à la consommation de drogue.

La dépénalisation

Les expériences de Zurich, Amsterdam ou encore celle de l'Espagne illustrent cette solution. Les Français l'ont adoptée pour la prostitution. Et, de fait, elle est appliquée en France, puisque, par exemple en 2000, sur 75 641 interpellations, 98 % des consommateurs ont été laissés libres. Cette solution est illusoire. Certes les prisons ne seront plus remplies par les usagers de drogues, mais le marché noir existera toujours, avec ses méfaits. Les usagers seront en contact avec des criminels, les drogues seront toujours d'une qualité douteuse, et les profits dégagés seront toujours aussi importants. Corruption, criminalité, destruction des communautés naturelles seront toujours à l'ordre du jour. L'instauration d'une dépénalisation traite le problème en partie. Il crée aussi une zone franche où émigrent les drogués de divers horizons. Le trafic vers ces zones se concentre, et une collusion entre la police et les trafiquants s'instaure comme pour la prostitution. Les usagers ne sont pas dissuadés de consommer de la drogue, car on ne peut pas taxer directement le consommateur qui est sans profession et lui-même revendeur. Cette politique non seulement est illusoire, mais elle est dangereuse, car elle fait croire aux gens qu'il s'agit d'une libéralisation du marché, ce qu'elle n'est pas.

La production étatique

C'est l'expérience de la Grande-Bretagne. En 1920 les Anglais ont considéré les drogués comme des malades et ont accepté que les médecins privés délivrent sur ordonnance les doses de drogue dont avaient besoin leurs clients. Le système a fonctionné jusque dans les années 1960, où la demande, avec les générations d'après-guerre et les rock stars, s'est accrue. Au lieu de laisser le système médical s'adapter à cette croissance de la demande, l'État a interdit aux médecins de prescrire les drogues dont leurs patients avaient besoin. On a alors créé des centres de traitement contre la drogue. L'héroïne pouvait toujours être obtenue le plus légalement du monde dans ces centres, mais vous deviez accepter une cure de désintoxication. Ce qui a contraint les drogués à se tourner vers le marché noir. Vous ne vous voyez pas aller acheter vos bouteilles de bordeaux ou de champagne ou encore d'absinthe dans un centre de traitement contre l'alcoolisme ? Non ? Les drogués sont comme vous.

Pourtant une telle solution est attrayante. La production publique et gratuite de drogue pour les usagers déjà accrochés sous contrôle médical (avec le médecin traitant et non des centres hospitaliers ou des polycliniques) et l'interdiction de vente du produit cassent le marché noir. Pour attirer les nouveaux venus, les trafiquants doivent fournir des doses quasi gratuitement, mais ils ne peuvent récupérer cet investissement si les usagers, le groupe de demandeur principal, obtiennent gratuitement de l'État leurs doses quotidiennes. Les trafiquants ont alors affaire à un concurrent redoutable : l'État. Les drogués n'ont nul besoin d'entrer dans la criminalité pour financer leur consommation. La criminalité induite disparaît. Mais l'interdiction de vendre de la drogue demeure. L'État n'a jamais été un grand innovateur, il est insensible au déplacement de la demande et à l'apparition de nouveaux produits euphorisants, de telle sorte qu'un marché noir peut se développer sur des produits substituts à ceux offerts et non encore remboursés par la Sécurité sociale.

La liberté contrôlée du commerce de la drogue

C'est l'expérience de l'alcool. La production de drogue est libre et privée. Beaucoup de producteurs se font concurrence ; puisque, dans le cas de la production d'héroïne, de cocaïne et d'autres drogues dures, il n'existe ni un besoin élevé de lever des capitaux, ni des avantages de coûts pour une production en masse, il ne faut pas s'attendre à une concentration dans cette industrie, au contraire. Du fait qu'il est possible sans grande difficulté d'entrer et de sortir du marché et que la matière première est abondante et bon marché, il ne faut pas s'attendre non plus à un monopole de l'offre. Il faut s'attendre à une vive compétition avec des marges usuelles pour les offreurs. Les consommateurs sont approvisionnés à bas prix et la qualité des produits est au niveau que l'on observe pour d'autres euphorisants comme l'alcool ou le tabac. Pour réduire la consommation excessive de drogue, une taxation adéquate peut être entreprise, dégressive pour les non-usagers et progressive pour les usagers accrochés. On peut aussi subventionner des recherches pour améliorer la qualité des drogues et inciter les laboratoires pharmaceutiques à innover en la matière.

Il est clair cependant qu'un marché libre de la drogue, même contrôlé, n'élimine pas les effets externes négatifs engendrés par cette consommation. L'alcool est en vente libre et la mortalité induite par les buveurs excessifs, comme les mauvais traitements et les violences qu'ils exercent sur leurs enfants ou sur des tiers, n'ont pas cessé.

Que reproche-t-on vraiment aux alcooliques ou aux drogués ? Non pas qu'ils s'alcoolisent ou qu'ils se droguent, mais qu'ils fassent supporter des coûts à d'autres individus sans que ceux-ci y aient consenti. En effet le drogué se désocialise et crée des problèmes pour tous ceux qui l'aiment. Il ne faut donc pas se tromper de cible. Il ne s'agit pas de réduire à néant la consommation de drogue, il s'agit de minimiser les nuisances causées à autrui par cette consommation. C'est alors un problème d'externalités négatives, et non un problème d'un excès de consommation. Une liberté du commerce libère des externalités négatives imposées par la prohibition mais elle ne libère pas des externalités imposées par les consommations de drogue. Reconsidéré de cette manière, le problème de la drogue fait penser à une solution encore plus radicale et aussi la seule qui éliminerait les nuisances causées par ce fléau.

La liberté du commerce de la drogue et la réappropriation des rues

Prostitution, drogue, mendicité, vols, crimes sont des activités indésirables. Pourquoi peuvent-elles s'étendre et se développer ? Parce que les rues sont publiques. L'inconvénient des rues et lieux publics provient de leur accès libre et, simultanément, des usages différents qu'en font ou veulent en faire les utilisateurs. Où attire-t-on le chaland en matière de prostitution ? Dans la rue. Où incite-t-on à consommer de la drogue ? Dans la rue, aux abords des écoles, voire dans les écoles elles-mêmes. Cet accès libre facilite le vol, la prostitution et la drogue. La destruction des communautés naturelles vient de cet aspect public des rues. Comment pouvez-vous exercer votre autorité parentale pour exclure les dealers de votre rue ou de votre quartier, puisqu'ils ont autant le droit que vous d'y circuler tant qu'on ne les prend pas sur le fait à vendre de la drogue ? Comment pouvez-vous sanctionner le chef d'établissement scolaire où va votre enfant, puisque vous ne pouvez pas changer votre enfant d'école sans payer un prix supplémentaire ? Il vous faudra agir par la voie politique, longue, incertaine et sans l'efficacité que l'on serait en droit d'attendre d'une action de police, faute de moyens.

Il est si simple de redonner aux riverains la copropriété des rues et des quartiers, pour qu'ils puissent exclure les individus indésirables du quartier où ils habitent, exactement comme on le fait pour l'accès à une copropriété d'immeuble. Les effets induits par la consommation de drogue n'existeront plus, les jeunes gens fragilisés par une vie familiale absente ou une adolescence difficile n'auront pas accès aisément aux drogues offertes sur le marché libre, parce qu'il n'y aura pas de points de vente dans la rue où ils habitent. Les mineurs n'auront pas accès aux endroits où ces produits seront offerts librement. S'ils sont admis, le propriétaire de cet établissement, parfaitement légal, pourra être attaqué en justice et sanctionné lourdement. Cette réappropriation des espaces publics ne veut pas dire nécessairement une entrave à la liberté de circulation mais un plus grand contrôle sur ceux qui circulent et simultanément un moindre anonymat. Avec un moindre anonymat, la pression du « qu'en dira-t-on » freinera les consommations non désirées par la majorité des individus sans pour cela altérer les bénéfices attendus des concentrations urbaines.

La privatisation des rues[1]

Le 15 novembre 1995, à Nanterre. « Quatre jeunes d'une vingtaine d'années du quartier Fontenelle à Nanterre ont été placés sous mandat de dépôt cette semaine. Ils sont accusés, ainsi qu'un cinquième, mineur, remis à ses parents, d'avoir frappé trois policiers qui effectuaient une simple vérification d'identité sur deux jeunes montés sur un scooter. Les faits remontent à jeudi dernier. Il est 18 h 30 [relate le journaliste] lorsque trois îlotiers qui font leur tournée habituelle, avenue Georges-Clemenceau, interpellent deux jeunes à scooter. Selon la police les cyclomotoristes ont refusé de montrer leurs papiers et la discussion a rapidement tourné aux injures et aux coups. Pour protéger la fuite du conducteur du deux-roues, le passager n'a pas hésité à donner un coup de poing à l'un des trois gardiens de la paix. Mais aussitôt les deux autres ont réagi et réussi à arrêter l'agresseur. La réaction des autres jeunes ne s'est pas fait attendre. Un attroupement d'une vingtaine de personnes s'est rapidement formé autour des trois policiers et du jeune interpellé. Tous demandaient la libération de leur camarade. Aux paroles ont succédé les gestes. Les trois policiers étaient alors copieusement tabassés. Dans la bagarre un scooter a même roulé

---

1   Une version plus courte de ce texte a été publiée dans le *Journal des économistes et des études humaines* de 1996, vol. 7, n° 2

sur l'un d'eux. Prévenus par les appels des policiers, les renforts ont pu mettre fin à l'échauffourée. »

Fait divers, dira-t-on… Oui, mais particulièrement intéressant, car il soulève une question fondamentale : qui contrôle les rues ? Les policiers ou les jeunes à scooter ?

En 2003, on dénombrait 5 737 morts et 115 929 blessés sur les voies de circulation publique (7 643 et 170 117 respectivement en l'an 2000) ; la bagatelle de 2,5 millions de vols (3,7 millions en 2000), 535 900 dégradations de biens privés (véhicules et incendies de maisons ou appartements ; en 2000 on en observait 518 000), 108 000 faits d'usage et trafic de stupéfiants (103 000 en l'an 2000) ; 37 816 atteintes aux mœurs dont 10 460 viols (33 000 et 8 000 respectivement en 2000) ; 70 000 atteintes aux biens publics (39 000 en 2000) ; 1 119 homicides (1 051 en 2000) ; 57 643 interpellations pour entrée illégale sur le territoire (45 000 en 2000). Le tableau suivant illustre la montée des interpellations pour faits d'usage et trafic de stupéfiants, des dégradations de biens privés, des atteintes aux biens publics et des atteintes aux mœurs.

Si de tels faits survenaient dans une copropriété, nul doute qu'on réagirait vivement. Des commissions d'enquête seraient créées, des plaintes déposées. Les gérants seraient jetés en prison et les citoyens exigeraient la disparition de cette copropriété.

Or, que l'on sache, c'est l'État qui a en charge la gestion du réseau routier, des rues ainsi que des parties communes. C'est sur les routes gérées et entretenues par l'État que des milliers de gens trouvent chaque année la mort. C'est dans les rues que l'on s'approvisionne en drogues en tous genres et que s'exerce la prostitution. C'est dans les parties communes que l'on constate les viols, les dégradations de véhicules. C'est parce que les routes et les rues sont libres d'accès que des gens qui n'ont rien à y faire circulent, observent et cherchent à faire des mauvais coups.

On ne peut reprocher à des entreprises privées ni au marché de porter une responsabilité quelconque dans ces maux de la société contemporaine, puisque c'est l'État qui est responsable de leur construction, de leur entretien et de leur surveillance. C'est lui qui est responsable de l'ordre public. Il est paradoxal d'accepter de l'État ce que l'on ne tolérerait pas d'une entreprise privée ou du marché !

Années[1]	1991	2000	2002	2003
Morts sur les routes	9 617	7 643	7 242	5731
Blessés sur les routes	205 968	166 211	137 839	115 929
Vols, en millions	2,5	3,7	2,5	2,38
Dégradations de biens privés	304 728	518 000	535 900	541338
Interpellations pour faits d'usage et trafic de stupéfiants	62 001	103 000	108 000	125 479
Atteintes aux mœurs	23 000	33 000	37 816	40 577
Dont viols	5 000	8 000	10 460	10 408
Homicides	1 355	1 051	1 119	987
Interpellations pour entrée illégale sur le territoire	46 356	45 000	57 643	59 702
Atteintes aux biens publics	22 943	39 000	53 378	49 952

Pourquoi l'État échappe-t-il à cette critique ? Pourquoi les gens croient-ils que les accidents de la route, les encombrements, les vols, les homicides, la drogue ou la prostitution sont la conséquence d'un ensemble de causes autres que l'incapacité de l'État à préserver la sécurité des personnes et des biens sur son domaine propre ? Les morts sur les routes sont dus à la vitesse, à l'alcoolisme. Les encombrements viennent de l'indiscipline des particuliers. La drogue résulte de la démission des parents. La prostitution est associée à la libéralisation des mœurs. L'impossibilité de contrôler les identités vient de l'immigration, etc. Jamais la défaillance de l'État ou de ses gérants n'est invoquée. Le fatalisme des citoyens vis-à-vis de ces problèmes est comparable à celui qui se manifeste lors des tremblements de terre, inondations ou éruptions volcaniques. Personne ne s'avise qu'en réalité tous ces maux relèvent d'une origine commune : l'absence de droits privés de propriété sur le domaine public.

1　Sources : « Aspect de la criminalité et de la délinquence constatées en France, 2004 », Direction générale de la Police nationale ; *La sécurité routière en France, bilan de l'année 2002*, La Documentation Française.

LA RUE : UNE PÂTURE COMMUNE

La rue est à tout le monde. Chacun peut l'utiliser pour se rendre où il le désire, pour y promener son chien, attirer le chaland, vendre ses produits ou services, etc. L'accès libre et gratuit n'implique pas la liberté de faire ce que l'on veut. Il existe des droits collectifs. Le droit de stationner est réglementé. De même celui d'y exercer une activité commerciale. La liberté d'attroupement est surveillée. Le racolage et la vente à la sauvette sont interdits et réprimés. Mais entre un droit privé et un droit collectif, il y a une différence essentielle.

Le droit privé de propriété est spécifié :

1. Le domaine est clairement approprié par quelqu'un (usus, fructus, abusus).

2. Le propriétaire peut aisément faire respecter ses droits si tel est son intérêt.

En revanche, le droit collectif n'est pas clairement spécifié :

1. L'appropriation est commune, les décisions d'user ou d'usus fructus (céder la gestion à un tiers contre un paiement : licence, concession, etc.) du domaine sont prises de façon collective et le droit de le transférer est interdit.

2. Les propriétaires communs ne peuvent pas facilement faire respecter leurs droits parce qu'ils ne sont pas exclusifs et que leurs intérêts divergent (ce que l'un veut faire respecter, l'autre ne le désire pas).

Cette différence de nature modifie le comportement des individus à l'égard des ressources dont ils ont la disposition. Comme on le constate chaque fois que l'individu n'est pas clairement responsable des coûts qu'il impose aux autres, chacun est incité à négliger les méfaits qu'il inflige à autrui en poursuivant la logique de son intérêt personnel. Au lieu de prendre conscience de ces problèmes, les gens se laissent convaincre par l'idée fausse qu'il serait impossible de s'approprier les rues et le domaine public. Ils rejettent *a priori* comme utopique toute privatisation des parties communes gérées par l'État et sur lesquelles nous vivons, alors que le marché nous fournit déjà un modèle à suivre à l'image des parties communes d'un immeuble en copropriété.

EST-IL VRAIMENT IMPOSSIBLE DE PRIVATISER LES RUES ?

Les rues comme les routes sont déjà en partie privatisées. Les péages d'autoroutes existent. Les rues privées aussi. À Paris il existe aujourd'hui 780 voies privées fermées couvrant une distance de 55 km. Paris compte 1 500 km de rues. Cela ne fait que 3 % du nombre total de kilomètres, mais il n'en a pas toujours été ainsi : au début du XXe siècle, le nombre de voies privées fermées était nettement plus important. Les *shopping centers*, avec leur parking d'accès et leurs rues privées ouvertes au public, constituent un embryon de privatisation du domaine public. Les accès sont fermés la nuit, et les voies de circulation surveillées par des milices privées. Les complexes de Parly II (au Chesnay), de Charras (à Courbevoie) ou de la Défense, dans leur conception d'origine, tendaient vers ce but. Les villages à l'américaine (style Breguet ou Kaufman and Broad) en sont d'autres exemples. Les gens pourraient vivre entièrement à l'intérieur de tels lieux, avec voies privées et piétonnières, maisons et appartements, services publics, centres commerciaux, églises et terrains de golf.

La privatisation d'une route et non sa nationalisation ou départementalisation est la solution aux morts par accident de la circulation routière. Les propriétaires de la route sont responsables du mauvais entretien des routes, source d'accidents, du fait qu'ils acceptent sur la route qui est leur propriété des gens qui ont trop d'alcool dans le sang… Si des véhicules sont trop anciens ou s'ils sont sources, plus que d'autres, d'accidents, ils leur feront payer un tarif plus élevé. D'ailleurs ces règles, comme les limites de vitesse ou l'équipement des voitures, seront édictées non par le propriétaire mais par son assureur.

Avez-vous voyagé sur l'autoroute Paris-Lille dans les années 1988-1992 ? Une autoroute à trois voies qui certes s'est améliorée au fil du temps, mais où aucune signalisation au sol et sur les bordures n'existe pour indiquer au mieux le tracé de la route dans les phares. Dans l'Oise, le revêtement au sol est anti-pluie, mais dans le Nord-Pas-de-Calais, sur une partie, il n'en était pas ainsi à cette période. Tout à coup vous passiez à une autoroute à deux voies. Pluie, vent, brouillard sont les compagnons des routiers. Croyez-vous que l'autoroute est illuminée tout au long comme en Belgique ? Non. La signalisation consiste surtout à recommander de gonfler les pneus, de respecter les limites de vitesse, de ne pas dormir au volant, au lieu d'indiquer la vitesse du vent et les obstacles à venir.

Avant d'approfondir cette question de l'impossibilité de la privatisation des rues, un peu d'histoire n'est pas inutile. En effet, avant d'en arriver aux rues publiques et routes « nationales », c'est-à-dire à la nationalisation des rues et routes, il existait un grand nombre de rues privées fermées ou ouvertes au public. Or, le législateur a altéré profondément l'exercice des droits de propriété sur les rues privées au nom de l'hygiène et de la sécurité. Comment cela s'est-il passé ?

La nationalisation des routes et des rues et la question de l'hygiène

Autour des noyaux anciens des villes se sont constitués de nouveaux lotissements avec l'apparition de voies privées. Certaines de ces voies privées ont été jugées insalubres au début du XXe siècle. Le maire et le préfet ont disposé, au nom de la salubrité, de pouvoirs généraux à l'égard des voies privées en matière d'hygiène. La loi du 15 février 1902, modifiée par un décret-loi du 24 mai 1935, impose un règlement sanitaire « aux maisons et à leurs dépendances, aux voies privées, closes ou non ». Le maire ou le préfet peuvent ordonner des travaux pour assurer la salubrité, fixer la hauteur des maisons et la largeur des voies privées pour assurer soi-disant un volume d'air suffisant ! Si ces travaux d'assainissement ne sont pas faits par les propriétaires, il y a assainissement d'office et les frais sont répartis de force entre les propriétaires riverains, qui sont dans l'obligation de payer. Si la rue privée est ouverte au public, alors les villes peuvent recevoir des subventions pour financer l'assainissement. L'ouverture au public de la rue privée précédemment close la fait tomber dans le domaine public.

L'État peut intervenir à nouveau pour des raisons de sécurité routière et de circulation et exiger que la rue privée tombe sous sa coupe. L'État a réduit la rentabilité des immeubles et maisons en imposant un contrôle des loyers, et oblige les propriétaires à faire des dépenses supplémentaires pour améliorer la qualité de leurs maisons ou immeubles et de leur environnement. La rentabilité a donc baissé drastiquement.

L'entretien d'une rue privée fermée est devenu prohibitif. La rendre à la pâture commune est la meilleure solution pour le propriétaire, puisque, dans ce cas, ce sont tous les autres contribuables, qu'ils soient propriétaires ou locataires, qui paient la note.

Cette incitation à abandonner la propriété privée sur les rues est sans doute la raison primordiale de la disparition des rues privées fermées ou ouvertes avec les conséquences que cela entraîne : davantage de morts sur les routes consécutives aux accidents, davantage d'encombrements, davantage de pollution et davantage de crimes. Cette hausse continue de la criminalité, de l'encombrement et de la pollution qui résulte de cet abandon des rues privées ou du défaut de droit de propriété sur les rues et routes produites depuis un siècle par l'État remet en cause cette évolution.

LES OBJECTIONS À LA PRIVATISATION DES RUES

Les objections utilisées pour justifier l'impossibilité de privatiser les rues reposent sur les six arguments suivants :

1. l'inconvénient de péages trop fréquents ;

2. un propriétaire peut geler la construction d'une voie indispensable en exigeant, pour son terrain, un prix exorbitant ;

3. les rues et les routes sont, par nature, des « biens publics » ;

4. la présence de coûts décroissants conduit au monopole, et donc de toute façon à une intervention nécessaire de l'État ;

5. ce sera le chaos, l'anarchie : ici on conduira à droite, là à gauche, les limitations de vitesse varieront d'une voie à l'autre, d'une région à l'autre…

6. la ségrégation de l'habitat sera renforcée : il y aura des quartiers riches et sûrs, des quartiers pauvres et mal famés… La drogue et la prostitution se concentreront dans des centres privés échappant à toute loi.

Répondons à ces six points.

Péages et obstruction de la circulation

Il est amusant d'entendre cet argument alors que les automobilistes en ville sont arrêtés toutes les cinq minutes par des feux ou par des encombrements ! On comprend que ce qui gêne les gens, c'est de payer toutes les cinq minutes comme sur l'autoroute de l'Est. Si la privatisation imposait que l'on arrête les véhicules et les passants à tout instant pour prélever un péage, le principe serait absurde. C'est comme si le propriétaire d'un terrain de golf exigeait des joueurs qu'ils paient une contribution chaque fois qu'ils se présentent devant un trou. L'idée serait ridicule. Le marché fonctionnera au contraire de manière à réduire ces « coûts de circulation ». De même que les constructeurs d'ordinateurs mettent au point des normes communes pour faciliter l'interconnexion des utilisateurs, la concurrence contraindra les propriétaires de routes privées à rechercher les moyens de ne pas obstruer la circulation par des péages trop fréquents. Les véhicules, par exemple, pourront être équipés de systèmes électroniques d'identification permettant de débiter automatiquement le compte bancaire de l'automobiliste, comme cela fonctionne à Londres ou à Singapour, ou encore avec le télépéage sur les autoroutes. Des propriétaires s'entendront pour réaliser en commun des économies d'échelle. Au lieu de s'effectuer à l'entrée, le paiement pourrait s'acquitter dans le magasin ou chez la personne que l'on visite. Les droits seraient reversés à un fonds géré par les propriétaires, et destiné à financer l'entretien et la surveillance. C'est ainsi que les phares pour les bateaux ont été construits et gérés de manière privée pendant longtemps[1]. De toute façon, il est impossible de connaître à l'avance toutes les solutions techniques possibles. Qui pouvait prévoir à l'avance la configuration exacte qu'allait prendre l'industrie des transports aériens avant leur déréglementation ? Telle est précisément la raison d'être du marché et du système de la libre concurrence : faire émerger, par la compétition entre les intérêts privés, les solutions techniques susceptibles de résoudre les problèmes particuliers qui se posent du fait de la vie en commun.

---

1   Coase R. H. 1974, « The lighthouse in economics », *Journal of Law & Economics*, University of Chicago Press, vol. 17(2), p. 357-376

Chantage et domaine éminent

La construction d'une voie de circulation peut être bloquée par les exigences d'un propriétaire qui refuse de vendre son terrain, à quelque prix que ce soit. Ce n'est pas une raison pour justifier que l'État s'arroge le droit légal de spolier les propriétaires privés en leur imposant la contrainte de l'expropriation. Il y a en effet une autre solution possible, compatible avec une éthique de respect de toutes les propriétés. Il suffit de procéder par arrangements contractuels à option. Dans le cas de la construction d'une autoroute, l'entrepreneur privé établit plusieurs tracés concurrents. Il négocie l'achat des terrains en expliquant à leurs propriétaires que la transaction ne s'accomplira que s'il réussit à acheter tous les terrains nécessaires à la réalisation du tracé dont ils font partie, et si celui-ci se révèle vraiment, une fois toutes les négociations particulières conclues, le moins cher. Chaque promesse de vente à option donne lieu à un versement provisionnel sur un compte bloqué, rapportant des intérêts. Les sommes ne sont débloquées et les titres de propriété échangés qu'une fois qu'on est en mesure de déterminer quel est celui des tracés choisis qui se révèle le moins coûteux à réaliser.

La rue « bien public »

Un « bien public » est un bien dont tout le monde jouit en commun, dans le sens où la consommation de chacun n'en réduit pas la quantité consommable par quelqu'un d'autre. Il se distingue par le fait que sa consommation s'assortit d'effets externes (il figure spontanément dans les fonctions de préférences de plusieurs personnes). Enfin, le coût supplémentaire que représente un usage additionnel est nul. C'est la définition que donne le prix Nobel Paul Samuelson[1], et qui est reprise par l'ensemble des économistes.

Les exemples traditionnels de « biens publics » purs sont les phares, la défense nationale, les routes et les rues. Dès qu'une rue existe, elle peut être empruntée par tout le monde. Un piéton ou le passage d'une

---

1 Samuelson P. 1954, « The pure theory of public expenditure », *The Review of Economics and Statistics*, 36 ; ou « La théorie pure des dépenses publiques et de la fiscalité », dans *Économie publique*, CNRS, colloque Biarritz, 2-9 septembre 1966

voiture supplémentaire n'entraînent aucun coût additionnel. Conséquence : personne n'a intérêt à en financer la construction puisque, faute de pouvoir *a priori* exclure une personne supplémentaire de l'accès à la jouissance de ce bien, il est dans l'intérêt personnel de chacun d'attendre que quelqu'un d'autre prenne en charge sa construction pour en profiter sans payer.

Cet argument recèle plusieurs confusions. Son point principal repose sur l'impossibilité d'exclure les *free riders*. Mais nous avons vu qu'on peut y trouver des solutions, et que le libre fonctionnement du marché doit normalement nous y aider. Cet argument n'étant pas suffisant, on se retranche alors derrière la présence d'effets externes négatifs. Mais, là encore, il est possible d'argumenter que ceux-ci résultent plus d'une faillite de l'État que d'une défaillance du marché. C'est en réalité l'absence de droits privés de propriété qui en est responsable. Il est alors malhonnête de conclure qu'il revient à l'État de gérer les rues ou les routes parce qu'elles sont le siège d'externalités, alors même que, par la législation, on interdit simultanément l'apparition de droits privés de propriété qui résoudraient la question. Dernier retranchement : l'existence d'un coût additionnel nul serait une justification suffisante car, nous dit Samuelson, dans un tel cas, il serait plus efficient de ne rien faire payer du tout. Cet argument repose sur une erreur d'interprétation en ce qui concerne la nature du coût marginal à prendre en compte pour ce type de bien. Les routes et les rues sont des équipements ou des facteurs de production comme les réfrigérateurs ou les automobiles. Leur valeur se déduit des services rendus, c'est-à-dire, en l'occurrence, du nombre de kilomètres supplémentaires parcourus sans encombre dans un temps donné, par rapport à ce qui se serait passé si l'autoroute n'avait pas été construite. Le coût marginal qui est à prendre en compte n'est pas le coût qu'imposerait le passage d'un véhicule supplémentaire (négligeable), mais la dépense supplémentaire nécessaire pour permettre aux automobilistes de bénéficier de ce service ; autrement dit, le coût de construction du kilomètre supplémentaire lui-même ! Il est loin d'être nul.

Économies d'échelle, réseaux et monopole naturel

La présence d'économies d'échelle et la nécessité de coordonner la construction et l'usage des réseaux routiers exigeraient la présence d'un opérateur unique. Si on laissait faire la concurrence entre des firmes privées, cela conduirait à de doubles emplois, avec la mise en service de plusieurs voies routières concurrentes pour desservir un même trajet. Immanquablement, certaines de ces voies seraient sous-utilisées, d'où un gaspillage de ressources. On aurait aussi un problème d'écrémage : les liaisons non rentables ne seraient pas assumées, et certaines régions deviendraient difficilement accessibles.

Ces arguments sont habituellement utilisés pour soustraire le transport aérien, les chemins de fer ou les télécommunications aux lois du marché. Ils ne sont pas nouveaux et renvoient à l'argument classique selon lequel toute situation de monopole naturel justifierait que l'on fasse appel à l'État pour limiter les gaspillages économiques qui résultent de la présence d'une firme privée en position de monopole.

Mais on peut montrer que s'il y a liberté d'entrée sur le marché (c'est-à-dire, en fait, absence de réglementation restrictive), les prix pratiqués par le monopole seront en réalité tels que les profits de monopole seront nuls. On oublie généralement que la liberté d'entrée suffit à discipliner les monopoles.

Par ailleurs, que certaines liaisons ne trouvent plus de constructeurs ne suffit pas à justifier l'appropriation par l'État de l'ensemble du réseau. Si ces liaisons ne sont pas rentables, c'est que les intéressés ne sont pas prêts à en payer le prix. Pourquoi faudrait-il que d'autres citoyens paient pour eux ? Et qui vous dit que les gens désirent ce service ? Peut-être désirent-ils tout simplement la tranquillité. La difficulté d'accès est un gage de tranquillité. Si ces gens vivent dans des régions ou des quartiers très pauvres et n'ont pas la capacité de payer, ce n'est pas un problème de monopole naturel, mais de charité privée.

La normalisation des règles de conduite

On peut craindre que des routes privées ne conduisent à une trop grande hétérogénéité des signaux ou des consignes de sécurité. Mais, précisément, c'est là que réside l'un des avantages du marché sur les procédures de production publiques. Certains réseaux, certaines routes seront gérés de telle sorte qu'ils se révéleront plus sûrs. L'image de marque de leurs constructeurs sera supérieure à celle des autres. Leurs méthodes de gestion et d'organisation, la façon dont ils se préoccupent de régler les problèmes de sécurité, leurs systèmes de signalisation auront tendance à se répandre par imitation. C'est ainsi que, dans un système routier totalement privatisé, il faut s'attendre à ce que les signaux ainsi que les pratiques de conduite se normalisent, exactement comme cela s'est passé dans le domaine de la production de téléviseurs ou d'ordinateurs. Récemment, les sociétés américaines de télévision par satellites se sont entendues pour utiliser des normes communes de décodage ; cela s'est fait sans que les pouvoirs publics aient jamais eu à intervenir.

Lorsqu'on est sur un domaine privé, le propriétaire peut exiger que l'on porte des chaussures spéciales (exemple des terrains de tennis, des salles de sport...). De même, l'intérêt commercial du gérant d'une autoroute ou d'un réseau routier privé est de faire respecter un règlement de bonne conduite aussi efficace que possible. Ces règles peuvent différer d'un réseau à l'autre. Au départ, on aura une très grande variété de systèmes réglementaires. Mais, progressivement, le système le plus efficace aura tendance à se répandre d'un réseau à l'autre, par imitation.

La prostitution, la drogue, les bandes armées, les manifestations, etc.

La privatisation des rues permet de renouveler complètement l'approche de problèmes de société tels que la drogue, les inconvénients des encombrements de la circulation, la prostitution, la lutte contre le proxénétisme, l'immigration et le contrôle des rues par des bandes armées ou par des manifestants, et, très souvent, au moins à Paris, par des hommes politiques français ou étrangers à qui on doit céder la place pour qu'ils vaquent à leurs occupations.

Actuellement, la rue est à tout le monde. Lorsqu'une prostituée arpente le trottoir devant une librairie spécialisée ayant une clientèle de professeurs d'économie, son propriétaire subit un préjudice du fait que ses clients risquent d'avoir du mal à convaincre leurs femmes ou leurs étudiants qu'ils ne se rendent dans cette boutique que pour y acheter des livres. Ce préjudice est la conséquence de l'absence de droits de propriété sur le trottoir (ou la rue). Si de tels droits existaient, le propriétaire de la librairie pourrait exiger des souteneurs qui placent leurs prostituées devant sa boutique qu'ils lui versent un loyer pour obtenir le droit d'user de cette partie de son patrimoine. Le prix demandé compenserait les pertes de revenus subies du fait du déplacement de clientèle provoqué par la présence des péripatéticiennes. Si le proxénète refusait, le libraire serait en droit de recourir à la force publique pour obtenir l'expulsion des prostituées exerçant illégalement leur métier sur sa portion de trottoir.

Pour pratiquer leur activité, les prostituées (ou leurs souteneurs) devront acheter ou louer les droits d'usage afférant aux portions de trottoirs ou de rues qu'elles envisagent d'occuper. Elles auront tendance à se regrouper, pour bénéficier d'économies d'échelle, dans des rues ou des « centres commerciaux » particuliers. Un effet de ségrégation naturelle apparaîtra. Tel quartier, tel bois (de Boulogne ou de Vincennes) ou tel centre commercial seront connus comme des lieux de plaisir. Mais le racolage ne posera plus de problème puisqu'il aura disparu de la plupart des rues pour se concentrer dans des lieux privés.

Il en va de même avec la drogue. La prostitution comme la drogue sont des services offerts aux individus, mais également demandés par eux. Lorsqu'on a affaire à des adultes, il est difficile de parler de « victimes ». Il s'agit d'activités « sans victime ». Elles devraient donc être décriminalisées. En revanche, il y a un réel problème lorsque des mineurs sont concernés.

La vente de la drogue à la sortie des écoles (ou à l'intérieur des écoles) soulève un problème de contrôle de la part des parents. Ils n'ont aucune autorité directe pour interdire les trottoirs de l'école à des gens qui n'ont rien à y faire. En raison notamment de l'existence de ce que l'on appelle la « carte scolaire », les parents n'ont pas la possibilité de sanctionner, d'une manière ou d'une autre, le directeur d'école qui ne surveille pas suffisamment les abords de son établissement. L'absence de droits privés de propriété sur les abords des établissements scolaires prive les parents de tout moyen pour s'adresser aux tribunaux et réclamer des dommages et intérêts aux dépens des responsables qui tolèrent le commerce de la drogue devant leurs portes. Ils ne peuvent pas non plus attaquer la municipalité en lui reprochant de ne pas assumer son devoir d'ordre public, comme il devient par exemple de plus en plus courant d'attaquer un médecin ou un architecte pour avoir commis une faute dans l'exercice de sa profession. Leur seul pouvoir est d'adresser des pétitions, action collective dont on connaît le peu d'efficacité.

Avec la privatisation, les données du problème seraient très différentes. Les quartiers privés qui acceptent la drogue et la prostitution attireront les criminels. Mais leur impunité ne sera pas assurée pour autant. Ces quartiers resteront soumis aux mêmes lois que les autres. Si crime il y a, la police interviendra. Mais elle n'aura plus à intervenir pour maintenir l'« ordre public » puisqu'il n'y aura plus de voie « publique ». Dans certains quartiers, on prélèvera un droit de passage. Dans d'autres, l'accès sera sévèrement réglementé. Le stationnement abusif comme les encombrements disparaîtront du fait de la priorité donnée aux voies de surface à vocation piétonnière. La circulation et l'accès aux différents quartiers se feront essentiellement par des voies et des parkings souterrains. Ces solutions s'imposeront d'elles-mêmes là où le terrain coûte le plus cher, c'est-à-dire dans les centres-villes où l'intérêt des riverains est de faire payer très cher tous ceux qui aggravent les nuisances dues au stationnement et à la circulation.

Impossibilité aussi pour les bandes armées ou les manifestations de contrôler la rue ou d'en user à leur propre profit pour intimider les gens ou le gouvernement, comme pour les hommes politiques de gêner la circulation des honnêtes gens s'ils n'ont pas acheté des droits de passage. L'accès y est interdit pour les gens fichés. Les rues privées à usage personnel sont contrôlées comme le sont déjà les immeubles. Les rues à usage public ou libres d'accès sont contrôlées par les polices privées ou des sociétés de gardiennage. L'entrée de bandes armées y est interdite. Ceux qui veulent utiliser la rue pour intimider les autres sont dans l'obligation d'en négocier l'usage ou de louer à une multitude de copropriétés le droit de passage. Le coût d'organisation d'une manifestation devient prohibitif. Il est plus simple de louer un stade.

Cela ne veut pas dire non plus que les rues ne seront pas accessibles au public. Les rues commerçantes ou celles qui permettent de se déplacer d'un point à un autre seront ouvertes au public et payantes. Les quartiers liés au repos seront, en revanche, fermés à la circulation, comme cela existe aujourd'hui dans les rues ou quartiers privés. On perd trop souvent de vue que la ville contemporaine n'a acquis son visage actuel que parce que les terrains n'étaient pas totalement privés et que l'État s'est doté du pouvoir d'expropriation (pour servir les intérêts de certains groupes de pression : industriels, commerçants...). Les rues y sont publiques, avec toutes les nuisances et l'insécurité que cela comporte ; les permis de construire y sont délivrés par un maire élu par une coalition médiane d'électeurs ou des intérêts particuliers de promoteurs immobiliers qui ne sont pas nécessairement concernés par les problèmes locaux ; les POS, ZAC et autres sigles déterminent le bétonnage de la commune ; la circulation et l'environnement commercial et industriel sont guidés par des raisons électorales, fiscales ou de prestige, qui n'ont rien à voir avec les intérêts présents ou futurs des habitants de la commune, et l'horizon politique du maire n'excède pas six ans s'il ne redistribue pas les rentes municipales à ses électeurs.

Quand on discute de la privatisation des rues avec des élus ou des voisins, même avec ceux qui vivent dans de telles rues privées, tous éprouvent une certaine réticence à ce qu'une telle expérience se généralise. Ils craignent que l'État ou une entité publique (la municipalité) ne doive renoncer peu à peu à ses pouvoirs sur de tels territoires. Mais c'est très exactement aussi pour cela que l'on peut désirer la privatisation des rues et du domaine public, pour pouvoir enfin mieux gérer les parties communes et les problèmes de société auxquels on fait face aujourd'hui.

DE LA VILLE PRIVÉE À LA THÉORIE CONTRACTUELLE DES GOUVERNEMENTS LOCAUX

En 1956, Charles Tiebout[1] a écrit un article sur les dépenses publiques locales, qui est devenu célèbre et qui était en quelque sorte une réponse aux conceptions étatiques de la fourniture des biens dits col-

---

1   Tiebout C. 1956, « A pure theory of local expenditure », *Journal of Political Economy*, 64 (October)

lectifs (rues, routes, ponts, polices…). Il y décrivait comment la compétition entre des gouvernements locaux permettait aux individus de choisir le montant optimal de biens publics ou privés qu'ils désiraient. Les gouvernements locaux — c'est-à-dire les municipalités — répondent aux préférences des individus en différenciant leurs produits (ici des biens collectifs) et le prix qu'ils font payer pour les obtenir par l'intermédiaire des impôts locaux. Pour attirer les électeurs-consommateurs, les dirigeants des municipalités devraient être incités à offrir ces services publics avec un bon rapport prix-qualité. En votant avec leurs pieds, les individus qui demandent la même quantité de biens collectifs ont tendance à vivre dans la même localité. Bien qu'il existe un grand nombre de facteurs qui empêchent cette compétition de fonctionner de manière parfaite, la possibilité de fuir une commune qui n'offre pas de bons services — de bonnes écoles par exemple — ou qui taxe trop les propriétaires ou résidents, et d'aller se localiser dans la municipalité de son choix est un pas en direction d'une plus grande efficacité.

L'électeur-consommateur peut être vu comme quelqu'un qui choisit une localité de telle sorte qu'elle satisfasse au mieux ses préférences pour les biens « collectifs ». Plus il y a de localités offrant différentes formes de biens collectifs, plus l'électeur-consommateur pourra réaliser ses anticipations en choisissant la localité qui maximise sa satisfaction. Pour atteindre un tel résultat, C. Tiebout proposait une série d'hypothèses :

- les électeurs-consommateurs sont parfaitement mobiles ;
- ils ont une parfaite connaissance des coûts et gains attendus liés aux dépenses publiques et aux taxes de chaque localité ;
- il y a un grand nombre de localités dans lesquelles l'électeur-consommateur peut choisir de vivre ;
- il n'y a pas d'obstacles à la mobilité liés aux occasions de trouver un emploi (les électeurs sont des rentiers) ;
- les biens collectifs offerts par les localités ne montrent pas d'économies d'échelle ;

◆ la taille optimale de la population dans la localité est définie par le nombre de résidents, qui minimise le coût moyen de production des services ou biens collectifs (le facteur fixe est en fait l'espace, qui ne peut être augmenté) ;

◆ les localités qui n'ont pas atteint cette taille optimale cherchent à attirer les résidents, celles qui sont au-dessus cherchent à les décourager (par un système de prix d'entrée et de sortie) ;

◆ se délocaliser ou rester dans la même localité remplace le test habituel sur un marché, à savoir le prix que l'on est prêt à payer pour acheter un bien.

Le modèle de Tiebout, nous rappellent D. Boudreaux et R. Holcombe[1], à qui nous empruntons cette discussion, présente cependant deux limitations importantes. Premièrement, les choix de localisation sont difficilement réversibles. Les gens qui décident de se localiser en dehors de leur lieu de naissance, par exemple au moment où ils quittent leur foyer familial pour en fonder un autre ou bien au moment où ils trouvent un travail en dehors de la commune où ils sont nés, ont un choix relativement varié. Mais, une fois qu'ils sont installés, se délocaliser implique pour eux de supporter des coûts non négligeables. Deuxièmement, une fois choisie la localisation dans une municipalité quelconque, les individus sont peu incités à participer au processus de décision de la production de biens collectifs ou privés locaux. De manière identique, les élus ne sont guère incités à répondre à la demande de leurs concitoyens, sachant qu'ils supportent des coûts élevés à les sanctionner et qu'ils sont peu incités à manifester leurs préférences.

À vrai dire, même si l'on peut voter avec ses pieds, sans coût, on ne peut déplacer physiquement la terre dont on a la propriété (mais on peut modifier l'usage fait d'un terrain ou le vendre). Cet investissement spécifique peut perdre de la valeur à la revente (ou en gagner) au moment où l'on quitte le territoire. Par ailleurs, comme les impôts et la satisfaction tirée des biens publics et privés offerts par la municipalité sont capitalisés dans la valeur des terrains et habita-

---

1 Boudreaux D. et Holcombe R. 2002, « Contractual government in theory and practice », dans *The Voluntary City*, Ed. D. T. Beito, P. Gordon et A. Tabarrok, The Independent Institute

tions, toute modification dans les impôts comme dans les dépenses locales entraîne des gains pour certains propriétaires mais des pertes pour d'autres.

Ceux qui résident dans la localité ont donc besoin d'une procédure ou de règles claires pour influencer, modifier ou arrêter un projet qui affecte la valeur de leur propriété. Ils ont besoin d'une constitution pour protéger leurs investissements spécifiques dans la localité, en particulier la valeur de la propriété des terrains (terrain, appartement, maison, commerce…). L'*exit* et la *voice* sont des substituts. Les non-propriétaires auront tendance à utiliser l'*exit* comme moyen de discipliner les gouvernements locaux dès que le coût de mobilité est faible, tandis que les propriétaires auront tendance à utiliser la *voice* pour protéger leurs investissements spécifiques dans les terrains sous l'autorité du gouvernement local. Les règles constitutionnelles sont des méthodes indispensables pour contrôler l'autorité locale. Mais quelles sont les règles « optimales » qui permettent de protéger au mieux les investissements spécifiques faits par les propriétaires au niveau local ? Faute d'omniscience, cette efficacité des règles constitutionnelles ne peut émerger que d'un processus de compétition. Or, dans ce domaine des gouvernements locaux, seule l'existence de gouvernements contractuels et librement consentis en concurrence avec les municipalités permet de les découvrir, comme le démontrent le développement des villes privées ou des associations de propriétaires aux États-Unis ou les règles de copropriété en France.

Prenons un promoteur immobilier qui achète une grande surface de terrain de la taille d'une commune, capable de loger entre 25 000 et 50 000 habitants. Il crée et viabilise les terrains, installe les équipements collectifs (écoles, piscines, hôpitaux, stades de sport, théâtres, cinémas, aires de circulation pour voitures, piétons, cyclistes, chevaux, bureaux pour activités professionnelles, commissariat pour une police de sécurité, etc.) qu'il juge nécessaire pour attirer les acheteurs. Simultanément il propose des règles constitutionnelles pour gouverner les propriétés individuelles et les parties communes en copropriété. Il vend ensuite cette ville privée par lots ou millièmes auxquels est attaché un droit de vote dans l'assemblée des copropriétaires. Les propriétaires et copropriétaires sont alors pré-engagés par cette constitution. L'idée est que la constitution ou les règlements de copropriété ajoutent de la valeur au terrain car ceux-ci sont plus proches des préférences des acheteurs et permettent de mieux protéger les investissements spécifiques faits par les habitants dans cette localité. Par ailleurs le promoteur immobilier a un intérêt puissant à découvrir la meilleure constitution car les parcelles et lots de terrain seront vendus plus chers et ses profits augmenteront.

L'entrepreneur qui forme un gouvernement contractuel est celui qui perçoit les profits en dernier, après avoir rémunéré tous ceux qu'il a embauchés pour réaliser son projet. Son revenu dépendra de l'efficacité des règles constitutionnelles qui vont gouverner la localité. Dans une municipalité, les maires et maires adjoints ou conseillers municipaux ne sont pas incités directement à prendre de bonnes décisions parce que leur revenu n'est pas modifié en bien ou en mal par celles-ci. Mais si l'on permet et que l'on étende cette compétition, même les municipalités apprendront et développeront les bons arrangements contractuels découverts par les villes privées et copropriétés privées.

La force de cet arrangement contractuel réside dans la capitalisation des bonnes ou mauvaises décisions dans la valeur des propriétés. Le terrain est d'abord la propriété du promoteur immobilier. Ensuite les acheteurs deviennent propriétaires et forment une association de copropriétaires qui gère les parties communes mais aussi les biens d'équipements collectifs ou privés qui exercent une activité dans la localité. Leur association constitue le gouvernement. Le droit de vote se trouve dans les mains des propriétaires, et non des locataires, qui peuvent avoir leur propre groupement. Le résultat des décisions du conseil d'administration et du bureau qui le représente est tout de suite capitalisé dans la valeur des terrains. Si une décision, prise par une majorité de propriétaires, se révèle mauvaise et déprécie la valeur des propriétés, un processus de correction se met en route : soit le propriétaire vend ses parts avant la forte dépréciation, soit il pétitionne, se présente au bureau pour modifier la décision et changer les lois et les règlements pour accroître la valeur de sa propriété.

C'est la force de la copropriété que d'avoir des droits de vote échangeables et capitalisables. En effet, si, dans la copropriété, passe un règlement qui pénalise une minorité de propriétaires, ces derniers peuvent vendre leurs propriétés et les parts de copropriété associées.

La vente des droits de propriété est un moyen pour la minorité de compenser les décisions erronées prises par des majorités. Si la minorité pense que la majorité commet une erreur, pour éviter celle-ci, les propriétaires appartenant à cette minorité vendent leurs titres de propriété. Si le règlement proposé par la majorité simple des propriétaires est bon, les nouveaux acheteurs sont prêts à payer un prix plus élevé que le prix courant, le propriétaire minoritaire ne perd donc pas à l'échange et capitalise à la revente de son appartement les bienfaits de la mesure. Si le règlement est mauvais, la minorité des propriétaires ne s'est pas trompée, le prix auquel ils vont vendre sera le prix courant s'ils trouvent un acheteur. Dans ce cas ils ne seront pas pénalisés par le nouveau règlement ; ce seront les nouveaux acheteurs qui le seront avec la majorité des propriétaires qui a voté le nouveau règlement et n'a pas quitté la copropriété. Si la minorité ne trouve pas d'acheteurs au prix courant, c'est un signal pour la majorité car tous, minorité et majorité des propriétaires, vont perdre de l'argent. Ils s'empressent alors de revenir sur la mesure prise à la majorité. La constitution peut aussi prévoir d'annuler toute décision majoritaire qui détruit la valeur de la propriété d'une minorité, comme en droit français.

Les promoteurs immobiliers, en développant des arrangements contractuels de copropriétés dont ils tirent un profit substantiel, sont en fait en compétition avec les hommes politiques pour produire et vendre des constitutions gouvernementales. Cette activité est efficiente d'une part parce que les habitants s'assortissent en fonction du mode de gouvernement qu'ils préfèrent avant d'acheter leur propriété, d'autre part parce qu'elle évite les coûts de négociation liés au choix d'une nouvelle constitution dans une localité préexistante. En anticipant les règles constitutionnelles et en les vendant comme produit joint des terrains, le promoteur immobilier reçoit un double paiement : l'un pour la qualité résidentielle de son offre, l'autre pour la réduction des coûts de négociation d'une bonne constitution locale.

À partir de ces gouvernements de base que constituent les copropriétés, un réseau d'associations se crée à un niveau supérieur, afin de régler les problèmes communs à plusieurs copropriétés. « Voter avec ses pieds » et ses mains sont les deux moyens de contrôler le gouvernement local, moyens efficaces parce que chacun se sent davantage concerné par les problèmes locaux qu'il connaît et qui affectent directement sa vie. Il y a également moins de votants. Les préférences à ce niveau sont nettement plus homogènes, conformément au proverbe « qui se ressemble, s'assemble ». La valeur des terrains s'améliore lorsque l'on y attire de nouveaux propriétaires. Ils ont le souci de rendre agréable et pacifique le territoire sur lequel ils habitent. D'une telle compétition entre copropriétés, on attend une grande diversité d'arrangements contractuels, de lois et de règlements. Le rôle instrumental d'une constitution « fédérale » est de maintenir la compétition entre ces gouvernements locaux. Les gérants de l'association sont des professionnels, ces syndics. Peu importent leur nationalité et la couleur de leur peau : on leur demande uniquement de bien gérer la copropriété sous le contrôle du conseil d'administration.

Ici, le marché a produit le type d'arrangement contractuel sur lequel une constitution devrait être calquée : les règlements de copropriété. Imaginons que les citoyens français, après avoir acheté une partie du territoire national, deviennent copropriétaires des parties communes. L'assemblée générale (ou parlement) serait composée uniquement de propriétaires nés à l'étranger ou sur le sol français (suffrage censitaire sans distinction de nationalité), ce qui est normal puisque la valeur des propriétés incorpore les méfaits comme les bienfaits de la gestion des parties communes, c'est-à-dire de l'environnement des propriétés. Les locataires, c'est-à-dire ceux qui ne sont pas propriétaires, qu'ils soient nés à l'étranger ou en France, n'ont aucune raison de participer aux décisions collectives ayant trait à la gestion des parties communes ; en revanche, ils sont astreints au respect du règlement de copropriété. Enfin, les droits de vote dans l'assemblée générale sont émis en fonction des parts de propriété et sont échangeables.

Les équipes de gestionnaires, hommes et partis politiques, sont recrutées pour leur professionnalisme dans la gestion des parties communes, et non pour représenter les préférences d'un groupe de propriétaires. L'entrée de la copropriété est contrôlée et son accès peut être interdit à des personnes non désirées. On peut refuser à certains propriétaires d'exercer certaines activités et de gêner les voisins. Si le règlement est trop lourd, les propriétaires ou locataires peuvent changer de copropriété. La valeur prise par les propriétés indiquera si ces règlements sont bons ou mauvais. Si l'on appliquait le même arrangement contractuel à l'État, il cesserait d'être un problème. On devine immédiatement que la taille de ces copropriétés serait largement inférieure à celle des États existants. La compétition qui ne manquerait pas d'exister entre elles permettrait de discipliner les propriétaires et les gérants, soit par l'*exit*, soit par la *voice*. En effet, les copropriétaires, pour améliorer la valeur de leur propriété, peuvent changer le règlement intérieur, améliorer l'ambiance en imposant le respect des lieux et celui des habitants.

Les différences entre une municipalité traditionnelle et une ville privée résident dans la législation. Les copropriétés sont volontaires, les municipalités ne le sont pas. Pour quelqu'un qui veut vivre normalement et protéger sa famille et ses enfants, cela suffit à faire pencher la balance en faveur des villes privées, même si les conséquences ne sont pas nécessairement toutes désirables. Les procédures de vote, par exemple, sont très différentes (seuls les propriétaires votent et les plus riches ont plus de votes). Une autre différence très sensible est le caractère drastique des règlements de copropriété comparés à ceux d'une municipalité.

VOUS CROYEZ QUE CETTE THÉORIE EST UTOPIQUE, QU'IL S'AGIT D'UN RÊVE ? VOUS NE VOYAGEZ PAS ASSEZ…

Reston est une ville de 56 000 habitants environ, située dans le comté de Fairfax en Virginie, sur une surface de 74 000 acres (18,5 kilomètres carrés environ). 34 000 personnes y travaillent. 40 % de l'espace est libre d'habitations ou d'équipements. Cette ville privée a été fondée par Robert Simon Jr. Elle a vu le jour en 1966 et a été financée entièrement sur fonds privés. Située entre Washington et Dulles Airport, cette zone résidentielle privée est constituée de sept villages. Chacun de ces villages possède des magasins et des commerces de détail. Le centre-ville a des bureaux, des écoles et des locaux pour des entreprises (de haute technologie). Il a été prévu une grande variété d'habitats. Maisons particulières face aux divers lacs, immeubles et maisons de ville. Le prix moyen des maisons en 1991 était de 150 000 dollars, et certaines maisons atteignaient plus de 300 000 dollars. Les loyers étaient de 1 000 à 1 500 dollars pour une maison ou un appartement de célibataire. Par ailleurs, chaque village a sa caractéristique (maisons de couleur homogène pastel au bord du lac et rappelant un village de pêcheurs français) et son autonomie à l'intérieur de Reston.

Le gouvernement de Reston prend la forme d'une association de propriétaires avec un bureau et une assemblée de copropriétaires. Il existe un bureau d'architectes qui doit approuver toute modification extérieure et a pour mission de maintenir l'ensemble de la ville en bon état. Ceux qui ont financé le développement de la ville ainsi que le promoteur ou ses ayants droit ont des droits de vote (30 % des votes pendant 19 ans). Les cotisations à l'association sont proportionnelles à la valeur des lots achetés (au lieu d'être indépendante, ce qui n'est peut-être pas efficace) et jouent le rôle normal des charges de copropriété ou d'un impôt local. Le coût des charges de copropriété en 1990 était de 300 dollars. Elles sont capitalisées dans la valeur de la maison ou de l'appartement. L'association de copropriétaires emploie 70 personnes pour gérer les problèmes administratifs.

La structure à l'intérieur de la ville est fédérale. Il existe des associations locales de propriétaires (par exemple, dans les villages). Ces associations locales sont responsables du maintien des parties communes. Elles ont le pouvoir de taxer leurs membres. L'existence de ces associations montre que l'optimum de gestion des parties communes est en dessous de la taille de Reston et donc d'une municipalité de taille comparable. Le bureau de l'association doit approuver toute modification extérieure, y compris les antennes de télévision, les haies ou les barrières. L'association est copropriétaire des rues, routes et autres parties communes, elle a donc le droit d'exclure toute personne qui crée une nuisance dans le voisinage. Elle peut diriger la circulation et imposer des amendes si on roule trop vite dans l'enceinte de la ville. L'architecture de la ville joue aussi un rôle important : le bureau des architectes décide de la taille du garage, de la couleur de la maison, etc. Le centre-ville, outre des bureaux, offre des activités culturelles et aussi charitables. On compte jusqu'à 22 églises à Reston.

Irvine est une ville privée de 110 000 habitants à une soixantaine de kilomètres de Los Angeles. 90 % de la population vit dans des micro-villages administrés par des associations qui fonctionnent comme des gouvernements. La plus grosse, avec 27 000 résidents, est Woodbridge Village. « Ici, vous n'achetez pas une maison, mais un style de vie », affirme le directeur de cette ville. Tous les habitants s'engagent par contrat à respecter les habitudes des voisins. En contrepartie et moyennant un impôt local, ils profitent de l'équipement et des services particuliers : lacs artificiels, courts de tennis, piscines, jardins, service complet de réparation des appareils ménagers, ramassage des ordures, police privée, transport urbain gratuit... Certains villages sont fermés, d'autres d'accès libre. Ces villages fonctionnent comme des municipalités ou des copropriétés ; un groupe d'élus encadre un noyau d'administratifs et de techniciens. Tous les trois ou quatre ans, le *board of directors* (conseil d'administration) est renouvelé par simple vote des administrés. Assez fréquemment on soumet à un référendum des propositions d'aménagement ou éventuellement une modification des statuts. Irvine a été créée en 1971. Au début les services de police ont été sous-traités auprès d'une municipalité voisine, Costa Mesa. Mais les habitants ont rapidement exprimé le désir d'avoir leur propre police privée. Ils ont fixé des critères de performances (fréquence des patrouilles, temps de réponse à un appel), de recrutement et de salaires (les mieux payés des États-Unis, précise le journaliste de *Libération* à qui on emprunte cette description). Irvine bénéficie d'un concours exceptionnel de circonstances au sens où il n'y a qu'un seul propriétaire foncier, James Irvine, qui, en 1894, a acheté 37 000 hectares de terres espagnoles et mexicaines. 12 000 hectares sont déjà utilisés en villages et en industries de pointe qui sont venues s'installer dans cette zone. Un ménage moyen gagne 48 000 dollars par an (3 100 euros par mois environ). Cette expérience n'est pas unique : depuis dix ans, le nombre de *community associations* a triplé.

La plupart des gens qui s'opposent à la privatisation des gouvernements locaux, ou tout au moins à leur mise en concurrence avec des villes privées, imaginent deux scénarios.

Des communautés privées de drogués et d'alcooliques, d'homosexuels élevant des enfants (les enfants sont toujours importants dans la rhétorique du sophisme *ad odium*), de sectes, religieuses ou non, se regrouperont dans des villes privées, hors d'atteinte des jugements de valeur de la majorité de leurs concitoyens et donc de leurs pressions sociales. Les villes privées sont-elles de taille suffisante pour offrir une protection contre des envahisseurs méchants qui viennent en masse ? Comment résoudre les conflits entre les individus vivant dans ces copropriétés si l'on ne peut plus faire appel à la justice publique et si la police ne peut plus pénétrer dans ces villes ?

Le remplacement d'un gouvernement public par un gouvernement contractuel et privé peut avoir un impact négatif sur l'ensemble de la communauté. En effet, en fournissant la plupart des services collectifs et civiques — sécurité, entretien des rues et routes, charité, redistribution des revenus, etc. —, ces villes réduisent pour les habitants l'incitation à payer deux fois et à être concernés par des problèmes qui frappent les citoyens dans les municipalités ou d'autres villes privées. Les copropriétaires de ces villes résidences sont moins incités à payer pour fournir des biens publics dans des localités autres que les leurs ! Les liens entre les citoyens des différentes communautés sont plus distendus. Il y a l'idée de s'enfermer dans sa ville et de vivre séparé des autres. *Quid* alors du sentiment d'appartenir à une nation ou d'une solidarité extérieure aux habitants de la ville privée ? *Quid* du contrat social qui devrait nous lier aux autres ? Et les pauvres devront-ils vivre dans les rues publiques et les municipalités appauvries faute de pouvoir taxer les riches qui se réfugient dans des enclaves ?

On réfute très simplement ces craintes en faisant remarquer que les nations, lorsqu'elles créent des frontières, font exactement la même chose vis-à-vis des étrangers. Comment se fait-il alors que les détracteurs de ces villes privées ou micro-États ne critiquent pas de la même manière les États-nations dans lesquels ils vivent ? Une réflexion sur la privatisation des rues et sur les villes privées a au moins un avantage : elle dévoile immédiatement le défaut de l'arrangement contractuel qui nous lie à travers notre démocratie politique et nos diverses constitutions à l'État moderne contemporain. Imaginons comment fonctionnerait la copropriété d'un l'immeuble ou d'un groupe d'immeubles si on lui appliquait les règles de la démocratie politique. Les locataires auraient le droit d'être représentés à l'assemblée générale et disposeraient d'un vote identique à celui des propriétaires. Ils pourraient changer les règlements de copropriété en leur faveur, par exemple ne pas payer les charges, dont le coût serait supporté par les plus riches, qu'ils soient locataires ou propriétaires. À cela viendrait s'ajouter l'impossibilité de vendre son droit de vote. Les habitants de cette copropriété ne se préoccuperaient plus d'en contrôler l'accès ou de dépenser de l'argent pour entretenir les parties communes : la valeur des propriétés, reflet du contrat, diminuerait rapidement. Cette discussion permet aussi d'inférer immédiatement que la démocratie « idéelle », du point de vue de l'économiste, est celle qui impose des règles et des procédures contraignant les individus à :

- une compétition entre des micro-États locaux, donc une forme de fédéralisme ;
- une liberté de mouvement des biens, des capitaux et des hommes, donc une forme de libre-échange ;
- une définition des droits de vote qui fasse supporter à ceux qui votent les bénéfices et les coûts de leurs décisions, donc une forme de copropriété sur les parties communes. Dans chaque État local, les seules personnes représentées au parlement local sont les propriétaires de terrains, maisons ou immeubles, ce qui implique nécessairement l'échange des droits de vote avec le changement de propriétaire et un suffrage censitaire ;
- user du monopole de la contrainte publique pour les parties communes et la protection des droits individuels, et non aux fins privées des propriétaires représentés à l'assemblée générale de la copropriété. Cela implique une charte des droits individuels. Les copropriétaires de chaque État doivent aussi respecter les droits individuels des locataires et des autres propriétaires.

Si ces règles étaient respectées, l'usage du monopole de la contrainte sur un territoire donné serait bénéfique à tous. Tout écart par rapport à celles-ci signifie également que l'usage de cette contrainte ne peut en aucun cas, être positif pour l'ensemble des individus : il ne peut l'être que pour ceux qui ont le droit d'en user, ainsi que pour les individus qui les ont amenés au pouvoir.

La démocratie
n'est pas la liberté

Il faut concevoir l'État contemporain comme une communauté humaine qui, dans les limites d'un territoire déterminé — la notion de territoire étant une de ses caractéristiques —, revendique avec succès pour son propre compte le monopole de la violence physique légitime. Ce qui est en effet le propre de notre époque, c'est qu'elle n'accorde à tous les autres groupements, ou aux individus, le droit de faire appel à la violence que dans la mesure où l'État le tolère : celui-ci passe donc pour l'unique source du « droit » à la violence.

Cette définition, due à Max Weber[1], permet de distinguer cette organisation de toutes les autres dans la société. Elle distingue l'État d'associations criminelles comme la mafia, et d'associations plus pacifiques comme la firme ou la famille : ces deux dernières utilisent en effet rarement la violence pour arriver à leurs fins, et la mafia ne détient pas le monopole de la violence « illégitime » sur un territoire donné.

---

1 Weber M. 1919, *Le savant et le politique.* Paris, Union générale d'éditions, 1963, Collection Le Monde en 10-18. p. 2

Pour la plupart des économistes, l'État n'a d'autres fins que celles des membres qui le composent. Il ne possède aucune réalité indépendamment des individus, qui sont les seuls à être souverains et à détenir le pouvoir d'agir. Ce pouvoir, les individus le délèguent très souvent à des représentants organisés en factions politiques. La démarche de l'économiste s'oppose aux théories mystiques et organicistes de l'État, selon lesquelles l'État existe indépendamment des citoyens qui le composent. Cette dernière conviction est confortée par le fait que de nombreux hommes politiques parlent au nom de l'État, évoquent la raison d'État, comme si l'État était un être doué de raison. Il est souvent considéré comme un organe de réflexion et un instrument rationnel chargé de réaliser l'intérêt général, constituant ainsi un centre de décisions autonome qui agit au nom de la collectivité comprise comme un tout. C'est une entité transcendante, dotée d'un pouvoir suprême unique et cohérent, avec un système de valeurs propre. Cette entité située au-delà des individus se lance souvent dans des actes qui exigent omniscience, omnipotence et bénévolat. Mais qui peut être omniscient, omnipotent et bénévole, si ce n'est la somme de toutes les perfections, Dieu lui-même ? N'est-ce pas d'ailleurs le sens même de l'expression État-providence ? Autrefois, le roi incarnait l'État et l'essence de l'État était d'origine divine.

Ces conceptions organicistes de l'État sont des métaphores. L'économiste les rejette parce qu'elles obscurcissent la compréhension des phénomènes étudiés au lieu de les éclairer. Reprenons ce qu'a dit l'historien P. T. Moon, de l'université de Columbia, lorsqu'il a écrit sur l'impérialisme des États au XIXe siècle.

Le langage rend souvent opaque la vérité. Plus souvent qu'on le croit, nos yeux sont aveugles aux phénomènes des relations internationales par de simples artifices de la langue. Quand quelqu'un utilise la monosyllabe « France », il pense la France comme une unité, une entité. Quand il s'agit d'éviter une répétition, nous utilisons un pronom personnel en nous référant au pays — par exemple nous disons « la France a envoyé ses troupes pour conquérir la Tunisie » —, nous imputons non seulement l'unité mais aussi la personnalité au pays. Les mots mêmes cachent les phénomènes et font des relations internationales un drame glorieux dans lequel des nations personnalisées sont des acteurs, et on oublie trop facilement la chair et le sang des hommes et des femmes qui sont les véritables acteurs. Combien cela serait différent si l'on n'avait pas de mots tels que « la France », et si l'on devait dire à la place « 38 millions d'hommes, de femmes et d'enfants aux intérêts et aux croyances les plus divers, habitant un territoire de 218 000 miles au carré » ! Alors on devrait décrire plus précisément l'expédition de Tunis de la façon suivante : « Un petit nombre des 38 millions de personnes ont envoyé 30 000 autres personnes pour conquérir Tunis. » Cette façon d'écrire suggère une question, ou plutôt une série de questions. Qui est le petit nombre ? Pourquoi envoie-t-il 30 000 personnes à Tunis ? Et pourquoi ces personnes obéissent-elles[1] ?

Comme le souligne Moon à propos de l'expédition française de Tunis (aujourd'hui, on parlerait des interventions de l'armée française en Côte d'Ivoire), si nous n'avions pas de mots tels que « la France », nous pourrions décrire plus correctement cette expédition. Une petite poignée d'hommes, les membres du gouvernement, a envoyé un corps expéditionnaire composé de milliers d'hommes dans ce pays. Cette manière de poser les faits suggère des questions différentes. Qui est la poignée d'hommes ? Pourquoi a-t-on envoyé un corps expéditionnaire ? De quels intérêts s'agit-il ?

L'État en soi n'existe donc pas. En revanche, un petit nombre de personnes parlent au nom de l'État, une caste, une oligarchie, et exigent qu'on leur obéisse. Le mystère de l'État n'est pas l'ensemble des institutions monopolistiques qui permet de le décrire — police, diplomatie, armée, justice, monnaie, impôts — mais, comme le rappelle B. de Jouvenel[2],

la miraculeuse obéissance des ensembles humains, milliers ou millions d'hommes qui se plient aux règles et aux ordres de quelques-uns.

Les hommes d'État tirent leur pouvoir de leur capacité

à se faire obéir, à se procurer par l'obéissance les moyens d'agir. Tout repose sur l'obéissance. Et connaître les causes de l'obéissance, c'est connaître la nature du Pouvoir.

---

1   Moon P. T. 1930, *Imperialism and World Politics*, New York, Macmillan
2   Jouvenel (de) B. 1942, *Du pouvoir*, Paris, Hachette, Collection Pluriel

Nous n'entrerons pas dans ce débat, car ce qui nous intéresse ici, c'est le régime politique que l'on appelle la démocratie et non l'État en tant que tel. En effet, juger de la nécessité de supprimer ou, au contraire, de créer un État, revient à répondre à la question fondamentale de la philosophie politique : celle de la nature de l'État. Ce thème est d'une actualité brûlante : faut-il créer un État mondial en donnant à l'ONU le droit de taxer chaque État national afin de développer une force militaire d'intervention ? Faut-il créer un État fédéral européen centralisé ou faut-il, au contraire, instaurer une concurrence entre les différents États membres ? Faut-il supprimer les États nationaux européens et laisser aux Basques, aux Bretons, aux Alsaciens, aux Niçois, aux Savoyards et aux Corses le droit de vivre à leur guise et de gérer leurs relations interindividuelles dans le cadre d'un État de droit, sans États nationaux ou supranationaux ? Nous traitons de cette question dans un autre ouvrage[1].

La détention du monopole de la violence « légitime » sur un territoire est extrêmement convoitée par les individus. Ces derniers, de tout temps, sont entrés en compétition pour s'en emparer, la plupart du temps par la violence et le sang. La démocratie politique contemporaine est de ce point de vue une forme particulière de compétition entre des hommes pour exercer et contrôler le monopole de la contrainte sur un territoire donné, qui s'inscrit, comme pour la compétition économique, dans un cadre légal où la violence physique est normalement bannie.

La démocratie politique est un système d'interactions individuelles dont la finalité soulève un problème moral. En effet le monopole de la force peut être utilisé collectivement ou individuellement pour permettre à certains individus de poursuivre légalement leurs fins privées par d'autres voies que l'échange volontaire, faute de pouvoir les réaliser par ce biais. La plupart des réglementations dont nous avons discuté dans les chapitres précédents prouvent que la démocratie politique est immorale par nature. En effet, les individus prétendent trancher des problèmes qui relèvent fondamentalement de l'éthique par une règle

---

1 Lemennicier B. 2003, *Microéonomie : théorie et applications*, CD-Rom BWM-Médiasoft, Luxembourg

majoritaire. Il est donc nécessaire de bien comprendre le fonctionnement de la démocratie pour évaluer son caractère immoral et injuste.

Dans sa forme la plus brutale, la démocratie est une compétition qui s'exerce dans un cadre institutionnel où les hommes de l'État ont un pouvoir de coercition illimité. Ils peuvent nationaliser, exproprier, réglementer. Ils peuvent dépenser comme ils veulent l'argent collecté par l'impôt, imposer n'importe quelle taxe, taxer à n'importe quel niveau et taxer dix fois le même produit ou service s'ils le désirent, du moment que cela est fait dans le cadre de certaines règles. Ils peuvent aussi ne pas respecter les accords internationaux qu'ils ont signés ou la constitution qu'ils ont élaborée et qui est censée définir le pouvoir dont ils disposent. La seule contrainte qu'ils ont est de maintenir les libertés « politiques », c'est-à-dire la démocratie ! On dit d'un gouvernement qu'il est démocratique lorsque les conditions suivantes sont remplies :

1. Un parti (ou une coalition de partis) est choisi par les citoyens pour contrôler et exercer le monopole de la coercition sur le territoire.

2. Les élections sont tenues périodiquement et ne peuvent être modifiées arbitrairement par le pouvoir en place.

3. Tous les individus sains d'esprit sont éligibles au vote.

4. Chaque individu dispose d'un seul droit de vote.

5. Le parti qui obtient la majorité des votes est en droit de contrôler l'usage du monopole de la coercition jusqu'à la prochaine échéance électorale.

6. Les partis perdants ne peuvent empêcher, par la force, le parti au pouvoir d'exercer ce contrôle.

7. Le parti au pouvoir ne peut empêcher les partis d'opposition d'exercer leurs activités tant que celles-ci ne consistent pas à utiliser la force pour éliminer le parti au pouvoir.

8. Il existe deux ou plusieurs partis en compétition pour contrôler le monopole de la coercition.

Cette série d'hypothèses faite par Anthony Downs[1], qui est l'auteur de référence en la matière, permet de dessiner les traits essentiels du régime politique dans lequel nous vivons. Les partis (ou les factions)

---

1   Downs A. 1957, *An Economic Theory of Democracy*, Harper and Row, p. 89

politiques sont comme des firmes qui entrent en compétition, non pas pour maximiser leur profit, mais pour maximiser les votes et prendre le pouvoir dès qu'ils en ont capté un nombre suffisant pour avoir la majorité. Cette analogie entre compétition économique et politique est due, en premier, à J. Schumpeter[1], puis à G. Becker[2]. Les firmes offrent des biens et des services, à un prix donné, aux consommateurs. Les partis politiques, quant à eux, offrent aux citoyens des programmes de gouvernement, qui, en termes d'impôts, ont un certain coût. Les firmes font des profits en offrant aux consommateurs ce qu'ils désirent. Les partis politiques en font en proposant aux citoyens les lois et les règlements qu'ils souhaitent. La démocratie devrait être au monde politique ce qu'est le marché libre à l'économie : il n'y a que la compétition qui puisse pousser les firmes à donner satisfaction aux consommateurs et les hommes politiques à contenter les citoyens. Sur un marché compétitif, les firmes qui n'exaucent pas les vœux des consommateurs font faillite et quittent le marché. Dans une démocratie majoritaire idéale (ou idéelle), la compétition chasse les factions politiques qui ne répondent pas aux attentes des citoyens. Cette analogie ne peut cependant être poussée plus loin.

Il existe une différence radicale entre le marché et la démocratie politique. Le prix Nobel J. Buchanan[3] l'a déjà soulignée, il y a de nombreuses années. Par exemple :

1. Le degré de certitude des conséquences de ses actes diffère : il est certain sur le marché, il ne l'est pas lors d'un vote. On connaît, en général, les tenants et les aboutissants d'une transaction mais pas ceux d'un vote.

2. La décision prise lors d'une transaction concerne les parties au contrat, la décision prise avec un vote concerne l'ensemble d'une communauté.

3. Le degré de responsabilité diverge sensiblement. Sur le marché, les parties au contrat sont responsables de leurs actes et des conséquences de leurs actes sur des tiers au contrat ; en revanche, lors d'un

---

1   Schumpeter J. 1942, *Capitalism, socialism et democracy*, New York Harper, 1950
2   Becker G. 1958, « Competition and democracy », *Journal of Law and Economics*, vol. 1, p. 105-109
3   Buchanan J. 1954, « Individual choice in voting and the market », *Journal of Political Economy*, LXII (1954), p. 334-343

vote, cette responsabilité est partagée avec des inconnus et un grand nombre de gens, de telle sorte que personne ne se sent responsable du résultat du vote.

4. La nature des alternatives proposées est profondément différente. Sur le marché, les choix ne sont pas mutuellement exclusifs. On peut acheter à la fois de la bière et du vin si la contrainte de budget le permet. Lors d'un vote à la majorité, on choisira l'un ou l'autre.

5. Le degré de coercition joue un rôle essentiel dans la procédure démocratique. Sur le marché, l'individu peut refuser une transaction si elle est contraire à ses préférences. En revanche, dans un processus de vote, il peut se trouver forcé d'accepter un résultat contraire à ses préférences ou à ses valeurs fondamentales.

6. Les relations de pouvoir entre les individus divergent sensiblement selon les deux processus de décision. Sur le marché, celui qui détient beaucoup d'euros a plus de capacité à satisfaire ses désirs. Dans la démocratie, un vote égale une voix. La capacité d'influencer le résultat du vote est équitablement répartie entre les individus, mais leur capacité à modifier individuellement ce résultat est nulle.

Retenons la distinction essentielle entre les deux processus : le degré de coercition. Les biens et les services achetés sur un marché apportent une satisfaction positive ou négative à celui qui achète, mais laissent inchangée la satisfaction de celui qui n'achète pas. Au contraire, dans un système démocratique, le programme de gouvernement offert aux citoyens affecte positivement la satisfaction des uns, négativement celle des autres, et affecte même la satisfaction de gens qui ne sont pas concernés par la décision. Les lois, les prélèvements fiscaux et règlements s'appliquent en effet à tous sur un territoire donné.

Il convient donc de développer une autre approche. La plus adaptée, bien que très imparfaite, est celle du marché des gérants ou des dirigeants d'entreprise. Les actionnaires, les membres du conseil d'administration, les citoyens ou les clients d'une agence de protection doivent choisir parmi leurs membres une équipe dont la tâche sera de gérer, dans un cas l'entreprise, dans l'autre l'usage de la contrainte. La question est : comment contrôler les dirigeants s'ils mènent une politique différente de celle souhaitée par le conseil d'administration ou les actionnaires ? La solution semble être la compétition entre ces équipes dirigeantes. La démocratie est un système de vote majoritaire dans lequel chaque citoyen dispose d'un vote avec lequel il peut choisir ses représentants, qui décident à sa place des politiques à mener. Ce système de délégation d'autorité soulève un grand nombre de problèmes et est loin d'emporter l'adhésion de tous. Par exemple L. Spooner[1] et M. Rothbard[2] à sa suite nient qu'une relation mandant-mandataire puisse exister entre les électeurs et leurs élus.

> Ils [les élus] ne sont ni nos employés, ni nos mandataires, ni nos représentants légaux, et pas davantage nos délégués. [En effet] nous n'assumons pas la responsabilité de leurs actes. Si un homme est mon employé, mon mandataire ou mon représentant légal, j'accepte nécessairement d'être responsable de tout ce qu'il fait dans la limite du pouvoir que je lui ai confié. Si je lui ai confié un pouvoir sur d'autres personnes que moi-même ou sur leurs biens, en tant qu'il est mon délégué, que ce pouvoir soit absolu ou très partiel, je suis *ipso facto* responsable vis-à-vis de ces autres personnes de tous les torts qu'il pourrait leur causer, aussi longtemps qu'il agit dans la limite des pouvoirs que je lui ai accordés. Mais il n'existe aucun individu que les décisions du Congrès auraient lésé dans sa personne ou sa propriété, qui puisse aller trouver les électeurs singuliers et leur intenter une action en responsabilité pour les actes de leurs prétendus mandataires et délégués. Ce fait est la preuve que ces prétendus représentants du peuple, ceux de tout le monde, ne sont en réalité mandatés par personne.

LA RÈGLE MAJORITAIRE

Les citoyens s'efforcent de contrôler leurs représentants par un vote majoritaire au moment du renouvellement de leur mandat, au cours d'élections dont on fixe la fréquence à l'avance. Contrairement à celui des actionnaires d'une entreprise, le droit de vote est inaliénable. Il est impossible de le vendre et donc de capitaliser la valeur des décisions prises. Les citoyens se voient alors privés d'un moyen efficace de contrôle de leurs dirigeants politiques. La décision des citoyens action-

---

1   Spooner L. 1991, *Outrage à chefs d'État*, Paris, Les Belles Lettres, Collection Iconoclaste
2   Rothbard M. 1991, *Éthique de la liberté*, Paris, Les Belles Lettres

naires est prise à la majorité et non à l'unanimité. Il est clair que l'absence d'unanimité, et donc de consentement à la décision prise par l'ensemble des citoyens, est à la source des imperfections de la démocratie. Comme nous l'avons précisé, elle s'impose même à ceux qui sont en désaccord avec l'usage qui va en être fait. Cette caractéristique de la violence politique, liée au monopole et à l'impossibilité de vendre son vote pour obtenir un dédommagement du coût qui résulte de cette externalité négative, engendre une frustration permanente chez ceux qui sont dans la minorité.

Imaginons que l'on ne puisse faire autrement que de prendre une décision collective pour résoudre un conflit donné. Si les citoyens actionnaires exigent l'unanimité, ceux qui sont en faveur de l'usage de la contrainte publique, pour régler un problème particulier, vont supporter un coût de décision extrêmement élevé. Ce coût est constitué essentiellement par le temps qu'il va falloir consacrer à obtenir le consentement de tous les individus (qui participent à la décision) et par les inconvénients ou les pertes de gains attendus à prolonger l'absence de décision. Ce coût s'élève avec le nombre de participants à la décision. On devine que ce coût peut être infini lorsqu'il s'agit d'atteindre l'unanimité.

Paradoxalement, ce coût peut être réduit à zéro si un seul individu prend la décision : un dictateur. En revanche, une fois la décision prise, elle s'impose au reste de la population (y compris à ceux qui ne sont pas concernés par la décision mais qui en subiront les conséquences). Les préférences des individus qui composent la population ne sont pas prises en compte. Ils ne peuvent objecter ou exprimer leur propre opinion sur la décision qui les concerne. C'est l'externalité négative liée au monopole de la coercition lorsque l'unanimité n'est pas requise. Or, le coût de ne pas prendre en compte les préférences d'autrui est le plus élevé possible lorsqu'une seule personne prend la décision au lieu et place de tous. En revanche, si tous les individus concernés prennent part à la décision, ce coût tend vers zéro.

C'est ainsi que J. Buchanan et G. Tullock[1] vont justifier l'émergence des règles de majorité simple ou qualifiée. Le coût de prendre la décision à plusieurs est une fonction croissante du nombre de participants, en

---

1   Buchanan J. et Tullock G. 1965, *The Calculus of Consent*, Ann Arbor Paper Back, University of Michigan Press

revanche le coût lié à l'externalité, qui consiste à imposer ses préférences à autrui, diminue avec le nombre de participants. Le coût total prend la forme d'une courbe en U. Le coût minimal de prendre une décision collective est atteint quelque part entre l'unanimité et la dictature d'un seul. D'où l'idée d'une prise de décision à la majorité simple pour des décisions collectives lorsque l'on ne peut faire autrement.

On peut mettre en contraste cette prise de décision à la majorité en la comparant à l'échange volontaire. Dans un échange deux à deux, le coût de prendre une décision existe mais il est vite circonvenu par le prix que l'on propose à son partenaire pour obtenir son consentement. Par ailleurs, la décision n'affecte que les parties en cause. Si cette décision affecte des tiers, les échangistes sont tenus pour responsables des dommages causés à autrui. Leur intérêt est d'éviter que des tiers ne soient concernés en bien ou en mal par les effets de leurs décisions conjointes. En revanche, dans une décision « collective », où l'on ne peut acheter légalement le consentement d'autrui, il faudra du temps pour emporter l'adhésion des autres, et si cette décision cause des dommages à des tiers non participants à la décision, les décideurs ne sont pas tenus pour responsables puisque la décision est collective !

Plus le domaine des décisions collectives s'étend, plus l'on rencontre des inconvénients liés à ce système de prise de décision. En effet, si le vote majoritaire résout certains problèmes, il en soulève toute une série, qui expliquent très simplement le désarroi des électeurs qui de plus en plus renoncent à voter ou finissent par trouver illégitime le système politique dans lequel ils vivent.

LES LOIS D'AIRAIN DU VOTE MAJORITAIRE

Le vote n'est pas divisible

Un grand nombre de programmes proposés par les partis sont en fait des paniers de politiques. L'électeur ne peut voter pour plusieurs partis sous prétexte que le programme de chacun d'entre eux contient des propositions qui lui conviennent : son vote serait considéré comme nul. On pourrait imaginer une séparation des pouvoirs telle qu'il existe une chambre séparée pour, par exemple, décider du montant des impôts, une autre pour décider des dépenses liées à la police, une troisième pour redistribuer les revenus aux pauvres, etc. Dans un tel cas, chaque parti propose devant chaque chambre un programme qu'il mettra en œuvre s'il obtient la majorité dans la chambre. L'électeur peut alors voter simultanément pour un parti de droite dans une chambre et un parti de gauche dans une autre. Les votes deviennent divisibles.

L'électeur est rationnellement irrationnel

Pour l'économiste, la définition de la rationalité se résume à deux propositions : comparer les alternatives et être cohérent dans ses choix. Le gain attendu à comparer les alternatives entre le programme de J. Chirac et celui de L. Jospin, deux prétendants parmi d'autres à la présidentielle de 2002, dépendait d'une part de la probabilité avec laquelle chacun, par son vote, pouvait influencer le résultat du vote, et d'autre part de la comparaison des politiques ou programmes proposés par chaque candidat avec leurs implications sur la vie future de l'électeur.

S'informer sur le programme présente un coût : il faut passer du temps à le lire et à en comprendre les conséquences attendues, dans le futur, sur sa propre vie. Le gain d'utilité attendu en votant pour un candidat au pouvoir ou pour son opposant est difficile à estimer même pour la période passée. En effet, qu'aurait fait le candidat qui est dans l'opposition s'il avait été au pouvoir, comparé à ce que réalise le candidat qui le détient actuellement ? Nul ne le sait. Or, ce n'est que sur cette base d'un environnement identique que l'on peut se forger une opinion sur la valeur des deux candidats ou partis. Cette estimation est encore plus radicalement difficile à obtenir parce que le lien entre le vote et les conséquences du vote n'est pas direct.

Les gens votent rationnellement si le gain attendu excède le coût. Or, la probabilité que le vote influence le résultat des élections est proche de zéro, les gains attendus qui sont difficilement évalués tombent alors à zéro, et comme il en coûte aussi d'aller voter, il est irrationnel de voter d'une part et de voter rationnellement d'autre part ! On s'attend donc à des taux d'abstention très élevés, et si les électeurs votent, à un vote soumis aux passions ou à la vertu du devoir civique mais pas à un calcul rationnel. Lorsque vous achetez un produit sur un marché, vous êtes sûr d'obtenir ce que vous voulez. Vous pouvez mesurer aisément la satisfaction que vous pouvez en tirer. Vous ne payez pas pour les produits que vous n'avez pas achetés et, si vous y mettez le prix, on tiendra compte de vos préférences.

En démocratie, il n'existe rien de tel : même si l'enjeu des élections est tel que l'électeur pense que cela affectera ses ressources, la probabilité pour que son vote, donc ses préférences, modifie le résultat en sa faveur est tellement négligeable que l'espérance de gain attendu du vote est nulle. Si le coût d'opportunité du vote est élevé, il s'abstient.

Il n'est donc pas étonnant que les citoyens se montrent peu disposés à s'informer sur les candidats ou à comprendre les effets des politiques qu'ils proposent. Cette ignorance rationnelle contraste singulièrement avec le comportement du même individu sur le marché et explique l'importance des médias et de la publicité pour les partis ou les hommes politiques, ainsi que le rôle important joué par l'idéologie, la passion, l'émotion et l'irrationalité dans le résultat des votes.

LE PARADOXE DU VOTANT

Il y a une contradiction dans cette théorie économique du vote. Elle nous prédit qu'il est irrationnel de voter, mais des millions de gens votent ! Ou la théorie est fausse, ou il est inquiétant de se dire que des millions de gens votent pour des décisions qui engagent la vie de millions d'autres gens sur la base d'une ignorance rationnelle ou sur la base de leurs émotions ! Plusieurs hypothèses ont été proposées pour résoudre ce paradoxe. Certains votent par devoir civique, d'autres par goût. S'il en est ainsi, la probabilité extrêmement faible d'influencer le résultat du vote ne joue plus le rôle attendu.

Appelons p la probabilité d'influer sur le vote, V le gain attendu par l'électeur de son acte, G la satisfaction qu'il tire d'aller voter ou d'exprimer sa préférence, et C le coût du temps perdu à aller voter. L'électeur vote si $p.V + G - C$ est positif. Il s'abstient dans le cas contraire. Cette façon de résoudre le paradoxe est peu satisfaisante car on peut rationaliser *ex post* n'importe quel taux de participation en alléguant un goût ou un dégoût pour le vote en question.

Comme d'habitude, la réaction de l'économiste devant un tel paradoxe est de se dire qu'il n'a pas utilisé pleinement l'hypothèse de rationalité !

En fait, l'électeur prend en compte le comportement des autres électeurs. Eux aussi font face au même paradoxe. Si les autres sont rationnels et ne votent pas, il existe une opportunité de profit à saisir en votant, car cette fois le vote est décisif et on peut imposer aux autres ses propres préférences. Comme les autres sont conscients de cette opportunité de profit, on observe en réalité l'interaction suivante :

Le paradoxe du votant

		Les autres	
		votent Ø	ne votent pas (1–Ø)
Vous	**votez**	pV–C <0	V–C>0
	ne votez pas	μV	0

Si les autres votent, il est rentable de ne pas voter ; et si les autres ne votent pas, il y a une opportunité à saisir en allant voter pour imposer ses préférences. Tout dépend donc des anticipations que l'on a sur le comportement des autres électeurs : vont-ils voter ou s'abstenir ? Si (1–Ø) est la proportion de ceux qui ne votent pas parmi les autres électeurs, et Ø celle de ceux qui votent, on observera un équilibre mixte et stable, où le taux d'abstention n'est pas nul mais où le taux de participation n'est pas nul non plus, comme le prédisait la théorie précédente.

Le gain attendu à voter est : Ø (pV–C) + (1–Ø) (V–C). Le gain attendu en s'abstenant est de Øµ.V, où µ traduit la probabilité que l'électeur concerné, lorsqu'il ne vote pas, voit quand même le résultat du vote pencher en sa faveur. L'électeur compare les deux stratégies et choisit celle qui lui donne les gains attendus les plus élevés.

Reportons-nous au graphique suivant :

Paradoxe du votant

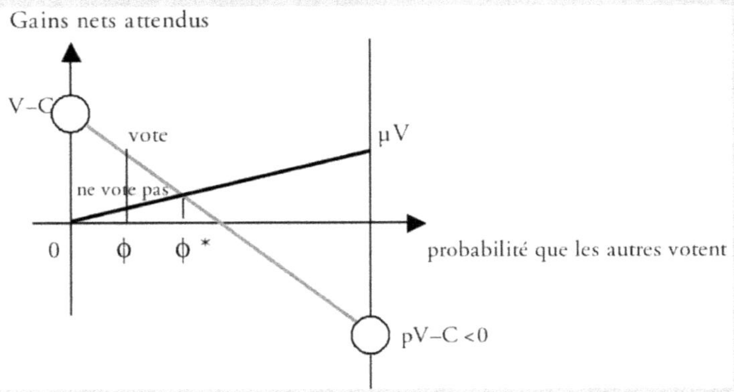

Portons sur l'axe horizontal la proportion Ø de gens qui votent et sur l'axe vertical les gains attendus de chacune des deux stratégies : « vote » ou « ne vote pas ». Prenons la stratégie « vote ». Quand les autres ne votent pas, $\emptyset=0$, le gain attendu à aller voter est positif et égal à $(V-C)$. Quand tous les autres votent, $\emptyset=1$, le gain attendu d'aller voter est négatif et égal à $(pV-C)$. En revanche, avec la stratégie « ne vote pas », si les autres ne votent pas, personne ne gagne au vote. Si $\emptyset=0$, le gain attendu à ne pas voter est aussi égal à zéro. Si les autres votent, $\emptyset=1$, l'électeur, même s'il ne vote pas, peut obtenir un gain positif puisque les conséquences attendues du vote sont imprévisibles. Il existe donc un $\emptyset^*$ tel que les deux stratégies sont indifférentes. La valeur de ce seuil est obtenue en égalisant l'équation $\emptyset \, (p\,V-C) + (1-\emptyset)\,(V-C)$ au terme $\emptyset\mu.V$, soit $\emptyset^* = [(V-C)]/V\,[1+\mu-p]$. Si la probabilité $\emptyset$ que les autres votent est inférieure à $\emptyset^*$, l'électeur concerné vote, sinon il s'abstient. Le taux d'abstention varie alors avec les gains attendus V de l'élection, le coût de voter C, la probabilité p d'influer sur le résultat du vote, la probabilité μ de bénéficier des conséquences de l'élection même si l'on ne vote pas et l'estimation $\emptyset$ que chacun se fait de la proportion de gens qui iront voter. Si p est petit et μ grand, peu de gens votent. En revanche, si μ est petit, beaucoup d'électeurs iront aux urnes.

La théorie du vote stratégique est donc une façon simple de réconcilier les faits avec la rationalité du comportement des électeurs. Cela est exprimé très clairement dans les intentions de vote recueillies à chaque élection. Prenons le sondage d'IPSOS du 5 mars 2002 pour les présidentielles. Les deux premiers candidats en termes d'intentions de vote étaient Jacques Chirac et Lionel Jospin. À la question : « Tout compte fait, quel est votre état d'esprit à l'égard de la candidature de Jacques Chirac à l'élection présidentielle ? »

On vote contre le candidat opposé

	Ensemble (%)	Sondage du 18 février en %
Vous souhaitez vraiment qu'il soit élu	18	19
Mieux vaut lui que Lionel Jospin	24	24
Vous souhaitez qu'il soit battu	43	44
Ne se prononcent pas	15	13

La même question posée pour Lionel Jospin donne :

	Ensemble (%)	Sondage du 18 février en %
Vous souhaitez vraiment qu'il soit élu	17	17
Mieux vaut lui que Jacques Chirac	22	23
Vous souhaitez qu'il soit battu	45	46
Ne se prononcent pas	16	14

Ces deux tableaux confirment amplement la théorie du choix stratégique. On vote pour un candidat parce que l'on ne désire pas que l'autre vienne au pouvoir.

Les préférences qui s'imposent sont celles de l'électeur médian

Portons sur l'axe des abscisses le montant en % du PIB que l'on veut consacrer aux dépenses de redistribution, et sur celui des ordonnées l'utilité obtenue du montant redistribué. Supposons des courbes d'utilité avec un seul sommet. Le montant qui s'impose est celui de l'électeur Pierre, l'individu médian, puisque toute redistribution qui s'éloigne de sa préférence maximale trouve une coalition majoritaire qui lui permet d'imposer ses goûts, comme le suggère la figure suivante :

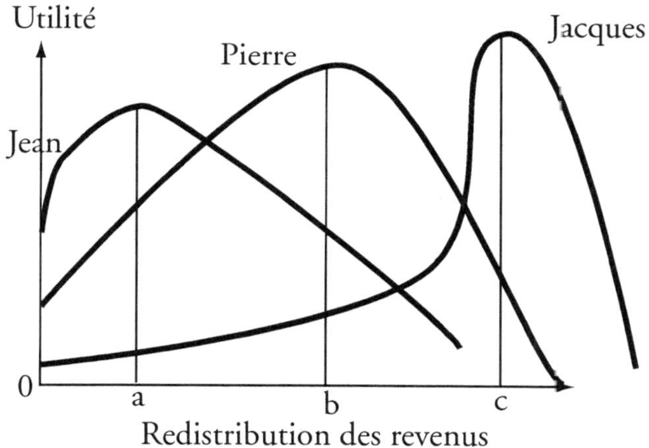

En fait les procédures de vote impliquent la dictature d'un électeur : l'électeur médian.

Il est important de faire la remarque suivante : les préférences de l'électeur médian sont très directement liées à la catégorie de population qui a le droit de vote. Imaginez que seuls les enfants de 7 à 17 ans aient le droit de vote. L'électeur médian est un enfant scolarisé dont l'intérêt est de ne pas suivre l'école, il votera pour toute loi qui supprime la scolarité obligatoire. Prenons maintenant une autre règle : seuls les hommes ont le droit de vote. L'électeur médian votera pour l'ouverture des maisons closes ou pour des lois qui contraignent les femmes à rester au foyer. Maintenant imaginez que seules les femmes ont le droit de vote. Que préférera l'électrice située à la médiane ? Que l'on subventionne le travail féminin et que l'on supprime les maisons closes. Or, n'oubliez pas que l'électeur médian aujourd'hui est justement une femme.

On pourrait aussi exiger un suffrage vraiment universel, comme le suggère H. H. Hoppe[1] : les étrangers ont le droit de vote même lorsqu'ils ne résident pas sur le territoire. L'électeur médian est alors un musulman ou un Chinois, il estimera que les Occidentaux ont des mœurs intolérables et sont trop riches. Il imposera le tchador aux femmes et exigera de vivre aux dépens des Occidentaux en les taxant de manière significative. L'ouvrier français verra alors ses impôts nourrir un Indien pakistanais ou un Asiatique. La question de qui a le droit de vote (nous sommes toujours dans un régime de vote censitaire puisque les étrangers vivant sur notre sol n'ont pas le droit de vote) est donc bien la question essentielle pour déterminer le profil de l'électeur médian car c'est lui qui dicte aux autres ses préférences. On pourrait imaginer que seuls les propriétaires d'un terrain, d'un appartement ou d'une maison votent. Dans ce dernier cas, non seulement l'électeur médian a un profil particulier (il n'est pas jeune, il épargne et il manifeste une préférence pour une implantation longue dans la région où il s'installe), mais il existe aussi un lien direct entre les conséquences de son vote et la capitalisation de la valeur de sa propriété.

La minorité marchande ses votes

La règle majoritaire est en soi une distorsion profonde de la représentation des préférences, puisque, pour remporter les élections, il suffit de 50 % des suffrages exprimés plus un. La minorité est alors à la merci de la majorité. Lorsque les suffrages exprimés sont inférieurs à 50 % des inscrits, la majorité est à la merci d'une minorité. Sur un marché, si 25 % des individus préfèrent un produit et sont prêts à payer pour le consommer, ils l'obtiendront, même si 75 % des consommateurs refusent de l'acheter. Dans le système démocratique, les 25 % se verront refuser ce produit. La règle majoritaire impose une externalité négative

---

1   Hoppe H. H. 2001, *Democracy. The God That Failed,* New Brunswick and London, Transaction Publishers

à ceux qui se retrouvent dans la minorité. Il existe deux manières de limiter ce pouvoir de la majorité sur la minorité :

1. Une constitution peut protéger les droits des minorités par l'interdiction de passer des lois qui les oppriment.

2. La minorité peut se protéger elle-même, en monnayant ses votes sur des décisions politiques où elle sera nécessaire à la constitution d'une majorité.

Ce marchandage est positif puisqu'il introduit dans un système politique des éléments de marché qui permettent de saisir des gains à l'échange. En effet la logique sous-jacente du marché est l'existence systématique de l'unanimité dans les décisions prises *ex ante*. Une démocratie idéale de ce point de vue exigerait que les perdants reçoivent une compensation. Or, ce marchandage des votes est souvent jugé comme pernicieux et va à l'encontre de la loi dans de nombreuses démocraties. C'est un tort car il limite l'oppression exercée par la majorité sur la minorité.

Imaginez une commission de spécialistes dans un département de sciences économiques à l'université qui se réunit pour recruter des maîtres de conférences ou des collègues de rang magistral. Trois clans existent à l'intérieur de la commission : des ex-marxistes convertis en néo-keynésiens, des économistes mathématiciens dits « néoclassiques » et des économistes ultra-libéraux (vous pouvez prendre un autre critère de différenciation lié par exemple à différents laboratoires de recherche pour les commissions de même couleur politique et intellectuelle). Recruter un enseignant de tendance ultra-libérale, marxiste ou néoclassique procure un avantage certain à l'un des clans. Imaginons qu'il y ait trois candidats : un de chaque clan. Chaque clan désire le candidat le plus proche de ses convictions idéologiques ou scientifiques. Mais aucun clan n'a la majorité absolue pour imposer son candidat. Un marchandage va s'instaurer. La majeure partie des négociations a lieu dans les vestiaires des professeurs ou au téléphone, voire dans les restaurants. Le clan ultra-minoritaire — celui des libéraux — va alors voir l'un des deux autres clans et promet de voter pour son candidat si ce dernier fait passer le sien (s'il n'y a qu'un poste, on promet de rendre le service à la prochaine élection). Les deux clans s'entendent et se renforcent alors au détriment du troisième. On suppose ici que la minorité, par son vote, peut faire basculer une décision de recrutement.

Mais lorsque l'on connaît bien ce milieu, on devine que des stratégies contre la minorité vont aussi se développer. Les deux clans préfèrent encore s'entendre entre eux pour empêcher la minorité de recruter un enseignant de son clan. En effet, chaque fois que l'on recrute un enseignant, ce dernier, s'il fait partie de la commission, peut renforcer le pouvoir d'arbitrage du clan minoritaire. Ce qui est vrai pour de petits enjeux comme ceux des universités est encore plus vrai pour des enjeux beaucoup plus importants.

On distingue habituellement le *log-rolling* explicite et le *log-rolling* implicite. Le *log-rolling* explicite est une pratique courante aux États-Unis. Il fonctionne comme suit. Prenons le budget des travaux publics. La décision porte sur le choix d'implanter et de construire une autoroute. Beaucoup de gens sont affectés par cette décision. Imaginons que la ville de Strasbourg soit la grande bénéficiaire de cette autoroute. Le coût de l'implantation et de la construction (la construction peut être concédée à une entreprise privée) est supporté par l'ensemble des contribuables qui utilisent les autoroutes (impôt sur l'essence). Si les habitants de Strasbourg sont les seuls à voter, ils seront pour. Mais ceux qui n'habitent pas cette ville et ne percevront pas les bénéfices voteront contre. Le projet échoue. La solution est le marchandage. Au Congrès américain, cela se passe ainsi : les élus de Strasbourg rencontrent ceux de Marseille et font un échange. Vous votez pour la construction de l'autoroute menant à Strasbourg, et nous votons pour l'autoroute qui mène à Marseille. Cela explique la politique du *Pork Barrel*[1]. Les élus échangent leurs votes pour des dépenses inutiles. Les élus, au niveau régional, veulent signaler aux électeurs qu'ils font quelque chose pour eux — un pont, une route, un tramway, un musée, une base militaire, une université —, ou encore satisfaire des intérêts spécifiques sous couvert d'intérêts généraux. Dès que l'un se lance dans ce type de dépenses, pour un budget donné, il risque de voir les autres s'opposer à ce projet. Il propose alors de soutenir par son vote le projet des autres si les autres soutiennent le sien. Un processus de *log-rolling* s'enclenche et chacun obtient sa route, son pont, son université, même si de tels

---

1　Tullock G. 1978, *Le marché politique*, Economica, Paris

projets sont inutiles. On n'est guère surpris d'observer que chaque petite ville désire avoir son établissement universitaire à des coûts élevés, alors qu'il est si simple et moins coûteux de déplacer l'étudiant vers des universités dans des grandes villes. Universités qui sont par ailleurs largement capables d'absorber des effectifs plus grands. Mais les enseignants sont pour, cela leur permet d'accroître leurs heures supplémentaires ou de recruter de nouveaux enseignants. Ils renforcent ainsi leur clan et leur corporatisme.

Le résultat même des décisions prises par un vote peut être irrationnel

Il s'agit ici du fameux paradoxe de Condorcet, que le prix Nobel K. Arrow[1] a adapté à la théorie des choix publics. Prenons trois votants, Pierre, François et Michel. Il leur faut sélectionner trois candidats, Jacques, Nicolas et Alain, pour les représenter dans une commission qui prendra des décisions politiques extrêmement importantes. Les économistes se posent la question de savoir si le choix collectif résultant d'une procédure de vote est non dictatorial et cohérent. Sous certaines hypothèses, il n'en est rien.

Rappelons les conditions de validité de la procédure de vote[2]. La procédure de vote doit être telle que l'on sélectionne effectivement un candidat qui est préféré aux autres (première condition). Ceux qui votent doivent avoir des préférences ordonnées et cohérentes (deuxième condition) et tous les classements de préférence doivent être admissibles. Le choix se fait sur trois alternatives (troisième condition). Toute nouvelle alternative qui apparaît après un premier classement n'inverse pas les préférences exprimées envers les candidats (quatrième condition). On illustre cette condition par la petite histoire suivante. Vous allez au restaurant et le serveur vous propose un gigot ou un saumon grillé. Vous choisissez le saumon plutôt que le gigot. Deux minutes après, le serveur revient et vous dit qu'il a oublié de vous men-

---

1   Arrow K. 1951, *Social Choice and Individual Values*, traduit en français sous le titre *Choix collectifs et préférences individuelles*, Diderot Multimédia, 1997, Collection Pergame
2   Tullock G. 1998, *On Voting A public Choice Approach*, The Locke Institute

tionner que sur la carte on proposait aussi du homard grillé. Vous dites alors que vous préférez le gigot au saumon ou au homard grillé.

Si la méthode de vote propose de choisir les candidats en les mettant en compétition deux à deux de telle sorte que celui qui est sélectionné est celui qui a obtenu la majorité des votes, alors le vote peut être intransitif, et la procédure de choix collectifs incohérente ; la procédure de vote peut être manipulée et elle n'est pas indépendante de l'émergence d'un nouveau candidat ou du retrait de l'un des candidats.

Prenons deux ensembles de préférences de Pierre, François et Michel, l'ordre allant du plus au moins préféré :

Le paradoxe de Condorcet

Pierre	J N A	J N A
François	N A J	N A J
Michel	A J N	A N J

Intransitivité

Dans le premier cas, si l'on met Jacques et Nicolas en compétition, Jacques est élu car il obtient les votes de Pierre et de Michel : J est préféré à N. Si l'on met maintenant face à face Alain et Nicolas, ce dernier l'emporte : N est préféré à A. Finissons par Jacques et Alain. Alain obtient la majorité : A est préféré à J. L'ordre est alors J > N, N > A. Si le vote majoritaire conduisait à des choix rationnels, on observerait la préférence J > A ; or, A est préféré à J (A > J). Avec un autre ordre de préférence (colonne de droite), le choix est cohérent. Mais la probabilité d'observer une incohérence des choix augmente avec le nombre d'alternatives.

Manipulation de l'agenda

Si le vote se déroule ainsi, en mettant en compétition deux à deux les candidats, il existe une possibilité considérable de manipuler l'agenda. Admettons que celui qui décide de l'agenda soit Pierre, qui veut faire passer son candidat préféré. Il va d'abord opposer Nicolas et Alain, et Nicolas l'emportera. Restent Jacques et Nicolas : Jacques est alors préféré à Nicolas. Si le choix de l'agenda avait été imparti à François, il aurait d'abord mis en compétition Jacques et Nicolas, puis, Jacques l'ayant emporté, il aurait mis ce dernier en compétition avec Alain qui, à son tour, serait sorti vainqueur. Dans ce cas, on n'observe plus les inconvénients précédemment énoncés, mais la possibilité de voir apparaître ce paradoxe augmente avec le nombre de votants et d'alternatives.

Non-indépendance des alternatives

Revenons au tableau précédent. Si Jacques est préféré à Nicolas à la majorité et l'emporte, le retrait de Nicolas fait gagner Alain ! Cet inconvénient n'est pas propre à cette procédure de vote. Prenons la méthode Borda avec cinq votants et toujours trois alternatives :

Méthode Borda

Martine	J N A
Arlette	J N A
Pierre	J N A
François	N A J
Michel	N A J

La méthode de Borda consiste à mettre des points aux candidats dans l'ordre des préférences des votants. Ainsi on met 2 points à ceux qui arrivent en tête au vote majoritaire, 1 point à ceux qui arrivent en deuxième et 0 point aux derniers. Jacques, qui arrive en tête trois fois, obtient 6 points ; Nicolas, qui arrive en tête deux fois et trois fois en deuxième, obtient 7 points ; Alain, qui n'arrive jamais en tête mais deux fois en deuxième, obtient 2 points. C'est Nicolas qui est élu. Maintenant Alain renonce à se présenter au suffrage des électeurs, Jacques obtient 6 points et Nicolas seulement 2 points. Jacques est élu.

Ce que l'on a retenu de ce paradoxe, et qui est sans doute le plus important, c'est qu'il est impossible, avec un processus de décision majoritaire, de construire à partir des préférences individuelles ordonnées et cohérentes une préférence « collective » ordonnée et cohérente. Il n'y a pas de rationalité collective propre que l'on puisse dériver à partir des préférences des individus participant au processus de décision collective. On peut critiquer, avec le prix Nobel James Buchanan[1], l'idée même de rechercher une quelconque rationalité dans une décision collective. On n'exige pas d'un groupe qui prend une décision collective de se comporter comme s'il était un individu. Seuls les individus ont un comportement rationnel. Eux seuls ont des préférences ordonnées et cohérentes. Pourquoi voudrait-on qu'un groupe qui n'a pas d'existence en tant que tel ait un comportement rationnel ? La rationalité ou l'irrationalité comme attribut d'un groupe présupposent l'organicisme, c'est-à-dire l'existence du groupe de manière séparée de celles des individus qui le composent. On retrouve la notion de « raison » d'État.

Abordons maintenant le comportement de l'homme politique. Ce dernier, lui aussi, est rationnel et cherche à maximiser son utilité en faisant de la politique.

LA POURSUITE DES VOTES PAR LE « POLITICIEN GÉRANT »

La poursuite des votes est à l'homme politique ce que la poursuite du profit est à l'entrepreneur. Il n'est pas interdit à un homme politique d'avoir d'autres objectifs : il peut être charitable, rechercher la renommée, la richesse, le pouvoir, voire l'intérêt public. Mais, dans le domaine politique, sa survie est liée à sa capacité à être élu et réélu. Si un élu refuse, pour des raisons morales, de supporter un programme politique ou économique qui a la faveur des électeurs, il risque d'être remplacé par un concurrent dépourvu de telles préventions ou qui attache plus d'importance aux votes des électeurs qu'à la morale ou à

---

1 Buchanan J. 1954, « Social choice, democracy, and free markets », *The Journal of Political Economy*, vol. 62, Issue 2, April, pp. 114-123

l'efficacité économique. Cette course aux votes explique certaines caractéristiques du système démocratique.

Les élus cherchent à adopter des politiques qui permettent de contrôler les électeurs

Très souvent, un député a la possibilité directe de modifier son électorat en contrôlant à la marge les habitants de sa circonscription (par exemple, avec l'attribution de permis de construire, de licences aux entrepreneurs ou aux commerçants, ou de logements HLM…) et en manipulant les contours de sa circonscription (la possibilité de contrôler à la marge l'entrée des habitants sur un territoire donné lui permet en effet de transformer son électorat). Ainsi, déclarer insalubres des quartiers entiers et donner un permis de construire pour des immeubles de haut standing est une manière de modifier, à plus ou moins long terme, un électorat, car les futurs habitants de ces appartements luxueux ne voteront pas à gauche. À l'inverse, taxer fortement les propriétaires pour les chasser de la commune et construire des HLM dans lesquels s'installent des pauvres pourvus du droit de vote est aussi un moyen de fabriquer et de préserver un électorat. Cela explique l'exceptionnelle longévité du mandat des hommes politiques.

Les hommes politiques avantagent les groupes de pression particuliers

L'une des caractéristiques du système démocratique, par opposition au marché, réside dans le fait que le divorce entre ceux qui reçoivent des bénéfices et ceux qui paient est une règle au lieu d'être l'exception. Il est d'ailleurs amusant de voir des économistes parler, en présence d'externalités, de faillite du marché, sous prétexte que ceux qui bénéficient d'une action n'en supportent pas les coûts, et proposer simultanément comme remède l'intervention de l'État, une institution telle que ceux qui bénéficient d'une action coercitive n'en supportent pas pleinement le coût. L'État est, par définition, créateur d'externalités négatives. Externalités négatives qui devraient être compensées par la production de biens dits « publics », si de tels biens existent.

En effet, les bénéfices d'une action politique peuvent être concentrés sur un petit groupe d'individus et les coûts être répartis sur un grand nombre d'électeurs. À l'inverse, les bénéfices peuvent être dispersés sur un grand nombre de gens et les coûts supportés par quelques-uns. Ainsi, une redistribution de revenus ou un tarif douanier profitent normalement à des groupes concentrés, et les coûts sont pris en charge par un grand nombre d'individus. Représentons, dans le tableau suivant, toutes les situations possibles :

	Les bénéfices	
Les coûts	Concentrés	Dispersés
Concentrés	3	4
Dispersés	2	1

La zone 1 représente une dispersion à la fois des coûts et des gains. La zone 2 suggère une concentration des gains, mais une dispersion des coûts. La zone 3 montre que les bénéfices et les gains sont concentrés, pas nécessairement d'ailleurs sur les mêmes personnes. Enfin, la zone 4 fait apparaître des coûts concentrés et des gains dispersés.

Normalement, la production de biens publics ou collectifs tombe dans la zone 1 : tout le monde bénéficie et tout le monde paie. Lorsque les coûts et les bénéfices sont concentrés (zone 3), il est possible d'avoir des actions productives si les coûts et les gains sont concentrés sur les mêmes personnes. Ainsi, la production de phares pour les bateaux, d'un pont ou d'une autoroute concerne un petit nombre d'individus — les armateurs, les automobilistes et les transporteurs routiers — qui bénéficient de ce bien produit par l'État. Si les armateurs, les automobilistes et les transporteurs routiers supportent les coûts, la démocratie simule en plus coûteux le mécanisme de marché puisque le mode de financement, au lieu d'être volontaire et direct par le système de prix, devient coercitif et indirect par l'impôt.

Malheureusement, l'intérêt d'un élu n'est justement pas de produire des activités qui entreraient dans les zones 2 et 4. Son intérêt consiste à concentrer les bénéfices de son action sur un groupe d'individus et d'en disperser les coûts sur la multitude des autres. Il choisit toujours la zone 3. C'est la règle d'or de l'homme politique. Y déroger coûte cher en termes de votes perdus. L'intérêt de l'élu est de rechercher les votes des individus concernés par une mesure politique quelconque favorisant leurs intérêts privés et de leur offrir d'en disperser les coûts sur un grand nombre de personnes, en faisant passer cet intérêt privé pour un intérêt public. Servir les intérêts d'un public très large et peu intéressé ne rapporte pas de votes supplémentaires. L'homme politique doit, s'il veut survivre, servir les intérêts privés de groupes désireux d'user de la contrainte publique à leur avantage, ce qui lui permet, par ailleurs, de générer des fonds destinés au financement de sa campagne électorale.

De telles actions sont néfastes pour l'ensemble de la collectivité. Ainsi, payer certains produits agricoles au-dessus du prix du marché en subventionnant le paysan pour qu'il produise moins revient à réduire la production, élever le prix et augmenter l'impôt ! Or, le Parlement poursuit sans relâche une telle politique. La raison en est que ce programme redistribue des sommes considérables à un petit groupe, les paysans. Le consommateur et le contribuable paient en effet une somme si modeste, par exemple 10 euros par an, qu'ils ne vont pas dépenser du temps et de l'argent à vérifier la destination de cette somme et la productivité de son utilisation. En revanche, ces 10 euros, multipliés par les 20 000 000 personnes qui travaillent, donnent 200 000 000 euros, redistribués à un petit groupe d'agriculteurs, qui, dès lors, ont intérêt à se manifester et, au besoin, à payer un homme politique pour assurer cette redistribution. Ce qui est valable pour les agriculteurs l'est pour tous les groupes de pression particuliers qui peuvent, au nom de l'intérêt public, concentrer les bénéfices et disperser les coûts.

Les hommes politiques limitent leur horizon aux échéances électorales

Il existe un autre facteur déterminant : les échéances électorales. Celles-ci impliquent l'adoption de politiques qui améliorent l'image de ceux qui sont au pouvoir, même s'il existe un risque qu'elles aient des effets négatifs après les élections. Stratégiquement, il est bon de procurer des bénéfices à l'électeur avant les élections, tout en lui en faisant supporter le coût après. Cet « effet calendrier » introduit aussi des cycles dans l'économie et la déstabilise lorsque le gouvernement en place cherche à manipuler les indices de popularité, puisque le succès aux élections d'un parti politique dépend de la popularité d'un gouvernement et que celle-ci dépend pour une moitié des variations dans les performances économiques du moment et pour l'autre moitié des variations dans les performances politiques proprement dites. Il est alors tentant pour un gouvernement de manipuler la politique économique comme les coups politiques pour augmenter sa popularité au moment des élections. Il n'est pas toujours facile d'augmenter sa popularité en faisant des guerres (la fameuse guerre des Malouines est un contre-exemple), aussi est-il prudent pour un homme politique de pratiquer une politique de réduction artificielle du chômage 12 mois avant les élections par des dépenses publiques et des réductions d'impôts, quitte, après un tel déficit, à pratiquer au début de l'autre législature une politique de réduction des déficits par un accroissement de l'impôt. Cette manipulation engendre des cycles de politique économique, le fameux *stop and go* du parti travailliste anglais dans les années 1960 à 1980.

Il n'est pas non plus question de mettre en œuvre des politiques qui concentrent avant les élections des coûts dont les bénéfices ne viendront qu'après : en cas de défaite, les bienfaits de ces mesures seraient captés par les adversaires politiques. Les gouvernants préfèrent donc des politiques susceptibles de rapporter des bénéfices immédiats, même au prix de coûts futurs bien plus élevés que ces bénéfices, et renoncent à des coûts immédiats, même si les bénéfices futurs peuvent être très élevés. Telle est la différence entre le marché et la démocratie politique : l'entrepreneur privé peut, en effet, immédiatement capitaliser la valeur de ses investissements, en empruntant ou en les vendant tout de suite.

La distribution des préférences des électeurs le long d'un axe droite-gauche détermine fondamentalement la vie politique d'une nation

Revenons à notre électeur médian et essayons de comprendre la vie politique d'une nation. Cela nécessite de comprendre la dynamique de la distribution des préférences des électeurs selon un axe politique :

gauche-droite. Les électeurs français se plaignent de leurs élus, vont de moins en moins voter, se radicalisent et rejettent en bloc la classe politique, de droite comme de gauche, dans un discrédit général. Même les hommes politiques y vont de leur couplet en demandant un changement de régime politique. En fait, ni les hommes politiques ni les électeurs ne semblent comprendre les contraintes du système institutionnel dans lequel ils sont enfermés quand ils adoptent et continuent à prôner le principe d'une démocratie majoritaire.

On doit à H. Hotelling[1] et A. Downs[2] une analyse économique de la démocratie qui nous permet, par exemple, de comprendre et prédire le « non » des Français au référendum de mai 2005 sur la constitution européenne comme les difficultés que l'on peut escompter pour les présidentielles de 2007, déjà prévisibles en 1995 et en partie expérimentées en 2002. Rien de cela n'est mystérieux une fois comprise la théorie économique de la démocratie.

Distribution des préférences selon un axe droite-gauche

Prenons le niveau de redistribution des revenus dans la collectivité et supposons que l'on puisse classer les électeurs en fonction de leur préférence unimodale sur cet axe, où le mot gauche signifie beaucoup de redistribution et le mot droite peu de redistribution. On pourrait prendre un autre critère sans changer le raisonnement. Par exemple le budget de la Défense nationale, qui varie de 0 % à 10 % du PNB, ou bien le degré d'intervention de l'État dans la vie économique et sociale avec, à gauche, un contrôle étatique absolu et, à droite, un « laisserfaire » total. Nous adoptons le thème de la redistribution parce qu'elle permet un classement non ambigu des préférences des électeurs. Les hommes politiques doivent alors se positionner en fonction des préférences partisanes des électeurs. Reportons-nous au graphique suivant :

---

1   Hotelling H. 1929, « Stability in competition », *The Economic Journal*, XXXIX, pp. 41-57
2   Downs A. 1957, *An Economic Theory of Democracy*, New York, Harper and Row

L'axe des abscisses représente l'axe des idéaux gauche-droite en matière de redistribution des revenus. Pour simplifier, on imagine dans un premier temps, à la manière de Hotelling, que les électeurs se répartissent uniformément le long de cet axe. Il y a un électeur sur chaque point de l'axe droite-gauche. Prenons aussi deux partis politiques en compétition : le parti bleu et le parti rouge. On ne vote que sur une seule dimension. Il n'y a pas d'abstention. Les partis peuvent se localiser en un point quelconque sur l'axe des préférences droite-gauche sans coût. Si le parti bleu s'installe à l'une des extrémités à droite, visant un montant très faible de redistribution du revenu, aussitôt le parti rouge vient s'installer à côté de lui et emporte les élections puisqu'il est moins extrême que l'autre. On peut imaginer que les deux partis cherchent à se partager les électeurs. Imaginons que le parti rouge s'installe à proximité des préférences des électeurs de gauche et le parti bleu de celui des électeurs de droite.

Chaque parti obtient les votes sur sa gauche ou sur sa droite et se dispute les électeurs sur sa droite ou sa gauche. Si le parti de droite se déplace vers le centre sans perdre les votes sur sa droite, il emporte les élections. Comme le parti rouge désire gouverner, il n'a pas d'autre choix que de déplacer son programme politique vers l'électeur situé au centre. Si le parti bleu s'installe auprès de l'électeur médian, le parti rouge n'a donc qu'un endroit où se situer : juste à côté du parti bleu, c'est-à-dire au milieu. C'est ce que la figure suivante représente.

L'électeur qui impose ses préférences est celui qui se situe au milieu de l'axe. Comme les deux partis politiques proposent des programmes de redistribution qui satisfont les préférences des électeurs, le montant de la redistribution, quel que soit le parti au pouvoir, sera le même : celui correspondant aux préférences unimodales de l'électeur médian. Le parti qui va l'emporter l'emportera sur des critères qui n'ont rien à voir avec les programmes de gouvernement proposés par chaque parti puisqu'ils se ressemblent. D'où les complaintes des électeurs qui ne comprennent pas comment fonctionne le système politique dans lequel ils sont impliqués. Pour les plus rationnels d'entre eux, ils s'abstiennent de voter.

Il va sans dire que cette approche est fruste, même si elle explique fort bien la ressemblance de plus en plus grande des programmes des partis politiques qui désirent gouverner. Deux hypothèses peuvent nuancer ce résultat :

1. La distribution des préférences des électeurs n'est pas uniforme.
2. Le scrutin électoral est à la proportionnelle ou à la majorité à un ou deux tours.

Revenons sur ces hypothèses.

Le fait de se localiser à l'extrême droite marque idéologiquement les hommes politiques qui se sont positionnés sur ce segment de clientèle. Il leur est alors difficile de se déplacer vers le centre. La marque idéologique rend immobile le parti. La configuration que nous avons adoptée laisse à d'autres partis la possibilité de représenter les électeurs éloignés de l'électeur médian. Le parti bleu, qui sera le parti centriste de droite, et le parti rouge, qui sera le parti centriste de gauche, ne seront pas nécessairement les seuls. Dans un régime électoral représentatif à la proportionnelle, chaque électeur ou groupe d'électeurs essaie d'envoyer au Parlement des représentants. Le nombre de partis politiques dépend alors de la distribution des préférences des électeurs. Dans le cas représenté dans la figure, il y aura autant de partis qu'il y a d'individus distribués uniformément le long de l'axe. Une fois le parti localisé sur cet axe, son image de marque est faite et il lui est difficile d'en changer. Ce n'est pas son rôle, puisque, normalement, les hommes politiques d'extrême droite ou d'extrême gauche sont des délégués d'un segment des électeurs. Ils sont payés pour les représenter. Dans une telle configuration, très naturellement, les partis centristes font la loi.

Disparition des partis centristes avec un mode de scrutin majoritaire à un ou deux tours

Imaginons qu'un tel parti décide de s'installer au milieu de l'axe des préférences politiques, point C. Il va dans un premier temps capter une fraction de la clientèle sur son aile droite (distance CA') et sur son aile gauche (distance CB') en proposant un programme politique et une redistribution des revenus qui donnent satisfaction aux individus localisés au centre de l'axe « droite-gauche ». Ce parti centriste (pensez aux radicaux-socialistes ou au MRP respectivement de la IIIe et de la IVe République) ne saurait survivre dans un système électoral dans lequel la représentation n'est pas proportionnelle. Dans un scrutin majoritaire, pour accéder au pouvoir, c'est-à-dire gouverner, il faut emporter l'adhésion de l'électeur médian. Les partis non centristes, à droite comme à gauche, vont donc déplacer leur programme politique pour capter les préférences de l'électeur médian. Il suffit en effet aux partis extrêmes de rapprocher leurs propositions, et la redistribution des revenus qui va avec, des électeurs centristes pour s'approprier une grande partie de la clientèle des partis centristes. Reportons-nous à la figure suivante :

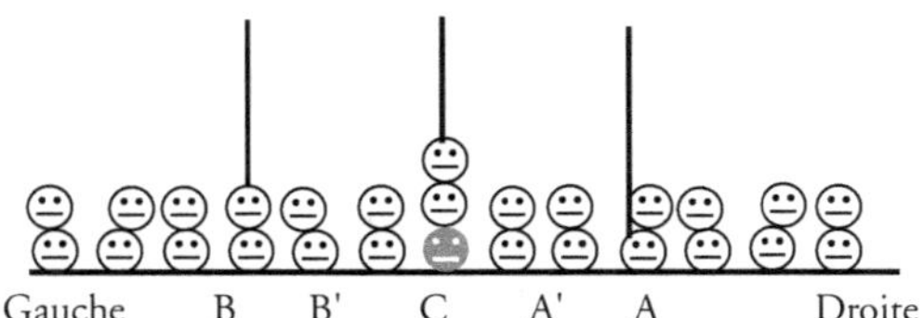

Nous supposons, pour simplifier, une répartition uniforme des préférences et nous prenons trois partis politiques A, B et C. Le parti bleu s'installe au centre et capte les votes entre A et B, tandis que les deux autres partis captent les votes aux extrêmes. Avec un scrutin proportionnel, on les verrait se localiser sur l'axe droite-gauche de la façon représentée sur la figure ci-dessus. Le parti centriste gouverne.

Avec un scrutin majoritaire, il en va autrement. Lorsque le parti A déplace son idéologie en A', il conserve son électorat entre A et A' tant qu'aucun parti dissident, ne cherchant pas à gouverner, ne décide de s'installer entre A' et l'extrême droite : le parti A capture une fraction de l'électorat centriste en direction de C. Même chose pour B lorsque celui-ci se déplace en direction de B'. La base électorale du parti centriste se réduit au segment B'A' au lieu d'AB. L'expérience montre que, dans des régimes à scrutin majoritaire, les partis centristes disparaissent au sein des autres partis de droite ou de gauche. L'UDF de François Bayrou est le dernier exemple d'un parti centriste victime de cette loi et qui n'a pas encore été absorbé entièrement par le grand parti de droite qu'est l'UMP. À gauche, depuis longtemps, les partis centristes ont été absorbés par le parti socialiste (souvenons-nous des radicaux de gauche). Cela illustre l'importance du mode d'élection, à scrutin proportionnel ou majoritaire.

Une des raisons fondamentales pour lesquelles l'État d'Israël a du mal à faire la paix réside justement dans son mode de scrutin proportionnel. C'est ce que les Français ont vécu avec la IVe République. Les hommes politiques de l'époque étaient dans l'incapacité d'avoir un gouvernement s'appuyant sur une forte majorité pour se séparer des colonies sans heurt ni violence.

La forme et l'évolution de la distribution des préférences des électeurs façonnent la vie politique d'un pays

Nous avons fait une hypothèse très forte et irréaliste en imaginant que la répartition des préférences était uniforme. Abandonnons cette hypothèse. Supposons que les préférences des électeurs sont distribuées selon une loi statistique normale. Le mode, la moyenne et la médiane sont confondus sur l'axe gauche-droite, comme dans la figure suivante.

Dans une telle constellation des préférences, deux grands partis vont émerger et se situer près de l'électeur médian. Comme ils sont contraints de capturer l'électeur médian, ils vont poursuivre des programmes politiques similaires qui, en s'étendant un peu sur la droite comme sur la gauche, vont satisfaire la grande majorité des électeurs. La démocratie est politiquement stable et consensuelle. Ce sont les États-Unis, l'Allemagne ou la Grande–Bretagne, où deux grands partis dominent et mènent la plupart du temps des politiques économiques ou sociales identiques.

Au lieu d'une loi normale, prenons une distribution des préférences biaisée à « droite » (le mode est inférieur à la médiane et celle-ci est inférieure à la moyenne) comme dans la figure suivante.

À gauche, il y a un grand nombre d'électeurs qui partagent les mêmes préférences. La localisation de l'électeur médian est telle que c'est le parti vert qui prend le pouvoir car l'électeur médian se situe beaucoup plus à gauche désormais. Le pouvoir passe dans les mains d'autres hommes politiques et électeurs, situés idéologiquement plus à gauche.

Il est alors difficile aux partis centristes de s'adapter à cause de l'immobilité idéologique, mais, avec le temps, si les hommes politiques des partis centristes avaient l'habitude de gouverner, ils vont malgré tout modifier leur image de marque et déplacer leur idéologie vers l'électeur médian situé à gauche. C'est le parcours de François Mitterrand. Cette concentration des préférences à gauche diminue le nombre de partis et donne un poids important au parti qui a le plus d'électeurs. Nous avons l'exemple des démocraties nordiques : Suède, Norvège, Islande, Finlande, Danemark. La stabilité politique est assurée par un grand parti dominant de « gauche » et un consensus élevé. On peut inverser le sens de la distribution et observer un biais à gauche (le mode est supérieur à la médiane et la médiane est supérieure à la moyenne), le résultat sera identique, sauf que le parti dominant sera de droite au lieu d'être de gauche.

Lorsque la distribution des préférences est unimodale, les programmes politiques révèlent un fort consensus dans la population des électeurs, et le nombre de partis dominants est faible. C'est ce qui assure la stabilité politique.

Il n'en va pas du tout ainsi lorsque la distribution des préférences est multimodale. Nous avons alors un système de partis multiples, un faible consensus dans la population et une instabilité politique fondamentale. Prenons la figure suivante.

Nous avons sept partis politiques répartis quasi uniformément le long de l'axe des préférences politiques gauche-droite. Chaque parti attire le même nombre d'électeurs. La distribution des préférences est dite multimodale.

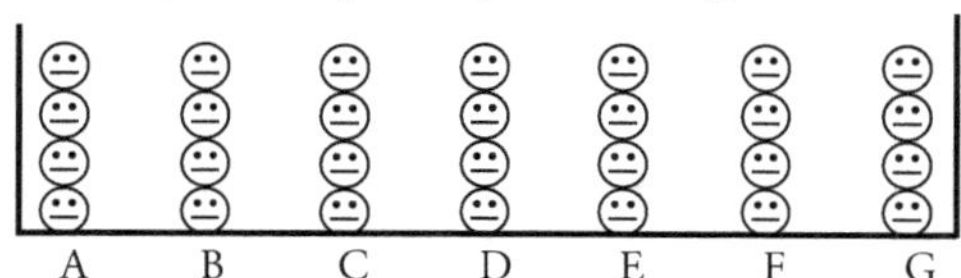

Supposons que les partis C et E cherchent à gouverner. Ils sont face à la situation suivante. S'ils rapprochent leur programme du parti centriste pour lui prendre des votes, ils vont gagner des votes sur leur droite ou sur leur gauche, mais ils risquent de perdre une fraction de leurs électeurs, qui se reporteront respectivement sur leur gauche et sur leur droite. Ils ne sont donc pas incités à rapprocher leur idéologie de l'électeur médian, aussi vont-ils former une coalition avec d'autres partis pour emporter les élections. Mais alors, la coalition, pour être stable, doit offrir un programme qui couvre un spectre plus large des opinions politiques. En effet, pour gouverner, la coalition des partis de gauche B et C doit se rapprocher du centre et en même temps offrir un programme qui n'amène pas les électeurs du parti B à se reporter sur le parti A qui est à l'extrémité. Ce qui vaut à gauche vaut à droite. Mais en offrant des politiques économiques et sociales qui donnent satisfaction à des électeurs situés en B, on crée une tension dans le pays car une majorité d'électeurs s'y opposent : tous ceux situés à droite de B. Si la coalition n'offre pas ce large spectre de politique, elle perd les élections car les électeurs de B reportent leurs votes sur le parti A.

Cette distribution n'est sans doute pas stable. Ou bien elle tend vers une distribution unimodale et normale (biaisée à droite ou à gauche), les électeurs des extrêmes A (ou G) se ralliant au mouvement des partis B et C (ou E et F) vers le centre, ou, au contraire, elle tend vers une distribution bimodale, où les partis dominants deviennent les partis extrêmes comme le suggère la figure suivante.

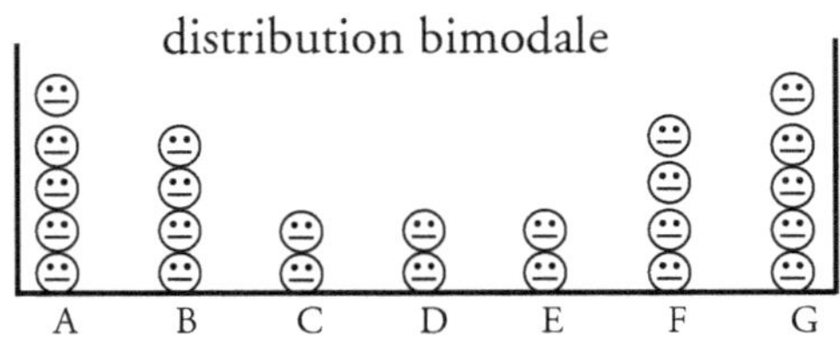

Certains électeurs des partis de gouvernement s'abstiennent de voter, d'autres se reportent sur les extrêmes. Les électeurs sur les extrêmes deviennent plus nombreux que ceux qui votent au centre ou à proximité.

Avec une distribution bimodale, on s'attend à deux grands partis aux extrêmes mais aussi à une instabilité de la vie politique car ils sont idéologiquement opposés sur le thème de la redistribution. Cette situation est jugée par A. Downs comme prérévolutionnaire, car aucun gouvernement ne peut plaire à une majorité d'électeurs.

L'exemple de la France et le non au référendum de mai 2005

Ce modèle spatial de la vie politique permet de rendre compte de la situation française et des difficultés rencontrées à droite comme à gauche par les partis de gouvernement. Bien qu'il soit difficile de représenter les idéaux politiques sur un seul axe gauche-droite, on peut, à la lecture des résultats du premier tour des élections présidentielles, dessiner la distribution des préférences des électeurs en France, son évolution de 1974 à 2002, et son prolongement prévisible pour 2007, toutes choses égales par ailleurs.

Partons de la distribution des préférences telle que les votes au premier tour des élections présidentielles de 1974 la révèle. À partir de cette distribution, nous allons pouvoir comprendre l'évolution de la vie politique française de cette période à nos jours et tenter quelques prédictions pour les présidentielles de 2007.

En 1974 la distribution des préférences des électeurs se présente comme suit :

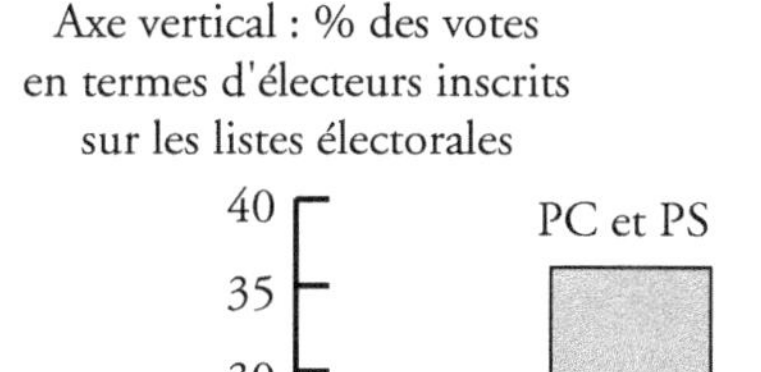

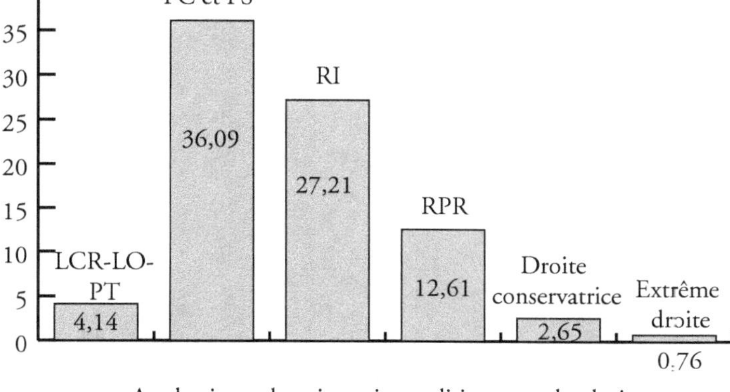

Élections présidentielles de 1974[1]

En 1974 la distribution des préférences est unimodale et biaisée à droite (le mode est inférieur à la moyenne). On s'attendait à ce que François Mitterrand, candidat de la coalition Parti communiste et Parti socialiste, ne l'emporte pas sur le candidat de droite Valéry Giscard d'Estaing à la tête du Parti républicain indépendant puisque les voix de gauche ne dominaient pas les voix de droite. Au premier tour des élections, la droite détient 43,23 % des votes des électeurs inscrits alors que la gauche ne totalise que 40,23 % des votes. Valéry Giscard d'Estaing l'emporte effectivement au second tour mais avec une faible marge, 43,78 % des électeurs inscrits contre 42,39 % pour François Mitterrand.

On comprend mieux alors le septennat de VGE. Il fait face à une distribution des préférences politiques biaisée à droite avec un mode

---

1   LCR-LO-PT : Ligue communiste révolutionnaire, Lutte ouvrière et Parti des travailleurs — PC : Parti communiste — PS : Parti socialiste — RI : Républicains indépendants — RPR : Rassemblement pour la République

dominant à gauche qui est celui de la coalition entre le Parti communiste et le Parti socialiste. L'électeur médian est jugé alors comme étant à gauche, proche de cette coalition. La politique de VGE consistera donc à séduire l'électorat de gauche pour gagner les élections présidentielles de 1981. Mais, dans un système multiparti, déplacer le programme de gouvernement vers la gauche pour saisir un hypothétique électeur médian que l'on suppose situé plus proche du PS que des RI veut dire que l'on espère capter plus d'électeurs à gauche que l'on en perdra à droite. C'est l'expérience de 1981. La distribution des préférences des électeurs en 1981 a la forme suivante :

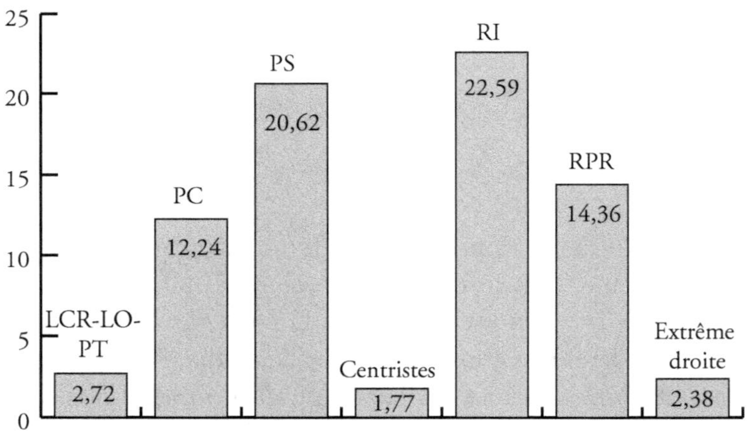

Élections présidentielles de 1981

Cette fois, la distribution, toujours unimodale, est biaisée à gauche avec le mode le plus élevé sur la droite. En sept ans, VGE a perdu des votes dans son propre parti tandis que les partis sur sa droite en ont gagné, comme la théorie le prédit. En revanche, il n'en a pas gagné sur sa gauche. En effet les partis de gauche totalisent moins de votes qu'en 1974 puisqu'ils passent de 40,23 % des votes à 35,38 %, ce qui sans doute résulte de la montée de l'abstention. Mais les partis de droite ne profitent pas de cette désaffection de l'électorat de gauche pour leur propre parti puisqu'ils ne totalisent que 39,33 % des votes, moins qu'en 1974. La gauche totalise, elle, 37,35 % des votes des électeurs inscrits (le parti centriste de l'époque est situé à gauche). Finalement François Mitterrand l'emporte avec une faible marge au second tour, avec 43,16 % des votes contre 40,23 % à VGE. Mitterrand profite de la participation accrue des électeurs au second tour.

Seulement, François Mitterrand se trouve devant un dilemme. Il doit gouverner avec une distribution unimodale des préférences biaisée à gauche (toujours au sens statistique) avec le mode le plus élevé sur la droite. Paradoxalement, cette fois, l'électeur médian est sans doute situé à droite. Par ailleurs, Mitterrand doit satisfaire les préférences de sa coalition et donc appliquer un programme fort éloigné de l'électeur médian sur sa gauche. Il risque alors de faire éclater rapidement cette coalition en perdant des votes sur sa gauche pour saisir sur sa droite le vote de l'électeur médian. C'est ce que VGE a expérimenté dans son précédent septennat. Comment faire pour gagner les prochaines élections présidentielles avec une telle configuration des préférences politiques ? Rétrospectivement on s'aperçoit que François Mitterrand a réalisé un tour de force exceptionnel en modifiant la distribution des préférences par l'installation d'une extrême droite puissante sur le flanc droit des partis de droite RI et Gaullistes. Il l'a fait en offrant une tribune médiatique au populiste de droite qu'est Jean-Marie Le Pen et en le stigmatisant par le « politiquement correct » pour empêcher toute possibilité de coalition entre l'extrême droite et la droite conservatrice. D'autre part, il a instauré une dose de proportionnelle en 1986 pour pousser le parti d'extrême droite à faire cavalier seul. De 0,76 % des votes en 1974, l'extrême droite passe à 11,88 % à la présidentielle de 1988. Les partis conservateurs de droite RI ou UDF et gaullistes se trouvent alors privés, du fait de la stigmatisation, d'un déplacement de leur plate-forme politique vers la droite. Ils doivent chercher des votes vers la gauche puisqu'ils sont privés, ou croient l'être, de toute alliance avec l'extrême droite. Cette manipulation est couronnée de succès en 1988.

La distribution des préférences au premier tour des élections présidentielles de 1988 se présente comme suit :

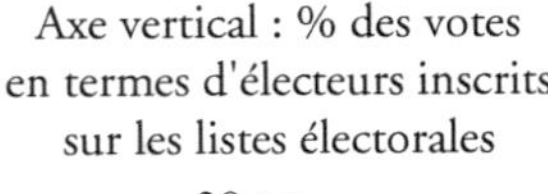

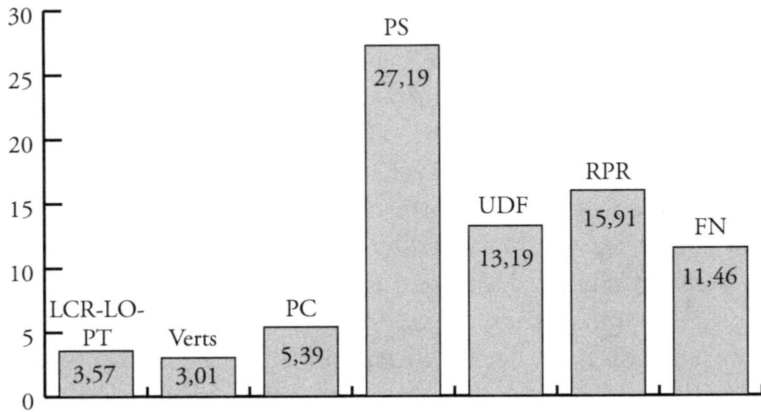

Élections présidentielles de 1988[1]

La stratégie conçue par Mitterrand a bien fonctionné : la coalition UDF-RPR n'a pas totalisé assez de voix au deuxième tour. François Mitterrand a gagné avec 43,76 % de voix des électeurs inscrits tandis que Jacques Chirac n'en obtenait que 37,25 %. Au moment des élections présidentielles de 1988, le Parlement était dominé par les partis de droite, suite à leur victoire aux élections parlementaires de 1986. Jacques Chirac était alors le Premier ministre du président socialiste François Mitterrand pendant ce qu'on a appelé la première cohabitation (1986-1988). Mais la victoire des partis de droite aux élections législatives de 1986 s'est avérée être une victoire à la Pyrrhus, car Jacques Chirac a échoué aux élections présidentielles de 1988 alors que les résultats des élections parlementaires de 1986 prouvaient que l'électeur médian était de plus en plus à droite. La distribution des préférences prend une forme plus irrégulière. Le parti qui capte le plus de votes est le PS, situé au centre gauche ; en revanche, l'électeur médian est à droite et les partis conservateurs de droite deviennent multimodaux.

---

1   FN : Front national — UDF : Union pour la démocratie française

Devant une telle distribution, le parti socialiste n'a pas d'autre choix que de décaler son idéologie vers la droite. Mais, en procédant ainsi, il perd plus de votes sur sa gauche qu'il n'en gagne sur sa droite, comme le prédit toujours la théorie. Les résultats des élections parlementaires de 1993 le confirment. On assiste à une grande défaite du Parti socialiste. Une deuxième cohabitation commence en 1993 avec Édouard Balladur (qui appartient au RPR) comme Premier ministre du président socialiste François Mitterrand. Cette cohabitation se termine avec l'élection présidentielle de 1995, dont les résultats au premier tour décrivent une nouvelle distribution des préférences des électeurs. La figure suivante présente cette nouvelle distribution.

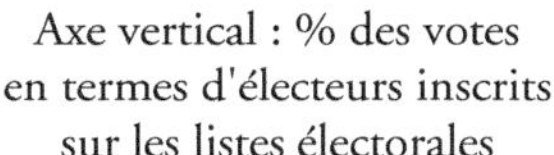

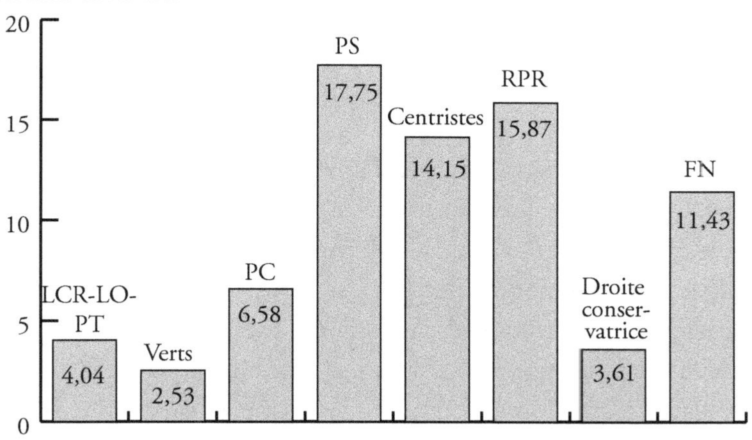

Élections présidentielles de 1995[1]

La tendance de 1988 se prolonge. La distribution devient de plus en plus multimodale, avec des partis qui tendent à s'égaliser les uns avec les autres. Aucun candidat n'est capable de dépasser 18 % des ins-

---

1   FN-MNR : Front national et Mouvement national républicain — Centristes : partisans d'Édouard Balladur — Droite conservatrice : partisans de Philippe de Villiers

crits. Jacques Chirac, avec 39,43 % des votes, gagne les élections présidentielles de 1995, Lionel Jospin n'obtenant que 35,47 %. C'est la première fois dans la Ve République, depuis 1958, que les deux candidats qui arrivent en tête obtiennent moins de 40 % des votes des électeurs inscrits. Jean-Dominique Lafay[1] suggère alors que le « marché politique » français devient de plus en plus atomistique, et que, dans une telle configuration, n'importe quel candidat pourrait gagner les élections. Avec une distribution multimodale des préférences, avec des factions politiques d'égale force, aucun parti n'est incité à déplacer son idéologie vers le centre. Ce problème est accentué par le fait que, si un parti dépasse 5 % des suffrages exprimés, il peut bénéficier du financement public et du remboursement de ses frais de campagne par le contribuable. Ce privilège n'incite pas les partis qui ne désirent pas nécessairement gouverner à former des coalitions avec d'autres, car les hommes politiques peuvent obtenir plus de pouvoir personnel à la tête d'un petit parti qu'au sein d'une plus grande coalition.

Après la dissolution ratée de 1997, une nouvelle cohabitation voit le jour. Cette fois le Premier ministre est un homme de gauche, Lionel Jospin, et le président de la République un homme de droite. Le Parti socialiste, pour gagner les élections, se trouve contraint de déplacer son idéologie vers l'électeur médian, qui est toujours à droite. Mais, dans une telle configuration, nous y sommes habitués, on perd plus de voix sur sa gauche que l'on en gagne sur sa droite. C'est ce que démontre le premier tour des élections présidentielles de 2002.

---

1   Lafay J. D. 1994, «Faut-il supprimer l'élection du président de la République au suffrage universel ? Parfaitement adapté à une concurrence bipartisane, le mode d'élection actuel pose problème lorsque le marché politique devient trop « atomistique », *Le Figaro*, pages Cheminement du futur, 29 décembre 1994

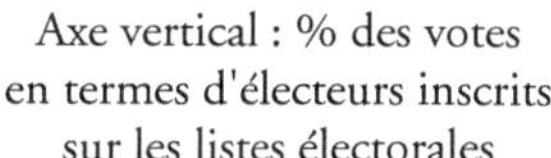

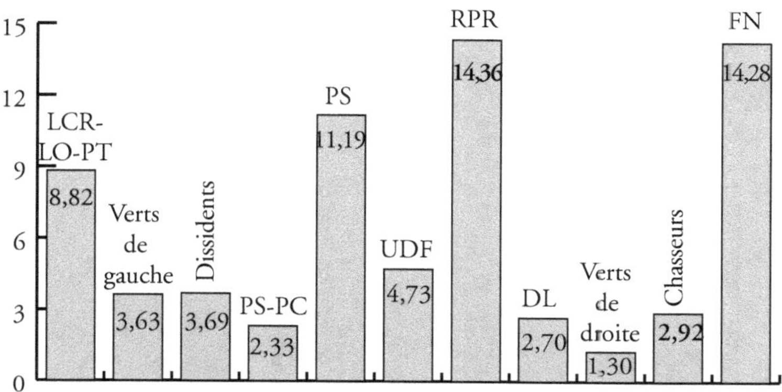

Élections présidentielles de 2002[1]

L'aspect multimodal de la distribution est encore plus accentué et aucun candidat ne dépasse 14,5 % des électeurs inscrits ! Le poids des extrêmes vaut cette fois quasiment autant que celui des partis de gouvernement. Le pourcentage de votes obtenu par le Parti socialiste, l'UDF, DL, les Verts de droite et le RPR est de 34,99 % des votes. Tandis que les partis extrêmes, LCR-LO-PT, les Verts de gauche, le PC, le FN-MNR et les Chasseurs totalisent 33,34 % des votes !

L'évolution et le renforcement des extrêmes ne sont que l'illustration du fonctionnement du modèle. On est frappé aussi par le fait que les partis les plus importants représentent à peine un Français sur six, lorsque l'on rapporte le nombre de voix qu'ils obtiennent aux élections au nombre d'inscrits sur les listes électorales. Les hommes politiques ne représentent qu'eux-mêmes. La montée de l'abstention et des votes blancs ou nuls explique aussi la montée des extrêmes. L'insatisfaction croissante des citoyens devant la classe politique française peut se mesurer par le poids des votes des partis au centre (UMP, UDF et PS) par rapport aux partis situés aux extrêmes (extrême gauche et extrême

1   Verts de droite : partisans de Corinne Lepage — DL : Démocratie libérale

droite). Cette montée des extrêmes, déjà largement perceptible en 2002, explique le rejet de la constitution de l'Union européenne de 2005 et marque le début d'une période d'instabilité politique en France. Ce qui augure mal des prochaines présidentielles de 2007 si ce *trend* se prolonge et si rien ne change dans le mode d'élection. Le graphique qui suit est criant de vérité.

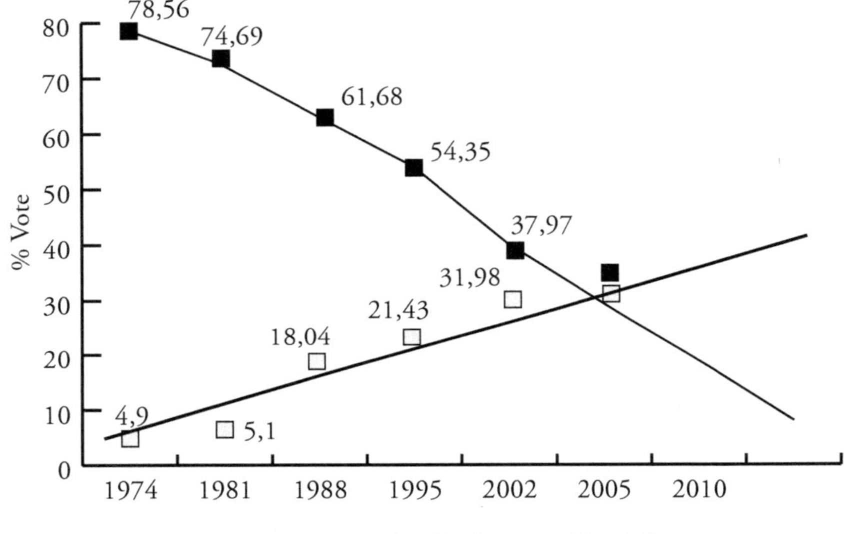

Évolution du poids des partis de gouvernement
contre le poids des extrêmes

En prolongeant le *trend* de 2002 jusqu'à 2005, on peut voir que le poids des extrêmes dépasse celui des partis de gouvernement à cette date-là. Le résultat du référendum de mai 2005 était donc prévisible dès 2002. Les extrêmes constituent désormais une majorité en termes d'électeurs inscrits. Comme ces partis partagent un même point de vue sur l'interventionnisme de l'État et sur la mondialisation, dont ils estiment qu'il faudrait nous protéger, le rejet du traité établissant une constitution européenne ne constitue pas une surprise. Pour les prochaines élections présidentielles, on peut aussi s'attendre à des résultats inhabituels. La montée des extrêmes couplée avec l'accroissement de l'abstention entraîne une chute drastique de la valeur du mode dans la distribution multimodale des préférences politiques. La figure suivante illustre ce point en comparant l'évolution du nombre maximum de votes obtenu par le parti qui obtient le plus de votes au premier tour des élections présidentielles de 1974 à 2002. C'est à une chute vertigineuse que l'on assiste.

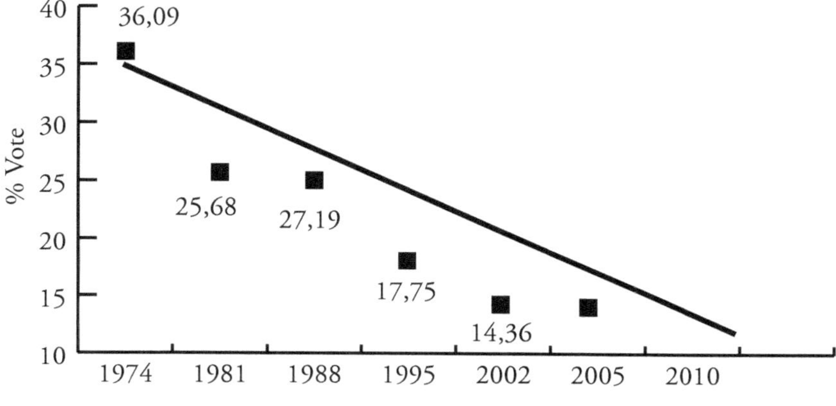

Évolution du poids du parti qui obtient le plus de votes

On passe de 36,05 % des électeurs inscrits à 14,36 %. Aucun parti ou candidat d'un parti de gouvernement ne peut prétendre qu'il a obtenu le consentement d'une majorité de Français, ou même d'une forte minorité. Si les hommes politiques n'arrivent pas à inverser cette tendance dans les deux années qui viennent, la distribution des préférences partisanes prendra la forme bimodale qui apparaît sur la figure de la page suivante.

Les modes les plus élevés seront aux extrêmes, ce qui rend impossible un consensus quelconque sur les politiques menées par un gouvernement d'extrême droite ou d'extrême gauche. L'instabilité politique devient forte et la démocratie se désintègre dans une période prérévolutionnaire, car aucun gouvernement ne peut satisfaire des opinions politiques aussi éloignées sans rencontrer une vive opposition. « *Wait and see* » disent les Anglais : les années à venir méritent d'être vécues pour le spectacle que nous réserve notre élite politique face à cette nouvelle configuration de la distribution des préférences partisanes en France.

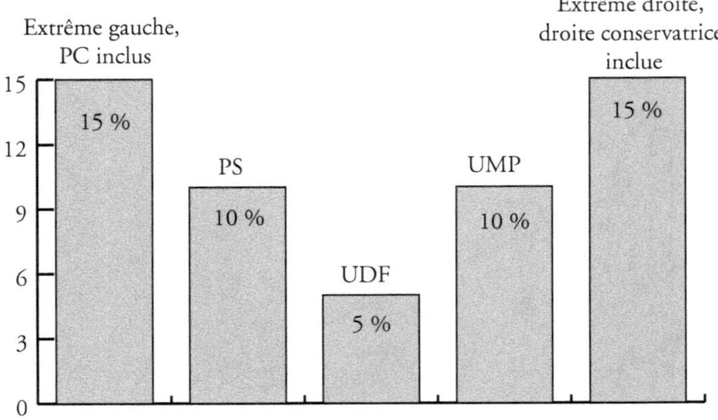

Élections présidentielles de 2007 ?

On peut terminer ce chapitre par une réflexion sur la démocratie majoritaire, régime politique qui tend de plus en plus à être une tyrannie de la majorité sur des minorités (y compris la plus petite d'entre elles, qui est l'individu) ou de minorités activistes sur la majorité de nos concitoyens. Comme l'écrit F. Hayek[1],

> il semble que ce soit la destinée régulière de la démocratie qu'après une première période glorieuse pendant laquelle on la comprend comme une sauvegarde de la liberté personnelle et où elle l'assure effectivement parce qu'elle accepte les limitations posées par un *Nomos* supérieur à elle, la démocratie en vienne tôt ou tard à revendiquer le pouvoir de régler n'importe quelle question concrète selon la décision d'une majorité, sans égard au contenu de cette décision.

Hayek fait écho à A. de Tocqueville[2], qui écrit :

> Qu'est-ce donc qu'une majorité prise collectivement, sinon un individu qui a des opinions et le plus souvent des intérêts contraires à un autre individu qu'on nomme la minorité ? Or, si vous admet-

---

1   Hayek F. 1960, *The Constitution of Liberty*, London, Routledge and Kegan
2   Tocqueville (de) A. 1840, *De la démocratie en Amérique II*, Paris, Flammarion

tez qu'un homme revêtu de la toute-puissance peut en abuser contre ses adversaires, pourquoi n'admettez-vous pas la même chose pour une majorité ? Les hommes, en se réunissant, ont-ils changé de caractère ? Sont-ils devenus plus patients dans les obstacles en devenant plus forts ? Pour moi, je ne saurais le croire, et le pouvoir de tout faire, que je refuse à un seul de mes semblables, je ne l'accorderai jamais à plusieurs.

On se rend compte à l'expérience que nos concitoyens ont une conception de la démocratie, véhiculée par les hommes politiques et les médias, qui correspond à ce que l'on appelle la « liberté des anciens ».

LA « DÉMOCRATIE » DES ANCIENS ET CELLE DES MODERNES

La démocratie, pour certains, se veut « le gouvernement du peuple par le peuple et pour le peuple ». Cette vision correspond à ce que l'on appelle la « liberté des anciens ». Comme le rappelle B. Constant[1] à propos de la liberté :

> Celle-ci consistait à exercer collectivement, mais directement, plusieurs parties de la souveraineté tout entière, à délibérer, sur la place publique, de la guerre et de la paix, à conclure avec les étrangers des traités d'alliance, à voter les lois, à prononcer les jugements, à examiner les comptes, les actes, la gestion des magistrats, à les faire comparaître devant tout un peuple, à les mettre en accusation, à les condamner ou à les absoudre ; mais en même temps que c'était là ce que les anciens nommaient liberté, ils admettaient, comme compatible avec cette liberté collective, l'assujettissement complet de l'individu à l'autorité de l'ensemble.

Dans cette vision des anciens, la démocratie représentative est délibérative et participative. Elle doit simuler la démocratie directe, seule susceptible de réaliser cette conception. À cette vision d'une démocratie délibérative et/ou participative s'oppose une démocratie des

---

1   Constant B. 1819, *La liberté des anciens et des modernes*, Discours prononcé à l'Athénée Royal

« modernes » ou « libérale » dont l'objet est principalement de limiter le pouvoir absolu du Prince ou de ceux qui détiennent le monopole de la force sur un territoire donné, ou de les empêcher d'utiliser ce monopole à leur propre profit ou de ceux qui les ont portés au pouvoir : groupes de pression ou électeurs. Pour l'une des conceptions la démocratie est une fin en soi, pour l'autre elle est un moyen pour atteindre un but : la préservation des libertés individuelles et des droits de propriété.

Démocratie et externalités négatives

La démocratie (représentative ou directe) serait importante dès lors que l'on décide de prendre des décisions qui affectent de manière collective une fraction des citoyens. Supposons que les députés au Parlement votent une loi ou un règlement qui impose un coût à un membre (ou au groupe de membres) et qui bénéficie à un autre membre (ou à un groupe de membres) de la collectivité. Par exemple, les députés décident d'étendre l'impôt sur la fortune à une catégorie particulière de patrimoine — les antiquités et les œuvres d'art —, le produit de cet impôt étant destiné à financer les artistes malchanceux à la retraite. Ceux qui pensent être parmi les bénéficiaires (les artistes malchanceux) anticipent une externalité positive au sens où ils bénéficient d'une action d'autrui sans avoir eu à en supporter les coûts. En revanche, ceux qui pensent être parmi les victimes de cette redistribution (les antiquaires et détenteurs d'œuvres d'art) anticipent une externalité négative. Si les antiquaires et détenteurs d'œuvres d'art ne sont pas représentés ou mal représentés dans ce processus de décision collective, ils vont souffrir de cette externalité négative (fort heureusement pour les antiquaires et les détenteurs d'œuvres d'art, à l'époque où le débat s'est posé, le Premier ministre avait des parents antiquaires). Plus les individus anticipent un dommage élevé par suite d'une externalité négative, lors de décisions collectives prises à la majorité, plus ils ont intérêt à être représentés dans ce processus de décision. Plus ils seront représentés, moins on observera, suppose-t-on, d'externalités négatives.

L'objet même de la démocratie serait donc de minimiser le coût d'opportunité de ces externalités négatives. Or, on peut contester l'idée que la démocratie réduit les externalités négatives. Si chaque groupe de pression cherche à utiliser la contrainte publique pour satisfaire ses intérêts, préférences ou idéologies au détriment des autres groupes de pression, cela contraint les groupes pénalisés à consacrer des ressources et à voter ou à se faire représenter au Parlement pour contrer les autres. Cette guerre de tous contre tous multiplie les externalités négatives au lieu de les réduire. Or, une conception à l'ancienne de la démocratie (la démocratie participative et/ou délibérative), en étendant la sphère des décisions publiques à un grand nombre de décisions qui pourraient être privées, multiplie encore davantage les sources possibles d'externalités négatives.

Rappelons enfin qu'une entité politique n'est pas une copropriété, ni une ville privée ou une principauté privée. C'est un endroit où s'exerce un monopole territorial de la force, dont l'usage est mis dans les mains d'un petit nombre de personnes : monarques et leurs familles, oligarques, dictateurs, bandes de malfaiteurs organisés ou, comme dans notre démocratie, une petite élite composée d'hommes, plutôt âgés, bardés de diplômes et fonctionnaires ou assimilés[1]. Dans un tel cadre, les externalités négatives peuvent être beaucoup plus graves et illimitées que dans un système de propriété privée, car c'est le propre d'un monopole de la coercition que de pouvoir les rendre illimitées et d'une gravité exceptionnelle si tel est le désir de ceux qui en ont l'usage exclusif, même pour une période déterminée. D'où l'importance de savoir dans quelles mains est mis l'usage de ce monopole.

La question de la légitimité du groupe de personnes (et non de sa représentativité) qui peut mettre en œuvre la contrainte publique devient alors cruciale. On retombe sur la conception moderne de la démocratie comme moyen de limiter le pouvoir absolu des princes ou de ceux qui nous gouvernent et pour empêcher que l'on n'utilise ce processus de décision collective comme un moyen de prédation envers les politiquement faibles.

---

1   Du Cray P.-E. et Lemennicier B. 2005, « Does Non-Representativeness of Our Representatives at The National Assembly Matter ? », Annual Meeting of the European Public Choice Society (EPCS), 31 March–3 April 2005, University of Dhuram, St Aidan's College

La démocratie n'est pas la liberté

Même si l'on souligne les vices ou les vertus de la démocratie, ce régime politique n'est pas la liberté. Comme le rappelle A. de Tocqueville, la démocratie peut être aussi tyrannique qu'une dictature une fois que les électeurs et leurs représentants décident de taxer, exproprier, réglementer à tort et à travers. La démocratie est une méthode pour choisir ceux qui vont avoir le droit de contrôler le monopole de la coercition. Elle ne détermine pas la moralité de ceux qui nous gouvernent ni celle des décisions qu'ils vont prendre. Au mieux, la démocratie signifie que le gouvernement bénéficie d'un soutien populaire. Mais ce soutien ne garantit en rien que ce gouvernement protège les libertés individuelles. Si les électeurs soutiennent la liberté de la presse, de la parole, de la religion, d'entreprendre sans être taxé ou réglementé, de consommer du tabac ou de la drogue, etc., alors le gouvernement élu respectera sans doute ces libertés. Mais si les électeurs désirent une redistribution des revenus, la spoliation des riches, l'expulsion des étrangers, la conscription des jeunes, la censure sur les idées qui dérangent, la lutte contre les sectes, l'interdiction de fumer ou de consommer de la drogue, un gouvernement démocratiquement élu cherchera à satisfaire ces désirs.

En raison de la définition même de la démocratie, une majorité d'électeurs ne peut voter la fin de la démocratie. On ne peut pas sortir de la démocratie. Comme le fait remarquer M. Rothbard[1], il y a une contradiction intrinsèque, à laquelle on ne peut échapper si l'on conçoit la démocratie comme une participation à des décisions collectives prises à la majorité, entre le principe de la majorité et cette contrainte latérale interdisant de voter la fin de la démocratie. Si une majorité d'électeurs votent la fin de la démocratie pour adopter un régime dictatorial ou monarchique ou un régime politique sans État (gouvernements privés et contractuels locaux), il y a un consentement majoritaire pour adopter cet autre régime. Mais si l'on interdit de mettre fin à ce régime politique par un processus majoritaire, est-on encore dans un régime démocratique au sens du « gouvernement du peuple par le peuple et pour le peuple » ?

---

1   Rothbard M. 1970, *Power and Market,* Kansas City, Sheed Andrews and McMeel, Inc.

Pour comprendre pourquoi la démocratie n'est pas la liberté, il faut faire la distinction entre les droits électoraux et les droits individuels. Les droits électoraux (droit de vote) sont des droits de participer à des élections permettant de décider qui a le droit de gouverner. Ils n'ont jamais garanti que les gouvernants respecteront les libertés individuelles, comme l'histoire politique et la démocratie contemporaine le démontrent amplement. C'est normalement le rôle d'un contrat ou d'une constitution que de limiter le pouvoir des gouvernants. Les élus ont pour seul rôle de préserver, pour chaque individu, le droit de vivre, de parler et d'écrire librement, de voyager, de suivre la religion qu'il désire, d'élever ses enfants comme il le pense, de posséder une entreprise et de la gérer comme il l'entend, de se défendre lui-même contre toute oppression y compris celle des élus. C'est pour cette seule raison que sont institués des États parmi les hommes. On retrouve cette thèse parmi les constituants aux États-Unis et en France, qui se défiaient beaucoup de la démocratie majoritaire. L'article 2 de la Déclaration des droits de l'homme du préambule de notre constitution et la déclaration d'indépendance américaine de 1776 expriment très bien cette vision :

> Le but de toute association politique est la conservation des droits naturels imprescriptibles de l'homme ; ces droits sont la liberté, la propriété et la résistance à l'oppression.

> Nous tenons les vérités suivantes pour évidentes en elles-mêmes : que tous les hommes sont créés égaux ; qu'ils sont dotés par le Créateur de certains droits inaliénables et que parmi ces Droits figurent la vie, la liberté et la recherche du bonheur. Que pour assurer ces Droits, les États sont institués parmi les hommes, et que la légitimité de leur pouvoir émane du consentement des gouvernés. Que chaque fois qu'une forme de gouvernement devient destructrice de ces fins, c'est le Droit des gens que de le remplacer ou de l'abolir.

Il est impressionnant de voir combien, aujourd'hui, ces deux articles sont bafoués par ceux qui nous gouvernent. Pire, ils ne sont même pas invoqués par les citoyens pour limiter l'expansion du pouvoir et sa concentration dans les mains d'une petite oligarchie tant leur esprit de résistance a été annihilé par la propagande étatique qui nous assène constamment que les élus et les hommes d'État agissent pour notre bien.

La démocratie n'est pas la paix

Si la démocratie n'est pas la garantie de la liberté, elle n'est pas non plus la garantie de la paix. Si les démocraties ne se font pas la guerre entre elles, en revanche elles font la guerre à des États peu puissants et non démocratiques. Les trois plus grandes puissances impériales du XIXe et du XXe siècle — l'Angleterre, la France et les États-Unis — ont toujours fait la guerre à des États plus petits et militairement moins puissants qu'elles et qui ne les menaçaient pas. Or, elles prétendaient (et prétendent toujours) être des démocraties.

On peut rappeler incidemment que, de 1727 à 1982, la France a connu 122 guerres ou conflits armés, internes ou externes, victimes ou agresseurs, intervenant indirectement dans d'autres conflits du côté des victimes ou des agresseurs. Elle se situe au second rang en nombre de conflits après l'Angleterre, qui totalise 146 conflits dans la même période. Sur ces 122 conflits, 37 ont eu lieu à l'intérieur du territoire. Pour 64 conflits sur les 122 répertoriés, l'État français est l'agresseur ou intervient du côté des agresseurs. La France a gagné 36 des conflits dans lesquels elle était l'agresseur[1]. Beaucoup de ces conflits sont coloniaux ou dirigés contre des individus qui se révoltent contre l'État français.

Depuis 1985, l'État français est mêlé à un grand nombre de conflits au nom de la paix et l'armée française intervient dans ses ex-colonies soit au profit du camp au pouvoir (Burundi), soit au profit d'une opposition (Côte d'Ivoire), en forçant des solutions de compromis. Par exemple, en l'an 2000, selon le rapport 2237 de l'Assemblée nationale présenté par le député François Lamy, l'armée française était impliquée pour diverses missions civilo-militaires dans une trentaine de conflits : Liban, République centrafricaine (RCA), Irak, Bosnie-Herzégovine, Kosovo, Timor oriental, Albanie, Macédoine, Golf de Guinée, Cameroun, Tchad, Djibouti, Israël, Égypte, Sahara occidental, Géorgie,

---

1   ORAE, « Report on Major armed conflict, a compendium of interstate and intrastate conflict, 1720 to 1985 »

Haïti, Koweït, Îles Hanish, etc. Aujourd'hui elle est présente en Côte d'Ivoire, au Gabon, au Sénégal, en Afghanistan, en Arabie Saoudite, au Liban, en Yougoslavie, dans le Pacifique et l'océan Indien. Or, ni les civils en France ni les Français à l'étranger ne sont fondamentalement menacés dans ces conflits. En revanche ils paient l'entretien de tous les militaires sur les théâtres d'opération extérieurs.

La démocratie, si elle ne garantit pas la paix, serait un instrument pacifique de changement d'équipes au pouvoir. Elle éviterait les dictatures ou les démocraties totalitaires (démocratie à parti unique) et leur cortège de coups d'État ou de révolutions sanglantes. Le bulletin de vote serait un substitut aux balles de fusil. Cet argument est faux pour deux raisons principales, qui ont été exposées par M. Rothbard[1]. D'abord, une dictature peut être renversée par la simple désobéissance civile, qui est un moyen pacifique de se débarrasser d'une équipe au pouvoir. Après tout, la tentative en mai 1968 d'une grève générale avec prise du pouvoir par les syndicats était un moyen pacifique d'expulser les gaullistes du pouvoir. Les révolutions dites de velours à l'Est illustrent cette possibilité. Ensuite, cet argument présuppose qu'une élection démocratique donne le même résultat que si la majorité avait dû combattre par la violence l'équipe au pouvoir. S'il en était ainsi, l'élection démocratique des équipes au pouvoir serait effectivement un substitut à un coup d'État ou à une révolution impliquant une violence physique. Ce n'est évidemment pas le cas. Dans une élection démocratique, comparativement au coup d'État ou à la révolution, ce ne sont pas les mêmes groupes de pression qui s'emparent du pouvoir. La distribution du pouvoir n'est pas la même. Dans un cas, ceux qui n'ont pas peur de ramasser des coups, les « guerriers », ont un avantage décisif dans le combat physique, alors que, dans l'autre cas, ce sont les « intellectuels », capables de manipuler l'opinion, qui ont cet avantage ! Or, pourquoi les « intellectuels » seraient-ils meilleurs que les « guerriers » ? Beaucoup de « guerriers » sont d'honnêtes gens, alors que beaucoup d'intellectuels sont malhonnêtes, et réciproquement. En fait, la démocratie donne un avantage décisif à tous ceux qui sont en position de manipuler et de former les croyances collectives. Pourquoi croyez-vous que les démocraties occidentales dépensent autant

---

1 Rothbard M. 1970, *op. cit.*

d'argent dans l'éducation des citoyens ? Pourquoi y a-t-il aussi peu de démocraties dans le monde ? Justement parce que le bulletin de vote n'est pas un substitut aux balles de fusil. Le combat mené par les islamistes contre les démocraties occidentales devrait faire réfléchir les tenants de la démocratie majoritaire. Est-ce démocratique d'imposer par la force un régime démocratique et d'empêcher par la force de le quitter ?

Une variante de cet argument est liée à l'idée que la démocratie éviterait la guerre civile entre les riches et les pauvres grâce à une redistribution « forcée » des revenus des « riches » vers les pauvres. L'argument se présente sous la forme du sophisme implicite suivant :

1. Si les hommes de l'État redistribuent les revenus des « riches » vers les pauvres, alors les pauvres ne se jetteront pas sur les « riches » et ne voleront pas leurs économies avec sauvagerie.

2. Vous ne voulez pas que les pauvres volent les « riches » avec sauvagerie ?

3. Acceptez donc que l'État social-démocrate redistribue les revenus des « riches » vers les pauvres.

La redistribution des revenus (et des rentes et privilèges) permettrait « d'acheter » la paix sociale. On remarquera plusieurs fautes de raisonnement dans cette argumentation. La première est formelle, elle consiste à affirmer le conséquent de la prémisse principale dans la proposition classificatoire et à affirmer l'antécédent dans la conclusion. Au lieu de faire le contraire. Ensuite, l'argumentation fait appel à l'intimidation ou à la menace pour établir la conclusion. Dans un cas comme dans l'autre, il y a usage de la coercition (on suppose que l'État sera moins sauvage que les pauvres). Que ce soient les pauvres ou l'État qui usent de la violence ou de sa menace, le vol reste un vol. L'État, comme les soi-disant pauvres, en menaçant les « riches », a déjà volé quelque chose dont il n'est pas propriétaire : leur vie. En fait, l'argument est du style : « La bourse ou la vie. » Si vous n'acceptez pas que l'État redistribue votre richesse, alors l'État lâche ses pauvres sur vous ! Les gens qui parlent ainsi, au nom de l'État, vous font croire que les pauvres sont des animaux sauvages mais dressés qu'ils peuvent lâcher sur vous sur commande. Les pauvres sont des êtres humains comme nous qui respectent les droits de propriété et qui ne volent pas le bien d'autrui. Ils sont aussi prudents, car ils savent qu'ils prendront des risques si les riches défendent leur vie et leurs biens les armes à la main.

En fait les démocraties font la guerre à leurs propres citoyens par la spoliation légale (et donc par l'usage de la violence physique *via* l'oppression fiscale) et par la lutte que les divers groupes de pression se font pour obtenir rentes et privilèges au détriment d'autres groupes politiquement moins puissants.

Le tableau suivant illustre la montée des dépenses de redistribution par opposition aux dépenses liées aux pouvoirs publics stricts, défense non comprise, depuis 1880, date des débuts de la démocratie en France.

Années	1880	1900	1912	1920	1929	1938	1950	1956	1965	1975	1985	1995	2003
Dépenses totales des administrations publiques en % du PIB	14,6	14,4	12,6	32,8	18,7	25,6	34,4	42,4	35,2	35,3	45,5	45,5	44
Dette publique en % du PIB	-	-	-	-	-	-	-	-	-	-	35	42	63,0
Structure fonctionnelle en % du budget total													
Pouvoirs publics	14,1	14,3	12,9	12,3	10,0	10,1	11,2	10,9	12,4	11,7	11,4	10,4	11,0
Défense	29,8	37,7	41,1	42,4	28	40,7	20,7	28,2	19,8	17,9	15,7	15,8	14,6
Éducation et culture	3,7	7,4	9,3	3,7	8,1	9,5	8,1	9,4	19,5	25,4	23,4	23,0	29,3
Action sociale	0,5	0,8	4,3	1,7	3,2	6,0	4,9	8,5	10,6	18,5	19,7	23,0	29,7
Charge de la dette	31,3	26,2	19,4	23,1	25,8	18,2	4,2	6,2	3,5	-	9,3	15	14

Sources : C. André et R. Delorme, « L'évolution des dépenses publiques en France (1872-1971) », Rapport CEPREMAP 1976. Tableaux de l'économie française 1985, 1997, 2002, 2004

Le contrôle et la formation des esprits, *via* l'enseignement et la recherche, la culture et la redistribution des revenus, par les interventions économiques et l'action sociale, sont les grands moyens d'asservissement des individus dans la démocratie contemporaine. C'est ce que l'on appelle l'État-providence. La question est : pour qui ?

En effet, parmi les victimes de la démocratie majoritaire, les riches sont la cible prioritaire.

En France il y a, selon le Conseil des impôts, dans son 18ᵉ rapport au président de la République de l'an 2000, 31 946 462 personnes imposables sur leur revenu d'activité. Sur ce nombre, seulement 17 004 102 sont effectivement imposées. 47 % des Français ne paient donc pas l'impôt. Maintenant, si l'on regarde, parmi les Français qui paient l'impôt sur le revenu, ceux qui paient un impôt sur le revenu supérieur à 14 000 F (soit 2 134 euros) par an, on est surpris d'apprendre qu'il y en a seulement 5 322 420. Sur 31 946 462 personnes imposables sur le revenu, il n'y a que 16 % des contribuables qui paient un impôt annuel supérieur à 14 000 F (2 134 euros) par an ! En fait, nous dit le Conseil des impôts :

> un contribuable sur deux est imposable et un quart des ménages paie 84 % de l'impôt sur le revenu, alors qu'ils ne disposent que de 57 % des revenus fiscaux.

L'oppression et la spoliation légale d'une minorité par la majorité (en fait souvent par une autre minorité, celle qui a porté au pouvoir ses représentants) sont les lois d'airain de toute démocratie.

Montant de l'impôt sur le revenu en francs par décile	Nombre de foyers fiscaux dans le décile
Moins de 7 890 (1 203 €)	8 477 583
De 7 890 à 13 970 (1 203 à 2 130 €)	3 043 330
De 13 790 à 21 010 (2 130 à 3 203 €)	1 868 630
De 21 010 à 30 200 (3 203 à 4 604 €)	1 287 538
De 30 200 à 44 450 (4 604 à 6 776 €)	884 247
De 44 450 à 67 800 (6 776 à 10 335 €)	592 116
De 67 800 à 114 500 (10 335 à 17454 €)	374 048
De 114 500 à 234 000 (17 454 à 35 671 €)	204 766
De 234 000 à 657 000 (35 671 à 100 152 €)	89 214
Plus de 657 000	21 863

Source : Conseil des impôts, 18ᵉ rapport au président de la République, 2000, p. 79

L'art et la manière de penser comme un économiste

Paradoxalement, nous allons terminer par un chapitre qui s'efforce d'initier le lecteur au raisonnement économique. En effet, comme nous l'avons dit dans l'introduction, un tel chapitre prend sa pleine signification à la fin de l'ouvrage, c'est-à-dire lorsque le lecteur a pu largement se familiariser avec la façon dont les économistes discutent des problèmes les plus divers. Il a certainement eu l'occasion d'être en désaccord sans nécessairement comprendre que ce désaccord avait pour origine les fausses conceptions qu'il a de l'économie.

Commençons par définir ce qu'est l'économie.

LA VARIÉTÉ DES DÉFINITIONS DE L'ÉCONOMIE : CHAMP CONTRE MÉTHODE

Confrontez trois économistes, posez une « question » et vous aurez quatre avis différents. Cette boutade, que les économistes aiment diffuser à leur propos, illustre, non leur ignorance, mais leur embarras devant la nature complexe des réponses offertes par la discipline aux questions les plus simples. Prenons la question : « Qu'est-ce que l'économie ? », et examinons les définitions suivantes. D'abord celle de L. Robbins[1] :

> L'économie est la science qui étudie le comportement humain en tant que relation entre les fins et les moyens rares à usages alternatifs.

La définition de L. Robbins est la plus générale, elle peut s'appliquer à tous les choix ou à toutes les décisions d'un individu ou d'un groupe d'individus. Elle est apparue à certains comme excessivement large. Le prix Nobel J. Buchanan[2], il y a quelques années, a vivement critiqué cette conception de l'économie :

> L'économie est plus proche de la science des contrats que de la science des choix. Le principe de maximisation doit être remplacé par celui de l'arbitre qui s'efforce de résoudre des conflits entre individus [...] avec pour principe unificateur les gains de l'échange.

La plupart du temps, cette façon de définir l'économie, en termes de science des choix, est une source de fierté pour les économistes. Cependant, elle ne rend pas compte de ce que font les économistes et ne nous renseigne pas sur ce qu'est l'économie.

Les autres définitions ne sont pas plus satisfaisantes. Pour Smith[3], l'économie se confond avec l'art d'enrichir le Prince. Pour Marshall[4], elle consiste à étudier le comportement humain dans les affaires de commerce. Tous deux insistent sur le terme de « richesse » et font implicitement référence aux biens et services matériels. Pour J.-B. Say[5], version 1803, les mécanismes de production, de distribution, de consommation font plutôt référence aux institutions sociales gouvernant les actions des hommes, tels les droits de propriété et l'échange. Ce sont ces mécanismes ou ces lois qui constituent l'objet de l'écono-

---

1   Robbins L. 1932, *Essai sur la nature et la signification de la science économique*, Paris, Librairie Médicis

2   Buchanan J. 1975, « A contractarian paradigm for applying economic theory », *American Economic Review*, May

3   Smith A. 1776, *The Wealth of Nations*, The Modern Library, New York

4   Marshall A. 1906, *Principes d'économie politique*, Éditions Giard et Brière, Paris, Publications Gamma

5   Say J.-B. 1803, *Traité d'économie politique*, Paris, Guillaumin ; 1852, *Cours complet d'économie politique*, Paris, Guillaumin

mie. La version de 1852 voit dans l'économie politique l'étude des lois naturelles qui permettent à une société de fonctionner. Ces définitions sont par trop étroites. Les économistes s'intéressent à des activités dont le but n'est pas nécessairement d'accroître la richesse matérielle, comme l'amour, la religion ou le crime, et ils étudient des institutions sociales autres que le marché, comme la firme, la famille, l'État ou le droit.

Pour le prix Nobel P. Samuelson[1], un mélange des définitions à la Robbins ou à la J.-B. Say devrait emporter l'adhésion d'une majorité d'économistes. Le problème central de toute économie — c'est-à-dire quelle que soit la société (famille, firme, bureaucratie, société tribale) — n'est-il pas, selon Samuelson, de savoir quoi produire et en quelles quantités, comment produire ces biens et services, et pour qui ? Ces définitions ont un point commun : elles s'efforcent de définir le champ de l'économie sans nous renseigner sur ce qui distingue l'économie d'une autre science humaine. C'est en cela qu'elles ne sont pas satisfaisantes.

É. Durkheim[2], fondateur de la sociologie, a consacré un ouvrage à la division du travail. A. Smith, fondateur de l'économie, discute longuement de la division du travail. Smith est-il un sociologue ou un économiste ? G. Katona[3], un célèbre psychologue, a écrit un livre entier pour discuter du comportement du consommateur. G. Becker[4], prix Nobel en 1992, a fait sa réputation, entre autres, en traitant de la famille ; or, dans ces domaines, on trouve surtout des sociologues et des psychologues. F. Hayek[5] a obtenu son prix Nobel en 1974 grâce à ses travaux sur la théorie des cycles, mais il est plus connu pour avoir développé les notions d'ordres spontanés appliquées au droit et à l'économie. J. Buchanan[6] a obtenu le prix Nobel en 1986 pour ses contributions majeures à la science politique ou à la philosophie politique. Il développe actuellement une théorie économique du constitutionnalisme. Les discussions entre les sociobiologistes et les

1   Samuelson P. 1980, *Economics*, McGraw-Hill, International Student Edition
2   Durkheim E. 1978, *De la division du travail social*, Paris, PUF, 10ᵉ édition
3   Katona G. 1969, *La psychologie économique*, Paris, Payot
4   Becker G.1981, *A Treatise on the Family*, Harvard University Press
5   Hayek F. 1973, *Law, Legislation and Liberty*, Routledge and Kegan Paul
6   Buchanan J. et Tullock G. 1965, *The Calculus of Consent*, Ann Arbor

économistes sur le rôle de l'altruisme dans la survie des espèces ont fait sauter encore un cloisonnement traditionnel. La liste est longue, de telle sorte que la définition de l'économie par P. Samuelson apparaît, aujourd'hui, au mieux comme désuète, au pire comme trompeuse.

L'économie se définit par la façon de penser des économistes. Cette façon de penser est comme la rougeole. On l'attrape avec quelqu'un qui l'a déjà. On l'apprend et on la pratique avec lui. Comme pour la rougeole, certains individus sont immunisés ! Ils n'attraperont jamais cette tournure d'esprit propre aux économistes, même s'ils ont été exposés à ce raisonnement.

Il est vrai que, depuis deux siècles au moins, les économistes se disputent entre eux pour définir leur science. Certains renoncent et affirment, sous forme de boutade, que l'économie se définit par ce que font les économistes. Mais, alors, qu'est-ce qu'être un économiste ? Cette façon de poser le problème est plus proche de la solution qu'il n'y paraît à première vue : au lieu de définir le champ d'une discipline, on s'efforce de caractériser sa méthode. Cette attitude s'inspire de l'exemple donné par les sociologues eux-mêmes. La sociologie se définit par ce que l'on appelle aujourd'hui un « paradigme » ou un « programme de recherche ». Prenons la définition de la sociologie donnée par M. Mauss et P. Fauconnet[1]. Elle est exemplaire de cette attitude et mérite à ce titre d'être reproduite :

> Un premier fait est constant, c'est qu'il existe des sociétés, c'est-à-dire des agrégats d'êtres humains… Ils présentent tous ce caractère qu'ils sont formés par une pluralité de consciences individuelles, agissant les unes sur les autres et réagissant les unes aux autres. C'est à la présence de ces actions et réactions, de ces interactions, que l'on reconnaît les sociétés. Or la question est de savoir si, parmi les faits qui se passent au sein de ces groupes, il en est qui manifestent la nature du groupe en tant que groupe et non pas seulement la nature des individus qui la composent. Y en a-t-il qui sont ce qu'ils sont parce que le groupe est ce qu'il est ? À cette condition et à cette condition seulement, il y aura une sociologie proprement dite.

---

1   Fauconnet P. et Mauss M. 1968, « La sociologie : objet et méthode », Extrait de *La grande encyclopédie* ; reproduit dans M. Mauss, *Essais de sociologie*, Paris, Éditions La Découverte

La sociologie française, sous l'impulsion du groupe de normaliens rassemblés autour de Durkheim, a été construite en opposition à l'hypothèse que les phénomènes sociaux et, en conséquence, les phénomènes économiques, peuvent s'expliquer par la nature même des individus qui la composent : c'est le holisme.

Négligeons le contenu de cette définition pour en retenir la forme. Définir une discipline par les principaux paradigmes qu'elle utilise présente l'avantage de cerner les contours de celle-ci plus efficacement que ne peuvent le faire des définitions plus explicites, dit en substance R. Boudon[1], un autre sociologue. En outre, une analyse de ce genre permet de déceler des similarités d'une discipline à l'autre, ce qui est d'un grand intérêt pour rendre compte des limites de l'interdisciplinarité comme des incompatibilités d'humeur entre membres d'une même discipline.

L'approche que nous adopterons dans cet essai est donc celle des sociologues. L'économie se définit par la manière dont raisonnent les économistes ou par leur façon de penser, et non par un ensemble de problèmes qui différencieraient les économistes des autres chercheurs.

C'est parce que le prix Nobel G. Becker adopte ce point de vue qu'il peut affirmer :

> L'approche économique est un outil d'analyse d'une grande portée applicable à tous les comportements humains, que ces comportements impliquent des prix monétaires ou non, des décisions fréquentes et répétées ou, au contraire, rarissimes, des décisions importantes ou mineures, des fins mécaniques ou émotionnelles, des personnes riches ou pauvres, des adultes ou des enfants, des personnes stupides ou intelligentes, des médecins ou des malades, des hommes politiques ou d'affaires, des enseignants ou des étudiants[2].

---

1   Boudon R. 1977, *Effets pervers et ordre social,* Paris, PUF, Collection Sociologies
2   Becker G.1976, *The Economic Approach to Human Behaviour,* Chicago University of Chicago Press

LES CARACTÉRISTIQUES DU PROGRAMME DE RECHERCHE DES ÉCONOMISTES

Avant d'apprendre l'art et la manière de raisonner comme un économiste, d'en saisir toutes les subtilités et d'y prendre goût, examinons ce sur quoi ce raisonnement repose. Chacun peut reconnaître que l'approche des économistes repose plus que d'autres sur l'individu. Mais il ne s'agit pas d'une hypothèse de leur part ou d'une vision du monde particulière, il s'agit de constater un fait de nature.

L'individualisme méthodologique

Les êtres humains sont des individus. C'est l'individu qui a une conscience, une identité, des besoins, des talents, une volonté. Chaque individu naît seul et meurt seul. C'est lui qui a des préférences ou des valeurs. C'est lui seul qui, de façon ultime, sait ce qui est bon pour lui. Cela ne veut pas dire qu'il ne se trompe pas ou que des amis ne puissent pas savoir mieux que lui ce qui est bon pour lui-même. Mais c'est lui qui vit une existence séparée, qui en supportera les peines et les plaisirs, qui fait des choix et, s'il en a la liberté, qui prend des décisions : c'est l'individu qui agit. L'individu n'a pas non plus le don d'ubiquité. Lorsqu'il assiste à un cours d'économie à Paris, il ne peut assister à un cours d'anglais à New York à la même heure. Il n'est pas non plus immortel : une journée est composée de 24 heures et non de 26. La rareté du temps est un fait, elle impose des choix entre différentes alternatives. Autre contrainte : les ressources nécessaires pour réaliser les fins poursuivies ne sont pas en quantités illimitées, et, malheureusement, nous ne sommes pas seuls à les convoiter. Enfin, et on ne saurait trop souligner cet aspect, c'est lui seul qui contrôle et « possède » son corps humain. Un tiers peut agir à la place de l'individu, peut essayer d'influencer la volonté de l'individu pour qu'il use de son corps dans une certaine direction, mais, de manière ultime, c'est l'individu lui-même qui agit. L'individualisme méthodologique consiste à expliquer les phénomènes économiques et sociaux seulement à partir des actions, réactions et interactions entre les individus qui composent la société.

Ces quelques rappels ne sont pas inutiles. On entend trop souvent les gens traiter le capitalisme de « sauvage » ou taxer le marché d'« impersonnel ». Le marché n'étant pas une personne consciente, il ne peut donc qu'être impersonnel. Le capitalisme n'étant pas une personne, les capitalistes sont peut-être des sauvages, mais le capitalisme ne peut pas l'être. Les ouvriers se plaignent souvent que le marché ne leur accorde pas les salaires qu'ils méritent. Si le marché ne paie pas assez les ouvriers, la réalité concrète dont se plaignent ces ouvriers, c'est que les employeurs Jean ou Sophie ne sont pas prêts à payer la somme qu'ils demandent.

Ce sont des métaphores organicistes. Si cela constitue un moyen économique de dire que certains individus prennent les décisions, il est inutile de faire de fausses querelles à ce propos. En revanche, si cela signifie que la société, le marché, le gouvernement ou la France ont un comportement propre et indépendant des individus qui les composent, alors là les choses sont différentes. Comment un groupe en tant que groupe peut-il agir ? Quel peut être le comportement propre d'un groupe, si ce n'est le comportement des membres qui composent ce groupe ? Comment une société peut-elle avoir des valeurs ou des préférences indépendamment des membres qui la constituent ? Les concepts holistes imprègnent le discours ambiant et sont une source permanente d'erreur de raisonnement.

Ne croyez pas que cette faute de raisonnement soit l'apanage des non-économistes. Le prix Nobel J. Stiglitz[1] écrit :

> Les économies de marché ne sont pas capables de s'autoréguler. Elles sont soumises à des chocs qui échappent à leur contrôle. Il leur arrive de perdre la tête et de paniquer, de passer de l'exubérance au pessimisme irrationnel, de virer à l'escroquerie, de prendre des risques tels qu'ils relèvent presque du pari, et les coûts des erreurs et des méfaits sont très souvent supportés par l'ensemble de la société. (Phrase tirée du *Monde* du 1er octobre 2003 dans un article sur le livre de Stiglitz).

Il est possible que certains capitalistes perdent la tête, mais une économie de marché n'a pas de conscience individuelle et ne peut donc perdre la tête. Stiglitz commet une faute de raisonnement en prêtant à

---

1   Stiglitz J. 2003, *Quand le capitalisme perd la tête*, Paris, Fayard

un non-existant, une « économie de marché », un comportement propre à des humains. Ce sont les êtres humains pris individuellement qui échangent et qui constituent par leurs actions une économie de marché, qui peuvent avoir de tels comportements, mais pas le groupe lui-même, qui n'agit pas en tant que tel. Notre prix Nobel fait un sophisme classique de généralisation hâtive en inférant du comportement de quelques capitalistes que le groupe entier se comporte de la même manière que ces personnages exubérants et irrationnels. Or, c'est cela qu'il faut démontrer. D'ailleurs, à la fin de sa phrase, notre prix Nobel contredit son propre argument puisqu'il affirme que le coût des erreurs et des méfaits (sans doute de quelques capitalistes) sont très souvent supportés par l'ensemble de la société. En fait, d'autres membres de la société (actionnaires, salariés, fournisseurs de l'entreprise que dirige ce capitaliste). La question est donc : « Comment se fait-il que les autres membres de la société puissent supporter le coût des erreurs ou des méfaits commis par d'autres ? » Habituellement cela relève du droit des contrats ou du droit de la responsabilité civile.

Les économistes s'intéressent au comportement des groupes et à leurs valeurs, ils s'intéressent à « toute manière de faire… qui est générale dans l'étendue d'une société donnée tout en ayant une existence propre, indépendante de ses manifestations individuelles », ainsi que l'écrit É. Durkheim[1] lorsqu'il définit un fait social. Mais ils étudient ces faits sociaux — comportement des groupes, préférences ou valeurs des individus, institutions et règles de conduite — à partir des comportements individuels. Seuls les individus agissent. C'est ce que l'on appelle dans le jargon des épistémologues l'individualisme méthodologique. C'est un principe fondamental qui s'oppose au holisme. Les sociologues ont pris très exactement le contre-pied des économistes. Or, il est parfaitement concevable que des professeurs d'économie adoptent la façon de penser des sociologues, comme on observe des sociologues adopter la façon de penser des économistes.

Il n'y a aucune raison de s'alarmer d'une telle opposition. Les biologistes étudient bien les sociétés animales et humaines du seul point de vue du gène égoïste qui utiliserait le corps humain comme un moyen pour se survivre. Ils n'hésitent pas à expliquer le vivant à partir des

---

1   Durkheim E. 1937, *La règle de la méthode sociologique,* Paris, PUF

gènes et du principe de sélection naturelle où gènes « égoïste » et/ou « altruiste » se propagent pour maintenir une certaine organisation de la vie, y compris dans les sociétés animales ou humaines. Ils pratiquent ainsi une forme d'individualisme méthodologique. Par opposition, d'autres biologistes prônent un organicisme dur. Ils vont jusqu'à considérer, tel James Lovelock, la Terre, « Gaia », ou la biosphère, comme un organisme vivant, où l'homme est un « parasite » vivant en symbiose avec elle. D'autres, moins organicistes, insistent sur le caractère « holiste » de la vie où le « tout » ne peut se réduire aux parties. Ce type de débat n'est pas propre aux économistes ni aux sociologues. Une chose, au moins, est certaine : le dialogue entre les tenants du holisme et de l'individualisme méthodologique en économie comme en sociologie ou dans les autres disciplines n'est pas facile.

Logique de l'action humaine et comportement rationnel

L'individualisme méthodologique est une méthode d'approche partagée par différents chercheurs dans différentes disciplines (sociologie, biologie, psychologie) ; cependant, les économistes vont plus loin. L'individu ne se borne pas à s'agiter comme un atome ou des molécules dépourvus d'intention. Il agit. Il a des projets et choisit les moyens nécessaires pour atteindre ses fins. On peut reprendre l'argument de Von Mises[1] :

> L'homme qui agit désire fermement substituer un état de choses plus satisfaisant à un moins satisfaisant. Son esprit imagine des conditions qui lui conviendront mieux, et son action a pour but de produire l'état souhaité. Le mobile qui pousse l'homme est toujours quelque sensation de gêne. Un homme parfaitement satisfait de son état n'aurait rien qui le pousse à changer. Mais pour faire agir un homme, une gêne et l'image d'un état plus satisfaisant ne sont pas à elles seules suffisantes. Une troisième condition est requise : l'idée d'une conduite adéquate sera capable d'écarter, ou au moins de réduire la gêne ressentie.

Nous savons de manière certaine que tous les hommes agissent en vue d'atteindre certains objectifs. Mais en général l'économiste va au-

---

1   Mises (von) L. 1966, *Human Action*, Regnery

delà de ce simple comportement intentionnel. En effet, il présuppose que l'individu a un comportement cohérent vis-à-vis de ses propres choix. En termes plus familiers, chaque individu est supposé :

1. connaître les alternatives auxquelles il est confronté et les classer de la moins préférée à la plus préférée ;
2. une fois ce classement élaboré, choisir parmi les alternatives à sa portée celles qu'il préfère le plus.

La première proposition fait référence à la comparaison des alternatives et à la cohérence des choix, c'est-à-dire à l'ensemble ordonné des désirs. La deuxième proposition fait référence à la rareté et au processus d'optimisation. Une fois l'ensemble des choix connus, ensemble limité à ce qui est réalisable, l'individu choisit l'alternative qu'il préfère. L'économiste fait donc reposer son raisonnement d'une façon très explicite, et plus que dans d'autres disciplines, sur un comportement rationnel de la part des individus.

On tire deux implications immédiates de cette idée : d'une part tous les événements qui fondent l'histoire, c'est-à-dire tous les faits économiques, politiques et sociaux, sont toujours le produit de l'action humaine. C'est ce qui différencie les sciences sociales des sciences de la nature. D'autre part, l'économiste a la prétention de comprendre ces événements, voire de les prédire, à partir du seul comportement rationnel des individus.

Enfin, si le comportement de l'individu est parfaitement intentionnel et guidé par la raison, cela ne veut pas dire qu'il ne se trompe jamais ou qu'il n'agit pas de façon impulsive ou prédéterminée ou sous l'empire de la passion. Par ailleurs, si les actions sont intentionnelles et cohérentes, cela ne veut pas dire que le résultat des actions d'une part correspond aux intentions et d'autre part est cohérent. C'est le point suivant.

La coordination des plans individuels

Les individus poursuivent leurs propres fins de façon rationnelle et établissent des plans pour les réaliser. Si les résultats des actions qu'ils entreprennent sont cohérents avec leurs attentes ou leurs anticipations, cela signifie que les anticipations des individus se sont réalisées. D'une certaine manière, leurs plans sont coordonnés et compatibles entre eux. Mais par quel miracle les plans des individus peuvent-ils être compatibles s'ils poursuivent des fins différentes et entrent en rivalité pour utiliser des moyens seulement disponibles en quantités limitées ? C'est le problème fondamental de la coordination des plans individuels ou de l'équilibre économique ou encore de l'ordre social.

Une variété d'institutions ou d'organisations a émergé spontanément de l'interaction individuelle pour résoudre ce problème de coordination. L'une de ces institutions est le marché. La coutume, le droit, la morale, la famille traditionnelle, la firme, voire l'État, en sont d'autres. Le marché est fondé sur les droits de propriété privée, l'échange volontaire, la monnaie et une variété de pratiques contractuelles. Cette institution a émergé comme le produit non attendu de l'interaction sociale et rend compatibles les plans des individus sans qu'aucune autorité n'intervienne. C'est le théorème de la « main invisible » d'A. Smith[1], père fondateur de l'analyse économique, qui, le premier, a exposé de façon systématique le fonctionnement du marché comme un ordre social spontané. Cet ordre spontané est engendré par « la propension qu'ont les individus à troquer ou échanger entre eux une chose contre une autre » et par le fait que :

> ce n'est pas de l'altruisme du boucher, du brasseur ou du boulanger que nous attendons notre repas, mais de l'attention qu'ils accordent à leur propre intérêt. Nous nous adressons non pas à leur sentiment d'humanité, mais à leur égoïsme, et on ne leur parle jamais de nos besoins mais des avantages qu'on va leur procurer.

On remarquera que cette approche ne repose pas sur la rationalité individuelle mais sur la propension des individus à échanger et sur leur égoïsme. L'intuition d'un ordre spontané, résultat de l'action humaine mais non des desseins humains, est révolutionnaire. Les développements ultérieurs de cette tradition se retrouvent pleinement chez le prix Nobel F. Hayek.

On peut penser que les marchés ne sont pas aussi efficaces que certains le prétendent ; cependant, ils existent et coordonnent non

---

1   Adam Smith (1723-1790) est né à Kirkalady en Écosse. Professeur de philosophie morale à l'université de Glasgow de 1748 à 1763, il y enseigne la théologie, l'éthique et la jurisprudence. En 1764, il occupe la fonction de tuteur du duc de Buccleugh. En 1778 il devient commissaire aux douanes à Édimbourg. Il publie en 1776 un livre célèbre : *The Wealth of Nations*

seulement les plans des individus mais aussi ceux des firmes, des familles et même de nations entières, au grand désespoir des altermondialistes. Cette procédure de coordination des actions individuelles constitue en fait le plat de résistance des économistes. Ils l'étudient à satiété. Cela ne les empêche toutefois pas d'examiner avec soin comment d'autres institutions comme l'État, le droit, la firme ou la famille résolvent le même problème de coordination des plans individuels.

Les hypothèses de comportement d'optimisation et de coordination spontanée des actions individuelles par le marché constituent le noyau dur du raisonnement économique. Elles sont responsables de l'ensemble des théorèmes que l'économiste a développés pour interpréter les phénomènes qu'il analyse. Elles renvoient aux définitions de l'économie présentées précédemment par L. Robbins — la science des choix — ou par J. Buchanan — la science des contrats. Avant de donner quelques exemples de raisonnement économique, ajoutons quelques mots sur trois autres caractéristiques de l'économiste dans son travail quotidien.

L'amoralisme

Les fins poursuivies par les individus sont infiniment variées et incluent des besoins alimentaires et intellectuels, sexuels et émotionnels. Si les individus partagent la plupart des mêmes fins, l'ensemble des fins poursuivi par chaque individu est unique. Du fait même de l'existence séparée de chaque individu, il est difficile pour l'économiste de porter un jugement de valeur sur ces fins multiples et subjectives ; il les considère donc souvent comme données et il les traite de manière égale. En cela, l'économiste est méthodologiquement amoral.

Ainsi, l'activité d'un criminel et celle d'un homme politique (elles ont un point commun, toutes deux reposent sur l'usage de la violence) sont analysées comme celles d'un offreur de travail ordinaire qui maximise sa satisfaction en arbitrant entre loisirs et consommation. Le drogué, le paysan spécialisé dans la production de drogue et le dealer sont considérés de la même manière comme de simples consommateurs, producteurs ou intermédiaires.

Quand un économiste affirme que le contrôle des loyers et le revenu minimum entraînent des effets pervers et accroissent le nombre de mal-logés et de pauvres, il ne dit pas que c'est bien ou mal. L'intention de ceux qui veulent contrôler les loyers et instaurer le revenu minimum est peut-être tout simplement de protéger certains électeurs ou présupposés tels, sachant très bien qu'une telle réglementation se fera au détriment d'autres électeurs : les pauvres et ceux qui cherchent à se loger et qui ne trouveront pas de logements par suite de ces prix planchers ou plafonds. Il ne faut cependant pas confondre cet amoralisme avec l'idée erronée que le raisonnement économique est éthiquement neutre. En effet, postuler que les individus poursuivent leur intérêt personnel et qu'ils sont poussés par leur nature à échanger une chose contre une autre, ou qu'ils sont rationnels dans leurs actions en jugeant celles-ci à l'aune de leurs conséquences, revient à supposer que les individus suivent une morale particulière qui est celle du conséquencialisme. Cependant, comme la plupart des « scientifiques », l'économiste évite de faire interférer ses propres jugements de valeur, en tant qu'individu, avec ceux des autres individus dont il observe et analyse le comportement.

L'abstraction

L'économiste pratique l'abstraction. En effet, compte tenu de la formidable complexité des phénomènes économiques, politiques et sociaux, il émet des hypothèses qui, souvent, n'ont aucun lien apparent avec la réalité. L'abstraction est l'instrument traditionnel de l'analyse économique. Ce n'est pas la philosophie de la diminution ou du réductionnisme, ni des mathématiques ou de la logique, qui sont des instruments de cohérence de la pensée. Le cerveau humain ne peut appréhender dans sa totalité la complexité des phénomènes sociaux et en déduire des éléments significatifs. C'est donc en séparant, dans la masse d'informations qui nous parvient, l'essentiel de l'accessoire que l'on améliore sa connaissance du monde. La théorie économique est abstraite, mais, parce qu'elle l'est, sa puissance d'explication et de conviction en est multipliée.

Le souci de tester les théories contre des faits

Enfin, l'économiste teste ses théories ou, plus exactement, il s'efforce d'apporter à l'appui de son argumentation des preuves empiriques.

Celles-ci proviennent de diverses sources : statistiques, expérimentales, économétriques, historiques ou liées à des expériences individuelles.

Prenons l'exemple suivant. L'astrologie est une vieille discipline. Elle était florissante à Babylone au temps d'Hammurabi (1792-1750 avant J.-C.). Depuis, l'intérêt pour la compréhension de l'influence de la course des astres sur le comportement des hommes ne s'est pas démenti : 30 % des gens, selon des sources américaines, croient en l'astrologie ; 60 % pensent qu'il y a un fond de vérité et connaissent le signe sous lequel ils sont nés. Ainsi, connaissant la date de naissance d'un individu, un astrologue peut dresser un horoscope qui prédit ses traits de caractère, ses caractéristiques physiques, le type de maladie auquel il est exposé, le métier le mieux approprié pour lui et même le type d'orientation que doit avoir sa maison pour être soumise aux bonnes influences des astres. Si ses prédictions étaient correctes, l'astrologie devrait avoir une grande influence sur les affaires et l'économie en général.

Deux économistes, J. Bennett et J. Barth[1], ont testé l'influence de l'astrologie sur le choix de la profession. Selon cette discipline, les personnes nées sous le signe de la planète Mars devraient avoir un tempérament guerrier et être incitées à choisir le métier des armes plus que d'autres personnes nées sous un signe différent. Ces deux économistes ont choisi le corps des Marines américains, réputé pour sa combativité. L'échantillon a été composé des individus se réengageant dans les Marines, pendant la période de 1962 à 1970, soit un total de 63 000 individus. Le résultat montre que, dans les Marines, on trouve une proportion de personnes nées sous le signe de Vénus (personnes douces et destinées aux arts) à peu près identique à celle de personnes nées sous le signe de la planète Mars. L'évidence empirique ne soutient donc pas les prédictions des astrologues.

Ce type de test est régulièrement appliqué à toutes les théories ou tous les arguments avancés par les économistes eux-mêmes à propos des phénomènes qu'ils cherchent à expliquer ou à prédire. L'attitude qui consiste à tester empiriquement les théories économiques fait référence explicitement à la méthodologie des sciences de la nature. Peut-

---

1   Bennett J. et Barth J. 1973, «Astronomics : a new approach to economics», *Journal of Political Economy*, December

on transposer une telle méthode dans les sciences de l'homme ? Vraisemblablement non.

Il n'est pas toujours possible en sciences de la nature d'observer directement les éléments de base de l'interprétation théorique, tels les molécules ou les atomes. Même s'il existe une observation indirecte pour les phénomènes microphysiques et directe pour les éléments de base en géologie, en zoologie, en astrophysique, etc., la connaissance que l'on en tire est externe à l'observateur. En revanche, en sciences humaines, les éléments de base de l'interprétation théorique, les individus et leurs désirs, sont de nature directement empirique. Les hommes, par l'introspection, ont une connaissance directe et interne de leurs désirs et projets. Ils peuvent comparer ces projets et être cohérents dans leurs choix s'ils le désirent. Mais ils peuvent aussi ne pas l'être. La rationalité individuelle n'est donc pas une hypothèse au sens où on l'entend habituellement, c'est-à-dire une supposition qu'il faudrait accepter ou rejeter. C'est une certitude, une évidence, un axiome.

Quel est alors le critère authentique du vrai et du faux dans le domaine de l'action humaine ? Au niveau théorique, c'est la cohérence logique des déductions que l'on tire d'un comportement rationnel, orienté vers une fin et compatible avec les fins poursuivies par les autres acteurs individuels. Au niveau pratique ou empirique, cela se traduit par une réflexion sur les raisons pour lesquelles les projets tels qu'ils étaient anticipés par chacun n'ont pu être réalisés. C'est ce que l'on observe lorsque l'on empêche par la violence (y compris la violence politique) le système de prix de fonctionner. Cela se traduit aussi par ce que l'on appelle l'analyse contrefactuelle. Quels auraient été les événements qui auraient façonné l'histoire individuelle ou celle d'un ensemble d'individus si telle décision n'avait pas été prise ou si tel évènement ne s'était pas passé ? Par exemple, quel aurait été le niveau de vie des Allemands de l'Est si ces derniers n'avaient pas vécu sous un régime communiste pendant quarante-cinq ans ? La réponse a été donnée partiellement par l'histoire. Ils auraient eu le niveau de vie des Allemands de l'Ouest.

Encore que l'on puisse discuter de cette proposition parce que ceux qui ont choisi cette voie volontairement, c'est-à-dire ceux qui ont dirigé le pays et ceux qui les ont soutenus, contrairement à ceux qui ont été contraints de les suivre, ont révélé qu'ils préféraient la pénurie et une situation de relative pauvreté à celle de la richesse.

Constamment, les individus, par leurs actes, révèlent quelles auraient été leurs vies s'ils n'avaient pas pris la décision qu'ils ont prise. Les actes d'émigrer, de travailler ou d'y renoncer, de se marier ou de rester célibataire, etc., révèlent, lorsqu'ils sont non contraints, la valeur d'une situation ou d'un système institutionnel telle qu'elle est perçue par les individus eux-mêmes par rapport à celle de son alternative.

Cette brève analyse montre qu'il n'y a pas un accord total entre économistes sur la bonne façon de juger si une théorie est bonne ou mauvaise. Certains veulent appliquer strictement les méthodes expérimentales ou de vérifications empiriques développées dans les sciences de la nature en arguant qu'il n'y a qu'une méthode scientifique. D'autres, au contraire, voient dans l'application de cette méthodologie à un domaine qui ne s'y prête pas une imitation servile fondamentalement antiscientifique : c'est le scientisme.

Pour terminer ce chapitre et familiariser le lecteur avec quelques fondamentaux en économie, nous proposons de passer en revue quelques notions clés du raisonnement économique.

QUELQUES NOTIONS CLÉS DU RAISONNEMENT ÉCONOMIQUE[1]

Le raisonnement économique est comme une jolie fille, difficile à décrire mais facile à reconnaître. En fait ce n'est pas très compliqué de devenir un économiste : il vous suffit de vous entraîner à cette façon de penser. Si vous êtes capable d'intégrer dans votre raisonnement les sept notions clés suivantes et de les appliquer dans les débats que vous pouvez avoir avec vos amis (amies) ou collègues, on reconnaîtra en vous la patte de l'économiste, ce que l'on retrouve de moins en moins chez les économistes professionnels, qui ont été imprégnés par la tech-

---

1   Il y en a quelques autres que nous développons sur notre site : www.lemennicier.com

nicité de la discipline au point d'en oublier de temps en temps les fondamentaux :

1. Toutes les choses et toutes les personnes sont substituables, et les services qu'elles rendent sont définitivement subjectifs.

2. Le coût d'une activité est toujours un coût d'opportunité.

3. L'analyse marginale nous indique quand il faut arrêter ou poursuivre une activité.

4. Les droits de propriété pacifient les conflits à propos de l'usage d'une ressource rare.

5. L'échange librement consenti procure des avantages aux parties impliquées.

6. Le principe des avantages comparatifs et de la division du travail est à la source de la croissance de la richesse.

7. Le principe d'arbitrage ne laisse aucune opportunité de profit inexploitée.

Toutes les choses et toutes les personnes sont substituables, et les services qu'elles rendent sont définitivement subjectifs

Les individus ne désirent pas les objets pour eux-mêmes, mais pour les services qu'ils rendent. Quand vous utilisez un lit, ce n'est pas le lit, en tant qu'objet, que vous consommez, mais le service qu'il rend : se reposer. En revanche, le service rendu par le lit de Marie-Antoinette est tout autre : il est symbolique. On admire le lit sur lequel se reposait la femme de Louis XVI, on ne s'y allonge pas. De la même façon, vous ne consommez pas une automobile, mais les kilomètres qu'elle permet de parcourir. Quand vous embauchez une femme de ménage, ou que vous épousez une jeune femme, vous ne la consommez pas, ce sont les services qu'elle rend que vous consommez : les services domestiques pour la première, les services affectifs pour la seconde. On consomme les services rendus par les objets ou les êtres humains, non les objets ou les êtres humains eux-mêmes. Ces services le sont par unité de temps et sont définitivement subjectifs. Les objets ou les êtres humains sont donc, de ce fait, substituables entre eux.

Cette idée que l'on consomme les services rendus par un objet ou par quelqu'un entraîne trois propositions fondamentales :

1. Les services rendus s'expriment toujours par unité de temps, c'est-à-dire la période pendant laquelle on consomme ce service (on utilise une femme de ménage trois fois par semaine ou six fois par mois…).

2. Les services rendus par les objets ou par les individus sont des moyens pour arriver à des fins. Si plusieurs objets ou êtres humains peuvent rendre le même service plus ou moins bien, ils sont, d'une certaine façon, substituables.

3. Les services rendus sont subjectifs. L'un voit dans le lit de Marie-Antoinette une aire de repos, l'autre y voit un symbole de la royauté.

De nombreuses controverses inutiles entre économistes et non-économistes viennent de cette méconnaissance du principe de substituabilité.

Pour faire le trajet Paris-Lille, vous pouvez prendre l'avion, le train, la voiture, la bicyclette ou vos pieds. Pour laver votre linge, vous pouvez embaucher une lavandière, le faire vous-même, vous adresser à une laverie, acheter une machine à laver le linge ou encore jeter votre linge à la poubelle et en acheter du neuf. Les objets et les êtres humains sont substituables entre eux parce qu'ils sont des moyens pour arriver à des fins. À l'extrême, des objets qui rendent des services identiques sont parfaitement substituables. C'est le cas de la monnaie. C'est parce que vous jugez le billet de banque de 100 € équivalent à un chèque de 100 € qu'il vous est indifférent d'être payé par votre employeur en liquide ou en chèque. Lorsque l'équipe de football de la France bat celle de l'Islande par 6 à 5, est-ce le dernier tir au but des cinq dernières minutes qui est crucial ? Non, car les tirs au but sont tous fongibles. Le premier tiré dans la première minute est aussi crucial que le dernier. Quand vous entendez quelqu'un parler de certains points qui ont donné la victoire, ou que certaines motivations ont été l'origine de la décision, vous pouvez être sûr que celui qui argumente ainsi ignore le principe de fongibilité.

La subjectivité des services rendus est aussi une caractéristique essentielle qui divise souvent, par de vaines querelles, les économistes et les non-économistes. Les services rendus par un objet ou par un être humain ne se définissent pas en termes physiques, mais seulement d'après l'opinion que les individus professent à leur égard. Ainsi, une médaille en or peut être un objet de décoration, un moyen de paiement, une récompense symbolique ou un objet qui sert à caler le pied d'un fauteuil bancal. Une parcelle de terrain bien exposée peut sembler être le lieu approprié à la culture de la vigne. Mais cette spécificité est une constatation qui n'est pas indépendante du lieu, du temps, des connaissances ou des anticipations qu'ont les gens sur l'utilisation alternative de ce terrain. Il peut être non seulement utilisé pour la vigne mais aussi, compte tenu de la proximité d'un lac, loué comme camping. Les objets servent à ce que les gens pensent qu'ils doivent servir.

Oublier ce principe de subjectivité entraîne parfois des fautes de raisonnement. Prenons un troisième cas de figure adapté d'Alchian[1]. Soit deux propriétaires qui ont un même revenu annuel et qui vivent dans deux villes similaires. Ils décident de construire dans leurs jardins respectifs (entourés d'immeubles) la même piscine en s'adressant au même constructeur. Pour un observateur extérieur, ces deux individus font face au même environnement, aux mêmes prix, en un mot aux mêmes circonstances « objectives », et devraient donc supporter un coût identique. Cependant, d'un point de vue subjectiviste, une telle proposition est inacceptable. En effet, si ces situations apparaissent comme identiques à un observateur extérieur, c'est parce qu'il ne détient pas toutes les informations nécessaires pour en juger autrement, et, en particulier, celles que détiennent les propriétaires eux-mêmes : ce qu'ils veulent faire de leur piscine.

L'un des deux propriétaires veut utiliser la piscine pour des parties de *dolce vita*. Mais la vue plongeante des immeubles environnants interdit un tel usage sauf à supporter un coût supplémentaire (avoir une piscine couverte). L'autre propriétaire envisage d'utiliser sa piscine pour donner des leçons de natation. Le fait que les immeubles environnants ont une vue « plongeante » sur sa piscine est au contraire une source de revenus futurs : il n'aura pas à faire de publicité. Ainsi, en dépit du fait que nos deux propriétaires font face aux mêmes circons-

---

1   Alchian A. et Allen W. 1972, *University Economics*, Wadsworth Publishing Company, Inc., Belmont California

tances « objectives », l'un et l'autre font un usage différent de leur piscine, de telle sorte que le véritable coût d'opportunité de la piscine n'est pas le même.

Toute information que nous pouvons avoir sur la nature exacte d'une chose matérielle ne nous aide en rien à comprendre le comportement des individus dont on veut expliquer les actions, car la connaissance qui importe est celle qu'ils ont dans leur esprit. Ce savoir est incommunicable soit parce qu'il est tacite, soit parce qu'il porte sur des circonstances particulières de lieu, de temps, ou des connaissances spécifiques hors de portée d'un observateur extérieur. Le prix Nobel F. Hayek[1] nous rappelle que si la connaissance objective ou scientifique montre qu'un sol produit une récolte abondante avec un certain type d'engrais, alors que les paysans pensent que la récolte sera effectivement abondante si et seulement si certains rites incantatoires ont été accomplis, ce seront ces croyances qui l'emporteront. Un objet matériel ou le service rendu par un objet ou un être humain ne peut être défini que par rapport à un dessein, aux croyances, aux opinions humaines. Un petit disque de métal rond avec le portrait de François II n'a aucune signification tant que vous ne savez pas que ce morceau de métal sert de monnaie. Une cigarette peut être considérée comme une source de plaisir, mais si vous aviez été prisonnier à l'OFLAG-XB dans les années 1940-1945, vous auriez vu dans cette cigarette un moyen de paiement.

Ce caractère fondamentalement subjectif des services rendus par les objets ou les êtres humains fait des coûts non une mesure objective sur laquelle tout le monde pourrait s'entendre, mais, bien au contraire, un concept éminemment subjectif qui en empêche la comparaison entre firmes, entre individus.

Coût d'opportunité

Choisir de faire une chose revient à renoncer à autre chose. Il est difficile d'échapper à ce dilemme. Le coût de faire, ou d'avoir quelque chose, est alors mesuré par la valeur maximale de ce à quoi on renonce.

---

1   Hayek F. 1952, *Le caractère subjectif des données dans les sciences sociales*, dans chapitre III du livre *Scientisme et sciences sociales*, Plon, Collection Agora, 1991

C'est cette valeur comparée aux bénéfices attendus de l'action que l'on veut entreprendre qui décidera si cette action doit être entreprise.

Prenons un exemple simple : poursuivre sa scolarité encore une année. Si les études sont payantes (une année d'études vaut environ 10 000 € par an), les poursuivre revient :

1. à se priver de ce montant qui aurait pu être utilisé à autre chose (acheter une voiture) ;

2. à renoncer aussi à un travail salarié ou à des loisirs.

Or la valeur des revenus annuels que l'on pourrait obtenir en travaillant (avec le diplôme précédent) peut s'élever à 12 000 € si un employeur est prêt à vous embaucher à 1 000 € par mois. Les 22 000 € mesurent donc le coût d'opportunité de cette année scolaire à venir. De la même façon, si la valeur que l'individu attache aux loisirs excède la valeur des revenus du travail, le coût d'opportunité de poursuivre sa scolarité se mesure par la valeur des loisirs auxquels il renonce.

Cette notion de coût d'opportunité permet d'expliquer de façon souvent contre-intuitive des phénomènes encore plus simples. Pourquoi les pauvres prennent-ils le train alors que les riches, eux, préfèrent l'avion ? La première réaction que l'on attend de vous est celle de monsieur Tout-le-monde : les riches ont les moyens de se payer l'avion, pas les pauvres. L'économiste a un point de vue différent. Il vous répondra que chaque individu adoptera le moyen de transport dont le coût d'opportunité est le plus faible. En effet, se déplacer coûte du temps. Le temps vaut plus cher pour un riche que pour un pauvre. On suppose que le coût du temps du riche vaut par exemple 100 € de l'heure et celui du pauvre 10 €. Pour se rendre à Marseille (de Paris), ils peuvent choisir entre le train (3 heures de trajet en TGV plus 1 heure pour un aller-retour de la gare au domicile pour un coût du billet de 72 € en classe économique et tarif plein) et l'avion (1 heure de vol à laquelle il faut ajouter 2 heures de transport centre-ville/aéroport/centre-ville pour un coût de 113 €). Sachant que le coût d'opportunité est la somme d'un coût monétaire et d'un coût temporel, on peut évaluer la valeur de celui-ci pour chaque individu. Le voyage en train pour le riche coûte 472 € (72 €+ (4 x 100 €)). Celui en avion vaut 413 € (113 + (3 x 100 €)). Au contraire, le pauvre préférera prendre le train, dont le coût d'opportunité est plus faible (112 € contre 143 €).

La valeur des alternatives sacrifiées mesure donc le coût d'opportunité. Ce dernier est, par la force des choses, purement subjectif puisque les services rendus par les biens ou les activités menées sont eux-mêmes subjectifs. Si vous attachez plus d'importance aux loisirs qu'à un travail salarié, la partie du coût d'opportunité correspondant au sacrifice de votre temps ne sera pas l'ensemble des revenus salariaux perdus, mais la satisfaction supérieure que vous procurent les loisirs et dont vous êtes privés. En prenant comme estimation systématique du coût d'opportunité du temps les salaires perdus, on sous-estime le coût d'opportunité total.

La notion de coût d'opportunité est plus profonde qu'il n'y paraît. Par exemple le coût d'opportunité des festivités du 14 juillet organisées par votre maire permet de soulever des questions fondamentales sur la nature de l'État. Ainsi, si c'est bien la valeur maximum de l'ensemble des biens ou services dont on se prive pour organiser les festivités d'un 14 juillet, on suppose implicitement que la mairie organise ces fêtes sur son budget, c'est-à-dire sur de l'argent prélevé par la coercition sur le contribuable. L'alternative sacrifiée correspond donc à l'usage que les contribuables auraient fait de l'argent prélevé sans leur consentement, auquel il faut ajouter les alternatives sacrifiées pour le prélèvement de l'impôt lui-même. Celui-ci n'est pas, non plus, sans coût d'opportunité : il faut mobiliser des gendarmes et des inspecteurs des impôts pour prélever par la force l'argent que le contribuable ne veut pas donner de son plein gré à la mairie ou aux fêtes que le maire organise. Or, ces dépenses elles-mêmes pourraient être utilisées à autre chose qu'à forcer les gens à faire ce qu'ils n'ont pas envie de faire.

On peut aller plus loin dans le raisonnement. Le coût d'opportunité effectif (mais non réel) de la décision publique correspond au coût d'opportunité de celui qui prend la décision publique. Le maire, qui prend la décision d'organiser cette fête, considère son coût d'opportunité. Et, pour lui, ce coût correspond aux votes marginaux qu'il perd si, à la place des festivités, il construit un stade ou un hôpital. Ce n'est pas terminé. Cette notion soulève des problèmes philosophiques et méthodologiques essentiels. Elle présuppose que vous ayez un libre arbitre, une liberté de choix. Par ailleurs, chaque fois que l'on observe une action humaine, on est supposé comparer le résultat de cette action ou l'action elle-même à une autre action qui n'existe pas, mais qui aurait pu exister : celle que l'on a sacrifiée. Du fait même de la subjectivité du coût d'opportunité, on ne peut même pas comparer cette alternative sacrifiée, qui aurait pu exister, au choix fait de cette alternative par un autre individu. C'est ce qui rend si difficile l'interprétation des statistiques ou de l'économétrie dans notre discipline.

Analyse marginale

Pour déterminer le nombre d'unités d'un bien ou d'un service que l'on désire consommer, on s'intéresse au coût (et au gain) supplémentaire que l'on va supporter en en consommant une unité additionnelle. Cela pour une raison simple : on s'attend à ce que le coût d'opportunité (ou le gain attendu) d'une unité supplémentaire de ce bien s'élève (ou diminue) au fur et à mesure que l'on en consomme. Revenons à notre exemple des années de scolarité. La quantité totale d'éducation reçue dépend du nombre d'années de scolarité effectuées. Elle est, en fait, déterminée en comparant à chaque fin d'année le coût d'opportunité de l'année suivante au gain attendu. Si le gain attendu est inférieur au coût d'opportunité, on a une règle d'arrêt : il est inutile de prolonger sa scolarité, puisque l'individu sera amené à sacrifier plus d'argent qu'il n'en recevra.

On peut décrire cette règle d'arrêt à l'aide d'un graphique. Portons sur l'axe vertical les gains et coûts marginaux d'une action (une année d'études supplémentaire) et sur l'axe horizontal le nombre d'unités (ici le nombre d'années de scolarité) du bien ou du service en question.

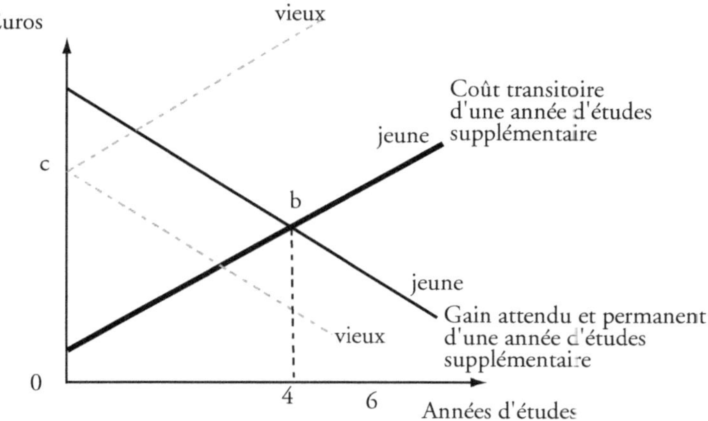

Quand arrête-t-on une activité ?

L'axe vertical représente les coûts transitoires et gains permanents attendus d'une année d'études supplémentaire. L'axe horizontal représente le nombre d'années de scolarité. Le coût d'opportunité d'une année d'études supplémentaire est croissant car d'une année à l'autre le salaire perdu en poursuivant ses études s'élève. Le supplément de gain attendu d'une année d'études à l'autre, en revanche, diminue avec le nombre d'années de scolarité. Lorsque le coût d'opportunité d'une année d'études supplémentaire excède le gain permanent attendu, l'étudiant arrête ses études.

D'un côté, le coût d'opportunité d'une année d'études supplémentaire croît. En effet, celui-ci est mesuré par le revenu perdu en renonçant à un emploi salarié. Si le salaire est une fonction croissante du nombre d'années d'études (ce qui est empiriquement établi), le fait de prolonger ses études d'une année entre la maîtrise 1 et la maîtrise 2 implique de renoncer à un salaire plus élevé que le coût de prolonger ses études d'une année entre la première et la deuxième. Par ailleurs, les études sont plus coûteuses, car plus hautement qualifiées ; elles exigent des enseignants et des chercheurs spécialisés et reconnus, et parfois des équipements sophistiqués. De l'autre côté, le gain attendu d'une année supplémentaire de scolarité diminue. Le supplément de revenus attendu entre une première année d'études et un DEUG est plus élevé que le supplément de revenus attendu entre une maîtrise 1 et une maîtrise 2. Le gain marginal est donc décroissant et le coût marginal croissant.

Si le coût marginal est juste égal au gain marginal à la quatrième année de scolarité, maîtrise 1, arrêter ses études au DEUG (2 années d'études) revient à renoncer à un profit. Prolonger jusqu'à la maîtrise 2 (5 années d'études), c'est supporter des pertes. La comparaison des gains et des coûts d'opportunité d'une année d'études supplémentaire indique quand il faut arrêter ses études : quatre années d'études épuisent les profits sans engendrer de perte. Grâce à ce graphique très simple, on obtient déjà des prédictions élémentaires en matière de prolongation de la scolarité. Si le coût d'opportunité des études diminue ou si les gains attendus augmentent, et ce quelle que soit l'année de scolarité considérée, les étudiants prolongeront massivement leur scolarité.

Chaque individu fait face à des coûts d'opportunité et des gains attendus différents. Les étudiants jeunes ne font pas face aux mêmes opportunités que les étudiants plus âgés. Les vieux ont un coût d'opportunité à prolonger leur scolarité d'une année plus élevé que celui des jeunes. Le gain permanent attendu d'une année d'études supplémentaire est aussi beaucoup plus faible car il court sur un plus petit nombre d'années. Les vieux ne vont pas à l'université, contrairement aux jeunes. En effet, les individus les plus âgés voient le gain attendu d'une année de scolarité supplémentaire courir sur un plus faible nombre d'années. Ils seront donc moins incités à prolonger leurs années de scolarité. Simultanément, leur coût d'opportunité est plus élevé, s'ils sont dans la vie active (sur les bancs de la faculté, rares sont les personnes âgées de plus de 30 ans).

L'analyse marginale est une règle d'arrêt simple : lorsque le coût d'opportunité d'une action supplémentaire (coût marginal) devient juste égal ou supérieur au gain attendu de cette action (gain marginal), il est inutile de poursuivre cette action.

Avec cet outil de raisonnement, on peut expliquer très simplement un phénomène qui intrigue toujours les observateurs du système scolaire : la montée de l'absentéisme à l'école conjointement avec celle de la violence. L'explication pour un économiste est directe : c'est le produit d'une législation qui force les jeunes à continuer leurs études au-delà du nombre d'années optimal de scolarité. C'est ce qui se passe avec la scolarité obligatoire jusqu'à 16 ans. Reportons-nous au graphique suivant :

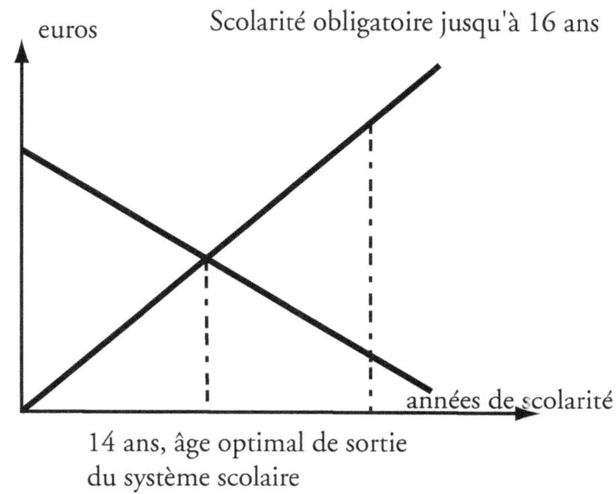

Les méfaits de la scolarité obligatoire jusqu'à 16 ans

Admettons que le nombre « optimal » d'années de scolarité pour un groupe d'élèves est de huit années. L'âge optimal de sortie du système scolaire est donc 14 ans. Contraindre les élèves à poursuivre leur scolarité au-delà de 14 ans revient à leur faire supporter un coût d'opportunité en excès des gains permanents attendus. Comme, par ailleurs, on interdit à un employeur d'embaucher un enfant de moins de 16 ans, les élèves n'ont d'autre solution que de fuir l'école ou, s'ils sont contraints d'y aller par la force, de résister par la violence à un système scolaire qui les agresse. S'ils n'ont pas envie d'aller à l'école et que les employeurs légaux n'aient pas le droit de les embaucher, ils se tournent vers le marché noir et la délinquance. Que l'on supprime la scolarité obligatoire, que l'on autorise le travail des enfants en deçà de 16 ans, et ces maux disparaîtront comme par enchantement. Évidemment, la contrepartie est que, sur le marché du travail, des concurrents marginaux arrivent, prêts à travailler pour trois fois rien. Cette législation est faite normalement pour contraindre des jeunes et leurs familles, qui spontanément ne poursuivraient pas leur scolarité au-delà de 13 ans ou 14 ans pour diverses raisons, à le faire. L'idée est que le temps passé à l'école permet à ces élèves d'accumuler des compétences qui plus tard leur permettront d'avoir de meilleurs salaires. Nous avons un problème classique d'un législateur qui se substitue aux individus et aux familles en croyant savoir mieux qu'eux-mêmes ce qui est bon pour eux. Ils sont alors surpris de voir la réaction de ces jeunes. Quand on utilise la violence pour forcer quelqu'un à faire quelque chose qu'il n'a pas envie de faire, il ne faut pas s'étonner des conséquences que cela engendre. De façon ultime, c'est l'individu lui-même qui contrôle son corps, ce ne sont pas les autres. En résistant, les jeunes des banlieues pétitionnent pour leur liberté vis-à-vis d'une réglementation dont ils pensent qu'elle leur est nuisible. C'est une « positive » attitude !

Droit du premier occupant et droit de propriété

Les droits de propriété émergent de façon non intentionnelle de l'inte-raction individuelle entre une multitude d'acteurs poursuivant leurs propres desseins. Un droit de propriété est le produit de l'activité des hommes mais non de leur volonté. Il n'est pas arbitraire. Il émerge pour résoudre des problèmes fondamentaux d'interaction individuelle et de conflits d'intérêt ou d'usage à propos d'une ressource. Il n'est pas altérable sans créer des dommages considérables dans l'ordre social en trompant les attentes légitimes des individus.

Prenons un exemple simple. Pierre est un vacher. Il vient de Sicile, il pèse 55 kg et mesure 1,57 m. Jules est un agriculteur allemand de 110 kg qui mesure 1,80 m. Tous deux vivent dans l'Ouest américain des années 1880. Tous deux convoitent une prairie dont la terre est très riche. L'un veut l'utiliser pour l'élevage, l'autre pour la culture. Qui finalement va décider de l'usage de la prairie ? Pour la plupart d'entre vous, vous êtes persuadés que Jules, notre Allemand, va imposer ses préférences en utilisant la force.

Il existe en effet une asymétrie profonde de taille et de poids entre les deux hommes. L'issue ne fait pas de doute. Jules gifle Pierre autant de fois qu'il le faut pour qu'il renonce à convoiter l'usage de cette ressource. Mais cette idée ou cette croyance que le plus fort l'emporte est fausse. En effet, Pierre a des cousins. Ils sont dix et armés, et Jules est seul et sans famille. Si Jules avait eu connaissance des cousins de Pierre et de la solidarité qui existe dans les familles siciliennes, il n'aurait pas agi ainsi. Un comportement violent et agressif n'est pas la manière dont on peut résoudre le conflit à propos de l'usage d'une ressource rare, parce que l'on ne sait jamais qui est le plus fort. Cette stratégie dite du « faucon » n'est pas dominante parce qu'elle n'est pas indépendante du comportement de l'autre partie. Représentons le conflit d'appropriation par ce que l'on appelle le jeu de la colombe et du faucon.

Le jeu de la colombe et du faucon[1]

		Pierre	
		Colombe	Faucon
Jules	Colombe	V/2, v/2	0, v
	Faucon	V, 0	(V–C)/2, (v–c)/2

---

1   Maynard Smith J. 1982, *Evolution and the Theory of Games*, Cambridge University Press

Pour vous démontrer ce point, admettons que Pierre et Jules décident de régler leur conflit à propos de la prairie en adoptant une stratégie d'agression ou une stratégie de soumission. Chacun décide de se comporter : soit comme un faucon, soit comme une colombe.

La stratégie agressive consiste pour Jules à entourer la prairie avec des fils de fer barbelés pour empêcher l'accès du troupeau de Pierre ; et pour Pierre à venir avec ses cousins armés et à détruire ces fils de fer. Lorsque l'on entre en conflit, il y a une chance sur deux pour que les coûts à faire la guerre excèdent les gains, V (respectivement v) mesure le gain du conflit, C (respectivement c) le coût pour chacun de se faire la guerre.

Si les deux jouent la colombe, ils peuvent s'entendre et passer un contrat pour se partager les gains en deux, V/2, v/2. Quand les deux se font la guerre, le gain attendu est de (V–C)/2, (v–c)/2. Il est négatif. Sinon la guerre vaudrait autant que la paix.

Chacun, dans le fond, accepte de jouer le faucon si et seulement si son adversaire joue la colombe. Car, si tous deux jouent le faucon, les pertes sont supérieures aux gains. Si Jules joue le faucon alors que Pierre joue la colombe, il emporte la totalité des gains V. Si à l'inverse il joue la colombe alors que Pierre joue le faucon, il perd tout, son gain est nul. Comme nous ne savons pas avec certitude quel sera le comportement adopté par l'adversaire, la loi du plus fort peut nous amener avec une certaine fréquence dans l'état dit hobbesien où les deux perdent en se faisant la guerre.

Il existe une solution à cette structure d'interaction. En effet il existe une asymétrie qui permet d'éviter le conflit d'appropriation : celle du premier occupant ou du premier en possession du champ ou de la prairie ou de la chose convoitée. Dans un tel cas, chacun sait que s'il n'est pas le premier, il est d'une certaine manière un intrus. L'autre est le premier occupant. Or, en général, le premier occupant adopte un comportement de « faucon ». L'intrus anticipe donc que le premier occupant adoptera systématiquement la stratégie du faucon (même si cela n'est pas vrai chaque fois, il suffit qu'il le croie) ; pour lui la seule stratégie rationnelle consiste alors à adopter la stratégie de la colombe. Spontanément, en adoptant cette attitude de la colombe, l'intrus reconnaît et respecte le « droit » du premier occupant. L'avantage de cette règle d'attribution des droits de propriété est qu'elle est non ambiguë et généralisable à n'importe quel conflit d'appropriation.

L'incertitude sur le premier occupant est à la source même du conflit d'appropriation. C'est parce qu'ils ne savent pas qui est le premier occupant qu'une proportion non négligeable de gens adoptent une stratégie de violence lorsque, justement, ils ne sont pas dominants. Dès que l'on sait qui est le premier occupant ou le premier en possession de la ressource rare, l'incertitude est réduite à tel point que cette information entraîne une règle de comportement dominante : quand on est le premier occupant, on adopte la stratégie du faucon ; quand on est l'intrus, on adopte la stratégie de la colombe.

Or, cette information est, la plupart du temps, facile à obtenir : il suffit d'inspecter ou de se renseigner. Cette règle est si forte que le premier occupant n'a pas grand-chose à faire pour marquer son territoire ou pour signaler qu'il est le premier occupant. Jules dépose ses affaires sur la prairie et marque ainsi sa propriété. Quand l'étudiant est au restaurant universitaire, il dépose son plateau sur la table où il envisage de déjeuner. Rares sont les étudiants qui vont prendre ce plateau et le mettre sur une autre table.

La reconnaissance d'une asymétrie non ambiguë entre les adversaires fait passer de l'état de nature hobbesien — état de guerre de tous contre tous — à un état de nature lockéen — état pacifique — où les droits de propriété fondent l'ordre social. La clé de l'émergence de la règle du premier occupant comme moyen d'attribuer les droits de propriété réside dans sa non-ambiguïté. Elle est sélectionnée par les individus et s'impose à eux pour cette raison.

Ces droits de propriété individuels sont naturels au sens où ils sont le résultat non intentionnel d'une interaction entre les hommes. Ils n'ont pas été le produit d'une activité consciente des individus composant la société. On remarquera ici que les droits de propriété sont un instrument de coordination des actions individuelles pour résoudre les conflits qui apparaissent lorsque plusieurs individus veulent faire un usage différent d'une ressource commune.

Maintenant imaginons que Jules s'approprie cette prairie. Imaginons aussi qu'il ne tire pas un profit maximum de l'exploitation de sa prairie. Pierre, qui est un malin, a trouvé une utilisation de cette terre qui rapporte plus de revenus. Il peut proposer à Jules de lui louer sa prairie ou de la lui acheter. S'il y consent, Pierre loue la prairie à un prix qui est supérieur au profit que Jules tire de son exploitation, mais inférieur aux revenus que Pierre pense en tirer. Il peut aussi l'acheter à un prix tel que la valeur en capital de la prairie rapporte un revenu supérieur au profit qu'en tire Jules mais inférieur au revenu qu'en tire Pierre. Cet échange ou ce transfert de droits de propriété, décomposé ou non, est fondamental pour que la prairie soit mise dans les mains de celui qui sait en faire le meilleur usage.

Vous remarquerez que la propriété de soi découle de ce même principe. Lorsque l'État vous enrôle de force dans son armée, impose à vos parents de vous envoyer à l'école, vous oblige à porter une ceinture de sécurité en voiture, vous taxe si vous fumez ou vous interdit de consommer de la marijuana, de vendre un rein de votre vivant ou après votre décès, il use de votre corps à des fins qui ne sont pas nécessairement celles que vous désirez. Tous ces actes créent un conflit sur l'usage de votre corps. Une façon simple de les résoudre est d'attribuer un droit de propriété sur le corps humain à celui qui l'occupe en premier. Or, qui peut bien être le premier occupant de votre corps si ce n'est vous ? Une fois reconnus le droit de propriété et le droit de propriété sur soi (ce qui est loin d'être le cas dans la réalité), le mécanisme de marché ou de l'échange volontaire peut se mettre en route. Si vous empêchez cette appropriation et cet échange volontaire spontané, vous devez en assumer les conséquences à la fois morales et physiques.

L'échange librement consenti

Le marché repose sur une relation d'échange volontaire et mutuellement bénéfique. Les deux parties, si elles sont libres de refuser un marché, tirent un bénéfice de l'échange. En effet, pourquoi s'engageraient-elles dans une transaction si elles en attendaient une perte ? Le vol, en revanche, est un échange non volontaire pour au moins l'une des deux parties. Mais ce n'est pas non plus une relation de marché. Le don, qui n'est pas une relation marchande, est volontaire mais pas mutuel. Il n'y a pas à obtenir de contrepartie de celui qui reçoit le don.

Ainsi, deux idées simples, mais non simplistes, doivent être retenues à propos de l'échange :

1. Deux individus s'engagent dans une telle interaction parce qu'ils en espèrent un bénéfice ; autrement ils n'échangeront pas.

En conséquence :

2. Chaque individu estime que ce qu'il cède en contrepartie de ce qu'il demande a forcément moins de valeur pour lui (et réciproquement pour l'autre contractant) ; sinon, il n'échangera pas.

Dans un échange librement consenti, l'idée que les deux parties en cause doivent trouver leur avantage ou, tout au moins, espérer le trouver, est une évidence. Pourtant, il est étonnant de constater combien celle-ci est rejetée par le commun des mortels. En effet, il existe des lois qui interdisent certains échanges mutuellement avantageux entre acheteurs et vendeurs, tels l'adoption des enfants ou l'échange des organes ou du sang. Ces échanges devraient reposer sur le don. De même, de nombreuses personnes sont convaincues, d'instinct, que si un riche ou un employeur tire un avantage substantiel d'une affaire conclue avec un pauvre, cela signifie que le riche ou l'employeur exploite le pauvre. Certains vont même jusqu'à penser qu'un échange juste est un échange où la valeur de ce que l'on donne doit être égale à la valeur de ce que l'on reçoit, alors que la motivation profonde de l'échange est que justement ce que l'on donne a moins de valeur que ce que l'on reçoit.

Prenons l'affirmation suivante d'un bandit de grand chemin qui déclare à sa victime : « La bourse ou la vie. » La victime peut toujours choisir de ne pas payer. En un sens, cette transaction est volontaire et mutuellement bénéfique, puisque l'un s'enrichit et l'autre préserve sa vie. Le chantage, la prise d'otages et l'extorsion de fonds ne peuvent donc être distingués de l'échange volontaire. Nombre d'économistes ont encore des difficultés avec l'analyse de telles situations. Or, celle-ci repose sur la notion de droit de propriété. Le marché que propose le bandit consiste à vendre en retour à son propriétaire quelque chose qu'il lui a volé : sa vie ! La transaction, soi-disant volontaire, repose en fait sur un vol. On ne peut échanger que ce dont on est « légitimement » propriétaire, c'est-à-dire lorsque les droits de propriété sont définis. Ce point est crucial.

Prenons l'affirmation suivante :

Un riche bourgeois de Nantes prête de l'argent aux pauvres fermiers du pays à des taux exorbitants. Beaucoup de paysans, endettés auprès de ce bourgeois, meurent avant d'avoir remboursé leur dette. Beaucoup vendent leurs maigres terres et émigrent en haillons vers les faubourgs de la ville, où ils vont mendier. Ce bourgeois exploite les pauvres fermiers du pays nantais.

En réalité le pauvre paysan a un choix : accepter le taux d'intérêt exorbitant, vendre son lopin de terre pour aller mendier à la ville, ou mourir de faim dans la campagne. En acceptant d'emprunter à ce taux, il révèle que cette situation — l'endettement à vie — est meilleure pour lui que la vente pour les autres. Ce bourgeois ne force pas le paysan à accepter sa proposition ; en exigeant un tel taux, il ne diminue pas le bien-être du paysan. On remarquera qu'il peut exiger un tel taux d'intérêt parce que d'autres bourgeois n'ont pas assez d'économies à placer. Sinon, le paysan pourrait trouver un bourgeois concurrent qui lui offrirait un taux plus raisonnable. Paradoxalement, quand le paysan met volontairement fin à ses jours avant d'avoir payé sa dette, c'est lui qui exploite le bourgeois en ne respectant pas le contrat passé avec lui. En effet, il a obtenu de l'argent, grâce auquel lui et sa famille ont pu consommer davantage en échange d'une promesse : celle de rembourser, plus tard, capital et intérêts. En ne respectant pas sa promesse, il vole le bourgeois et lui inflige une perte de bien-être. Mais affirmer que le bourgeois supporte une perte de bien-être est aller trop vite dans l'argument. Il sait que le paysan peut ne pas respecter sa promesse. En acceptant de prêter à un paysan pauvre, il prend le risque de voir son prêt non remboursé. S'il craint cette éventualité, il peut aussi refuser de prêter au paysan. Celui-ci ira à la ville mendier ou se suicidera. Le bourgeois n'accepte de prêter que si le taux d'intérêt est suffisamment élevé pour couvrir ce risque. En ce sens, le non-respect de la promesse est bien un vol, mais ne diminue pas le bien-être du bourgeois, car celui-ci s'est assuré *ex ante* contre cette éventualité.

La prohibition du taux d'intérêt par les autorités civiles et religieuses a été constante pendant des siècles[1]. L'activité de prêteur a souvent été dénoncée comme immorale. Citons Aristote : « L'intérêt est de l'argent issu d'argent, et c'est de toutes les acquisitions celle qui est le

---

1   Faucher L. 1864, « L'intérêt », dans *Le dictionnaire de l'économie politique*, de Coquelin et Guillaumin ; Turgot A. M. 1770, *Mémoire sur les prêts d'argent*. Communication au Conseil d'État à propos de l'affaire des commerçants d'Angoulême

plus contre nature. » « *Mutuum date nihil inde sperantes ; prêtez sans en espérer aucun avantage* » (saint Luc, VI, 35). « Les prêteurs, dit saint Basile, s'enrichissent des misères d'autrui ; ils tirent avantage de la faim et de la nudité du pauvre. » L'Église condamnait aussi les ventes à terme : « Vendre le temps qui ne peut être vendu ; puisque Dieu l'a rendu commun à tous. » Le préjugé contre le taux d'intérêt ou l'usure atteint son paroxysme avec Luther : « Échanger quelque chose avec quelqu'un, en gagnant sur l'échange, ce n'est pas faire œuvre charitable, c'est voler. Tout usurier est un voleur digne du gibet. J'appelle usuriers ceux qui prêtent à cinq et six pour cent. » Ne croyez pas qu'il s'agisse d'écrits en l'air. La loi française de 1807 punissait d'usure tout prêteur qui stipulait des contrats avec un taux d'intérêt supérieur à 6 % ! Pourtant A. M. Turgot dès 1770, et bien avant J. Bentham, défendait l'usure :

> La légitimité du prêt à intérêt est une conséquence immédiate de la propriété qu'a le prêteur de la chose qu'il prête. Le propriétaire d'un effet quelconque peut le garder, le donner, le vendre, le prêter gratuitement ou le louer, soit pour un temps certain, soit pour un temps indéfini. S'il le vend ou s'il le loue, le prix de la vente ou du louage n'est limité que par la volonté de celui qui achète ou qui prend à loyer ; et tant que cette volonté est parfaitement libre et qu'il n'y a pas d'ailleurs de fraude de la part de l'une ou de l'autre partie, le prix est toujours juste, et personne n'est lésé. Ces principes sont avoués de tout le monde, quand il s'agit de tout autre chose que l'argent, et il est évident qu'ils ne sont pas moins applicables à l'argent qu'à toute autre chose. La propriété de l'argent n'est pas moins absolue que celle d'un meuble.

La véritable origine de la condamnation du prêt à intérêt n'est que l'expression d'un sentiment peu recommandable : « Quoiqu'il soit doux de trouver à emprunter, il est dur d'être obligé de rendre. »

Le paysan pauvre est pauvre, mais il n'est pas exploité. On ne se sert pas de lui comme on se servirait d'un esclave. On n'abuse pas de lui. Si le choix d'accepter un taux d'intérêt très élevé n'est guère réjouissant, l'échange volontaire nous assure au moins qu'il n'a pas été contraint d'agir ainsi. Les économistes n'ont jamais prétendu que l'échange volontaire permettait d'atteindre le nirvana.

Il est un corollaire important que l'on peut tirer du théorème de l'échange librement consenti : celui qui dérive de sa négation, c'est-à-dire de l'échange involontaire. Un échange non consenti implique les deux propositions suivantes :

1. La victime aurait fait un autre usage de ses ressources en temps et en argent si la violence n'avait pas été utilisée pour l'en empêcher. Comme elle ne peut réaliser les fins qu'elles poursuivaient, elle anticipe, consécutivement à un échange involontaire, une perte de satisfaction. En revanche, son agresseur anticipe qu'il va gagner au transfert forcé, car personne ne l'oblige à user de la violence pour arriver à ses fins. Il y a donc une redistribution des satisfactions : l'un anticipe qu'il va perdre à l'échange et l'autre gagner. En conséquence, l'échange involontaire signale deux choses : il existe une « exploitation » (un individu, l'agresseur, vit aux dépens d'un tiers, la victime) ; les ressources ou les biens sont alloués à des usages différents de ceux que l'on aurait observés en l'absence de transferts forcés. Or, ils ne peuvent être affectés à un meilleur usage que celui auquel pensait la victime. Le fait que l'on use de la violence pour les obtenir nous interdit d'imaginer le contraire. En effet, il était facile à l'agresseur de démontrer qu'il pensait en faire un meilleur usage simplement en renonçant à son acte de violence et en obtenant le déplacement des ressources ou des biens dans ses mains avec le consentement de leur propriétaire en contrepartie d'un dédommagement : le prix de marché.

2. La victime cherchera à éliminer ou à minimiser la perte résultant du vol ou du don. Or, le fait de se protéger du vol ou de refuser le don consomme des ressources. Ces dépenses auraient pu être évitées si l'échange, au lieu d'être forcé, avait été volontaire. Les ressources auraient pu être consacrées à des usages différents, sans doute jugés plus productifs par la victime.

Spécialisation des tâches et principe de l'avantage comparatif

Le principe de l'avantage comparatif, présenté clairement et démontré par Ricardo en 1817, est l'argument analytique le plus puissant pour expliquer la source des gains à l'échange liée à la libre circulation des marchandises entre les frontières (ou entre régions comme autrefois dans la France de Louis XVI) quand les hommes et les capitaux ne peuvent les franchir pour des raisons institutionnelles (droits de douane). C'est ce que l'on appelle traditionnellement le commerce international ou l'échange international. Si cet échange s'étend au monde entier, on parle alors de mondialisation.

Comme le rappelle Von Mises, ce principe de l'avantage comparatif démontré par Ricardo est un jugement analytique indépendant des circonstances de lieu et de temps. Toutefois Ricardo part de l'hypothèse d'immobilité des facteurs de production, capital et travail, entre les pays, alors qu'ils sont parfaitement mobiles à l'intérieur d'un même pays. La possibilité de déplacer les capitaux et les hommes d'un pays à l'autre entraîne des délocalisations d'activité et des flux migratoires au niveau mondial comme on les observe au niveau régional ou interne à chaque pays. Il devient alors superflu de développer une théorie du commerce international distincte de celle du commerce intérieur à un pays. La localisation des activités et donc des facteurs de production (capital et travail) suit un principe d'arbitrage. Elles sont réparties sur la surface de la terre suivant les conditions de rentabilité qui leur sont offertes de région à région, et il règne alors une tendance à l'égalisation des taux de rémunération de ces deux facteurs de production pour une même espèce de travail ou de capital. Quand les déplacements de capitaux et de main-d'œuvre deviennent fréquents, on parle de globalisation.

Revenons au principe de spécialisation. Il repose sur une idée simple. Pour nettoyer et ranger votre bureau, il vous faut une heure de votre temps. La question qui se pose est alors la suivante : est-ce que vous devez vous-même nettoyer ce bureau ou le faire faire par quelqu'un d'autre dont vous achetez le service sur le marché ? C'est un arbitrage entre l'autarcie et le marché.

Cet homme (ou femme) de ménage mettra deux heures pour faire cette tâche à 25 € de l'heure. L'alternative dont vous disposez est de consacrer cette heure à donner une leçon d'économie sur le principe de l'avantage comparatif à un étudiant peu doué pour les études. Vous facturez cette heure 100 €. Il va de soi que l'homme de ménage est dans l'incapacité de donner une heure de leçon d'économie sur ce principe, en une heure de temps. Il lui faut 8 heures (7 heures de préparation et 1 heure de cours). Vous avez donc sur l'homme de ménage un avantage absolu car vous pouvez réaliser chacune des deux tâches en une heure de votre temps alors que l'homme de ménage met deux heures pour nettoyer le bureau et huit heures pour pouvoir parler pendant une heure de l'avantage comparatif et de la spécialisation en économie à son fiston.

Le temps passé à une tâche ne peut être passé à l'autre. Elles sont mutuellement exclusives. Si donc l'homme de ménage voulait lui aussi donner une heure de leçon d'économie et nettoyer un bureau, il lui faudrait 10 heures de son temps, alors qu'il n'en faut que 2 pour le professeur d'université. Il est clair qu'en termes de temps, le professeur a un avantage absolu dans les deux tâches. Cependant, le coût d'opportunité de faire une heure de ménage pour le professeur est de 100 € puisqu'il sacrifie une heure de cours à 100 € de l'heure. Le coût d'opportunité pour l'homme de ménage de faire une leçon d'économie, qui lui demande 8 heures de son temps, est de 200 € puisqu'il sacrifie des heures de ménage qui lui rapportent 25 € de l'heure.

Il est clairement plus avantageux pour vous de payer 2 heures de temps de l'homme de ménage qui coûtent 50 € que de perdre 100 €, c'est-à-dire 1 heure de votre temps à faire cette tâche à sa place. Vous arbitrez en faveur du marché. De manière identique, il est avantageux pour l'homme de ménage de faire 4 heures de ménage pour pouvoir payer une leçon d'économie à 100 € de l'heure à son fiston plutôt que de perdre 8 heures à faire cette leçon lui-même. Il gagne en effet 100 €. Chacun gagne à cet échange et celui qui gagne le plus est l'homme de ménage (il gagne 100 € alors que le professeur ne gagne que 50 €). Finalement chacun se spécialise dans la tâche qui, comparativement, lui rapporte le plus ou lui coûte le moins en termes de revenus perdus.

Maintenant, imaginez que l'homme de ménage soit un étranger qui travaille pour une entreprise de ménage dont le siège social est en Irlande. Vous importez le service d'un Irlandais. Imaginez que l'étudiant à qui vous offrez une heure de leçon à 100 € de l'heure soit le fils de cet Irlandais et que vous délivriez cette heure de cours par Internet : vous exportez votre service vers l'Irlande. Vous pouvez remplacer le service de nettoyage de bureau et celui d'offrir des cours par du vin et des vêtements, et vous aurez le même raisonnement. C'est le principe de l'avantage comparatif. Vous vous spécialisez dans les cours d'économie et l'Irlandais se spécialise dans le nettoyage de bureau.

Ce n'est pas toujours aussi simple. L'homme de bureau, lorsqu'il nettoie et range, bouleverse vos papiers que vous avez dispersés à droite et à gauche mais dont vous avez mémorisé l'emplacement… Vous n'êtes plus capable alors de les retrouver en un minimum de temps. Il vous faudra des heures supplémentaires pour retrouver vos affaires. Auquel cas il est peut-être prudent de faire cette tâche vous-même. La qualité du service et sa personnalisation jouent un rôle dans ce choix.

Il va de soi que, dans notre exemple, le service de ménage de la firme irlandaise entre en compétition avec celui des firmes françaises qui offrent le même service. Si celles-ci offrent le même service à 30 € de l'heure, elles sont moins compétitives que les firmes irlandaises. Les patrons de ces firmes ont donc fortement intérêt à faire pression auprès de l'homme politique pour empêcher les firmes irlandaises de profiter de leur compétitivité. Ils exigent des droits de douane. Vous ne pouvez plus alors importer le service de la firme irlandaise car ce n'est plus 25 € de l'heure qu'il faut payer mais 40 € de l'heure : 25 € l'heure de service plus 15 € de droits de douane. À ce tarif prohibitif, vous vous adressez à la firme française.

Ce principe dit de l'avantage comparatif est à l'origine d'une discipline à part entière : l'économie internationale. En effet, c'est dans ce contexte qu'il a été découvert, perfectionné puis appliqué. Son extension à la division du travail au sein de la famille ou de la firme est sans doute plus pertinente que son application au commerce international, tout simplement parce qu'une nation ne choisit pas et ne fait pas face à une rareté.

Les deux éléments constitutifs d'une nation sont, chez Ricardo, la dotation en main-d'œuvre et la technologie pour produire du vin et des vêtements[1]. La main-d'œuvre pouvait circuler librement entre les deux secteurs de production, vins et vêtements, dans chaque pays, le Portugal et l'Angleterre. Mais la main-d'œuvre ne pouvait se déplacer d'un pays à l'autre. Imaginez qu'un employé au Portugal, avec l'équipement dont il dispose, puisse produire 1 unité de vêtement ou bien

---

1   Nous nous inspirons ici d'un développement proposé par notre assistant à l'université de Paris II, Gertchev N., dans *Échange international, mondialisation et globalisation*, http://lemennicier.bwm-mediasoft.com/article.php ?ID=213&limba=fr

1 unité de vin. En Angleterre, un employé, avec un équipement différent, peut produire 4 unités de vêtement ou 2 unités de vin.

En autarcie, les Portugais produisent une demi-unité de vin et une demi-unité de vêtement en allouant la moitié de la main-d'œuvre à chaque activité, tandis que les Anglais produisent 2 unités de vêtements et 1 unité de vin en allouant 50 % de leur main-d'œuvre dans chaque secteur. La production mondiale est de 2,5 unités de vêtements et de 1,5 unité de vin. Imaginons que les Portugais désirent consommer 1 unité de vin et 2 unités de vêtements. Tandis que les Anglais désirent consommer 2 unités de vin et 2 de vêtements. La demande mondiale est de 4 unités de vêtements et de 3 unités de vin. Les Anglais peuvent satisfaire leur demande de vêtement mais pas de vin, tandis que les Portugais peuvent satisfaire leur demande de vin s'ils consacrent tous leurs facteurs de production à cultiver du vin. En revanche ils sont obligés de renoncer aux vêtements. Il y a un excès de demande sur l'offre de vin chez les Anglais et un excès de demande de vêtement chez les Portugais. Cet excès de demande ne peut-être satisfait en autarcie. Le prix des vêtements, au Portugal, va monter jusqu'à ce que les Portugais demandent une demi-unité de vêtement au lieu de 2. De manière identique chez les Anglais, le prix du vin va monter jusqu'à ce que les consommateurs ne demandent qu'une unité de vin.

Maintenant, supprimons l'autarcie en développant les échanges internationaux. Il est alors possible d'échanger au niveau international le vin et les vêtements en supprimant toutes les barrières douanières. C'est ce que l'on appelle la mondialisation.

Comme l'employé anglais est plus productif que le Portugais dans les deux types de production, on peut se poser la question suivante : à quelle activité doit-on allouer le stock de main-d'œuvre au Portugal ou en Angleterre ?

Si les Portugais allouent toute leur main-d'œuvre à la production du vin, ce pays renonce à produire des vêtements et produit une unité de vin. Au Portugal le coût d'opportunité de produire du vin est d'une unité de vêtement. En revanche, il est de 2 unités en Angleterre. Les Portugais ont donc un avantage comparatif dans la production du vin, puisqu'ils renoncent à une seule unité de vêtement alors que les Anglais renoncent à 2 unités. Les Anglais ont eux aussi un avantage comparatif, mais dans la production des vêtements. La production totale dans le monde est de 4 unités de vêtements et de 1 unité de vin, ce qui est supérieur à la production globale en autarcie pour les vêtements (4 contre 2,5) et inférieur à la production globale en autarcie (1 contre 1,5) pour le vin. Le vin sera vendu à un prix compris entre 1 unité de vêtement et 2 unités de vêtements. Ainsi les Anglais pourront obtenir au moins 1 unité de vin pour la moitié du coût d'un vêtement et les Portugais 2 unités de vêtements pour 1 unité de vin. Les prix sont meilleurs qu'en autarcie.

Les Portugais satisfont leur demande de vêtements (ils en consomment deux unités en les important d'Angleterre) contre l'exportation de l'unité de vin qu'ils produisent. En revanche, les Anglais satisfont leur demande de vêtements, puisqu'ils peuvent en consommer 2 sur les 4 qu'ils produisent. Les deux autres sont exportées contre du vin en provenance du Portugal. Si l'offre et la demande de vêtements sont satisfaites par cet échange international, il n'en va pas de même du vin. Les Anglais désirent consommer 2 unités de vin et les Portugais 1 unité. Après la spécialisation totale, il n'y a que 1 unité de vin qui est produite contre 4 unités de vêtements. L'offre mondiale (ici limitée à deux pays) ne satisfait pas la demande de vin. Le prix du vin va monter en Angleterre pour que la demande se réduise au niveau de l'offre. Seuls les Anglais consommeront du vin au nouveau prix. La mondialisation est meilleure que l'autarcie, mais avec la demande existante, on pourrait peut-être faire mieux.

En effet, n'oublions pas que cet argument dépend foncièrement d'une hypothèse cruciale : la main-d'œuvre et la technologie ne peuvent se déplacer d'un pays à l'autre. Il est compréhensible que la qualité du vin (*i.e.* la terre sur laquelle la vigne pousse) soit un facteur de production immobile. En revanche, il n'en est pas ainsi pour la main-d'œuvre et la technologie. Ces deux facteurs de production peuvent franchir les frontières. C'est la différence entre la globalisation et l'échange international. Maintenant, si l'on admet une parfaite mobilité de la main-d'œuvre et de la technologie, les Anglais vont exporter leur technologie (et leur main-d'œuvre spécialisée complémentaire à la technologie) dans le vin au Portugal, puisqu'ils sont capables de produire plus de vin que les Portugais eux-mêmes. Désormais, au Portugal, le capital anglais et la main-d'œuvre portugaise produiront 3 unités de vin au lieu de 1 unité comme avec le simple échange international. La demande globale de vin est satisfaite et l'offre globale de produits (vêtements et vin) est supérieure à celle qui prévalait avec la simple mondialisation. La globalisation est donc préférable à la mondialisation ou à l'échange international et celui-ci est préférable à l'autarcie.

Principe d'arbitrage

Acheter un bien ou un actif financier et en vendre un autre pour réaliser un profit certain est une opération d'arbitrage sans risque. Le patron d'un club de football a le choix entre vendre dès cette année un joueur à un autre club pour le prix P0 ou le garder une année supplémentaire sachant qu'au bout d'un an son prix sera de P1. Si c'est un joueur de talent, le prix P1 excédera le prix P0. Dans un an, l'argent placé sur votre joueur rapporte P1 – P0 = g × P0 de revenu supplémentaire. La valeur future du joueur est donc de :

VF = P1 = (1 + g) × P0, ou (1 + g) = P1 / P0

Il peut également placer la somme, P0, sur le marché financier au taux d'intérêt i, ce qui rapporte au bout d'un an : P0 (1 + i). Notre directeur sportif compare donc le rendement du placement à la valeur future du joueur. Si P0 × (1 + i) > P0 × (1 + g) = P1, il choisira de vendre le joueur maintenant et, avec l'argent, achètera des titres. Puis, dans un an, avec le revenu de ces titres (capital et intérêts), il rachètera le joueur. L'opération laisse un profit positif. Si P0 × (1 + i) < P0 × (1 + g) = P1, il garde le joueur une année supplémentaire.

Ce principe d'arbitrage est beaucoup plus puissant qu'il n'y paraît. Il permet de rendre compte de deux choses :

1. Le prix d'un actif est toujours égal à la valeur actualisée de ses revenus, c'est-à-dire : (1 + i) = P1 / P0, où P1 et P0 sont les prix du joueur à deux dates différentes. En effet, le patron du club doit vendre le joueur au prix P0. Mais qui va se porter acquéreur à ce prix, si tous savent qu'en période 1 son prix vaut P1 ? Personne. Le prix du joueur va donc baisser jusqu'à ce que l'égalité soit rétablie. Toute déviation de ce principe offre des opportunités de profit certain qui seront éliminées par arbitrage.

2. Il y a une impossibilité de prédiction en économie.

En effet, d'une façon générale, le prix qui égalise l'offre et la demande et rend compatibles les plans individuels n'est pas prévisible. Si un individu prévoit mieux que d'autres (parce qu'il croit détenir des informations précises et uniques, ou parce qu'il sait mieux comprendre ou interpréter la structure d'interaction et en anticiper le résultat, ou dispose d'une théorie qui explique les prix futurs à partir de l'observation des prix passés) le prix qui, demain, coordonnera les actions individuelles sur le marché, il fera fortune. Il constituera des stocks aujourd'hui, en achetant à bas prix, et les revendra demain au prix plus haut qu'il anticipe (ou, s'il prévoit une baisse de prix, il vend aujourd'hui des biens qu'il achètera demain). Il peut aussi vendre l'information dont il dispose à d'autres, qui opéreront cette spéculation à sa place. Mais si une telle chose est possible pour lui, elle l'est aussi pour d'autres. Tout le monde agira comme lui pour obtenir l'information que chacun croit être le seul à chercher et saisir l'opportunité de profit qu'elle procure. Tous donc se portent acheteurs en même temps. Comme personne ne vend, le prix aujourd'hui monte jusqu'à ce que la demande excédentaire s'annule. C'est-à-dire que le prix d'aujourd'hui égalise le prix anticipé de demain. L'opportunité de profit que chacun croit réaliser disparaît instantanément parce que le prix d'aujourd'hui intègre immédiatement toute l'information prédictive sur les prix futurs dont disposent les individus. Les seules variations de prix que l'on peut observer d'une période à l'autre sont justement celles qui ne sont pas prévisibles. C'est la théorie de l'impossibilité de prédiction.

S'il est impossible de prédire l'évolution du prix qui coordonne les plans individuels, cette évolution correspondra à une distribution aléatoire, les hausses et les baisses de prix étant indépendantes les unes des autres. En effet, si à chaque instant les prix présents incorporent toute l'information disponible sur les prix futurs, les prix changent, si et seulement si, de nouvelles informations arrivent. Or, ces nouvelles informations ne sont pas anticipées, sinon elles ne seraient pas à proprement parler « nouvelles ». Il en va de même avec les prix. En d'autres termes, si les prix reflètent déjà toute l'information disponible et tout ce que l'on peut prévoir, la variation des prix futurs ne peut refléter que ce qui est imprévisible ! Les séries temporelles des variations de prix sont des processus aléatoires. C'est la théorie des marchés efficients, qui n'est que l'application du principe d'arbitrage et d'impossibilité de prédiction en économie.

Qu'est-ce qu'un marché efficient ?

La théorie financière moderne a développé ce concept à la suite de tests empiriques sur l'évolution des prix sur les marchés financiers. Le Français Louis Bachelier[1] est le premier à avoir souligné le caractère profondément aléatoire des variations de prix sur un marché boursier et, accessoirement, a développé, cinq ans avant Einstein, une théorie mathématique des processus aléatoires. En 1953, le statisticien M. G. Kendall a redécouvert cette loi statistique en observant les variations de prix sur un marché boursier. Il recherchait une régularité dans l'évolution des prix. À sa grande surprise il n'en trouva pas : les changements de prix d'une semaine à l'autre étaient totalement indépendants, comme si on avait tiré au hasard le prix d'une période à l'autre.

Ce résultat est une surprise pour le statisticien et l'a été un court instant pour l'économiste, le temps qu'il se rende compte qu'un tel résultat est, justement, ce que prédit la théorie de la compétition sur un marché quelconque. Imaginons que certains individus qui participent à un marché boursier pensent que les prix des actions de la firme Peugeot vont doubler dans une semaine. Ils ont une information reposant sur l'évolution des prix passés observés sur ce marché ou sur l'évolution des bilans comptables ou sur les politiques de dividendes de cette entreprise ou bien encore ils ont une information privilégiée sur les décisions prises par les actionnaires qui se lancent dans une OPA. Sur la base de cette information, une opération d'arbitrage est possible. On achète maintenant les actions de Peugeot et on les revend dans une semaine au double du prix acheté. Mais si ces informations sont disponibles pour ces individus, elles le sont aussi pour d'autres. Tous achètent maintenant et personne ne vend d'actions de Peugeot. Le prix monte jusqu'à ce que la demande excédentaire s'annule. Elle s'annule lorsque le prix aujourd'hui double. Le prix aujourd'hui est égal au prix futur. Il contient déjà toute l'information disponible auprès des agents qui participent au marché boursier.

Les économistes financiers ont distingué trois formes de marché efficient : faible, à moitié forte, forte. Dans le cas de l'efficience faible, les prix présents reflètent toute l'information déjà contenue dans les

---

1   Bachelier L. 1900, « Théorie de la spéculation », *Annales scientifiques de l'École normale supérieure*, 3ᵉ série, tome 17, p. 21-86

prix passés. L'efficience à moitié forte est telle que le prix présent contient non seulement toute l'information contenue dans les prix passés mais aussi toute l'information publique au jour de la transaction. L'efficience forte contient toutes les informations précédentes plus toutes les informations non publiques, c'est-à-dire l'information réellement disponible.

De cette théorie on peut tirer trois leçons :

1. Le marché n'a pas de mémoire. Comme les prix passés contiennent toute l'information disponible, on ne peut tirer aucune information sur les prix futurs simplement en observant les prix passés.

2. On peut faire confiance au prix de marché. Si les prix de marché contiennent toute l'information disponible sur la valeur d'un titre de propriété, cela veut dire qu'un investisseur sur un marché efficient ne peut obtenir un profit supérieur.

3. Savoir lire les prix est très utile pour prévoir le futur, non des prix, mais d'un marché ou d'une firme. Par exemple le marché boursier peut nous en dire long sur l'évolution d'une firme. Si le prix de ses actions reflète toutes les informations disponibles, il reflète ses profits anticipés. C'est la raison pour laquelle les prix des actions sur un marché boursier en disent plus long sur la firme que sa comptabilité.

D. Friedman[1] prend un autre exemple pour expliquer ce principe d'arbitrage. Vous n'êtes pas tous des patrons de clubs de football. Mais vous appliquez ce principe chaque fois que vous allez au supermarché. En effet, au moment de quitter le supermarché, vous devez arbitrer entre la caisse la plus proche d'où vous êtes ou la file d'attente la plus courte à une caisse plus éloignée. Tous les clients sont comme vous. Chaque client va donc s'insérer dans la file la plus courte, augmentant ainsi sa longueur et le temps d'attente. Au bout d'un certain temps, toutes les caisses ont une file d'attente de même longueur. En effet, dès qu'il y en a une qui se rétrécit ou dès qu'une caisse s'ouvre, certains clients quittent la file d'attente où ils étaient pour rejoindre celle qui est la plus courte. Les termes « plus long » et « plus court » font réfé-

---

1   Friedman D. 1996, *Hidden Order, The Economics of Everyday Life*, Harper Business

rence au temps d'attente, qui se mesure non seulement par le nombre de personnes dans la file mais aussi par le volume de marchandise dans les Caddies et par la rapidité de celui ou celle qui opère à la caisse.

Il est donc inutile de rechercher la file d'attente la plus courte, vous prenez celle qui est la plus proche de vous. En effet, si tous les individus sont capables de repérer la file d'attente la plus courte à un coût négligeable, il est inutile de faire l'effort pour la rechercher parce que les files sont déjà égalisées en temps d'attente. S'il est rentable de rechercher une file plus courte, les files vont différer de longueurs entre elles du montant de l'effort qu'il faut faire pour repérer la plus courte.

Dans toute cette histoire de longueur de file d'attente, l'argument s'effondre si vous supposez que la file d'attente est pour vous un moyen de vous faire des amis et de passer du bon temps. On suppose explicitement que chaque client cherche à économiser son temps. Ce qui, dans un sens, est une hypothèse raisonnable car l'existence même du supermarché repose sur cette économie de temps et il a été plébiscité pour cette raison précise.[1]

ÉVALUEZ L'ARGUMENT SUIVANT[1] :
VRAI, FAUX OU INCERTAIN ?

Lors des heures de pointe sur le périphérique parisien, il est inutile de chercher à rouler plus vite que la moyenne en changeant de couloir, car les différences de vitesse entre les couloirs sont purement aléatoires. Si tous les individus suivent ce conseil, personne ne change de couloir et, si sur une file, par hasard, il y a moins de voitures, cette file aura une vitesse systématiquement plus élevée, offrant une opportunité de profit — une économie de temps. Donc, ce conseil ne doit pas être suivi.

Réponse : vrai.

---

1   La question et la réponse ont été inspirées de Wihlborg C. 1991, « Arbitrage, equilibrium and market efficiency : a parable », *Journal of Economic Behaviour and Organization*, p. 297-301

Vous vivez très souvent une application de la théorie des marchés efficients : les encombrements sur les routes. Vous ne pouvez battre la vitesse moyenne au moment des heures de pointe en changeant de couloir de circulation. À la limite, il est plus rentable de rester sur son couloir et de suivre le flot des voitures. Imaginez-vous entre la porte de Sèvres et la porte d'Orléans sur le périphérique Sud parisien. La circulation se ralentit sur tous les couloirs et brutalement s'arrête sur le vôtre alors que les autres couloirs continuent à avancer. Vous profitez d'un décalage dans la file de droite pour vous y engouffrer. Au même moment d'autres voitures ont fait comme vous : vingt mètres plus loin le couloir dans lequel vous venez de pénétrer s'arrête, alors que celui que vous avez quitté redémarre et vous voilà dépassé par les voitures qui étaient derrière vous. Cette expérience est frustrante.

Tous les automobilistes ont la même information sur l'état de chaque couloir. La vitesse observée à chaque instant repose sur toute l'information disponible quant à la vitesse moyenne sur chaque file. Les différences de vitesse entre les couloirs sont purement aléatoires et, si vous changez de couloir, vous serez vite bloqué dans la nouvelle file. Les files sur le périphérique se contractent de manière imprévisible autour de leur vitesse normale. À moins d'avoir une information que les autres n'ont pas, vous ne pouvez faire mieux que n'importe qui d'autre.

Imaginons une situation où tous les automobilistes sont identiques, où il n'y a aucun coût sérieux à changer de file et où tous les conducteurs ont la même information. Si tous pensent qu'il n'est pas possible de battre la vitesse moyenne, comment les vitesses sur chaque file peuvent-elles être égalisées ? Si, pour une raison quelconque, un des couloirs roule plus vite que les autres parce qu'il y a moins de voitures sur celui-ci, un automobiliste doit changer de couloir et saisir l'opportunité de profit.

Ce n'est vrai cependant que si d'autres automobilistes n'ont pas la même idée et ne saisissent pas eux aussi la même opportunité d'économie de temps. Si tous les automobilistes saisissent l'opportunité de profit, la vitesse sur cette file va diminuer, annulant l'opportunité de profit. L'intérêt de chacun est de rester dans son couloir. Mais si tous pensent de la même manière, il y a une indétermination. Quelqu'un doit arbitrer entre les différentes vitesses. Mais ou tout le monde le fait et personne ne saisit l'opportunité, ou personne ne le fait et l'opportunité d'économie de temps n'est pas saisie.

Où est l'erreur de raisonnement ? Arbitrer ou changer de file n'est pas sans coût. C'est un réflexe systématique que vous devez avoir : n'importe quelle action a un coût, y compris changer de file sur le périphérique parisien. Saisir l'opportunité, c'est renoncer à écouter tranquillement de la musique sur votre platine laser. Il y a un risque de collision si vous changez de file sans faire attention. L'individu change de file si et seulement si le gain attendu en économie de temps compense le coût à changer de couloir. Or, certains automobilistes accordent une valeur plus grande au temps que d'autres, cette hétérogénéité entre les conducteurs implique que tous n'ont pas intérêt à arbitrer. Celui qui valorise plus le temps que les autres cherche à exploiter les variations de vitesse entre les files. C'est le rendement marginal attendu de cet arbitrage. Comme beaucoup de conducteurs ne cherchent pas à saisir l'opportunité de profit parce que, pour eux, cela coûte plus cher que cela ne rapporte, ils restent sur leur file. Certains donc restent sur leur file, d'autres exploitent les différences de vitesse entre les couloirs. Finalement les couloirs sont occupés et les différences de vitesse entre les files sont purement aléatoires. Cette marche aléatoire traduit une efficience puisque cela signifie que toutes les opportunités de profit ont été saisies.

Si vous avez compris pourquoi les files d'attente aux caisses de supermarché sont d'égale longueur, pourquoi les files de voitures sur le périphérique à Paris n'avancent pas plus vite les unes que les autres, et en même temps pourquoi l'argument s'effondre, vous avez compris le fonctionnement des marchés financiers.

Conclusion

Avant de fermer ce livre, peut-être est-il utile de s'interroger sur les raisons profondes qui peuvent nous pousser à ne pas voir le monde à la façon d'un économiste. L'expérience montre que la plupart de nos contemporains se laissent conduire beaucoup plus par leurs émotions que par la raison, répétant dans le domaine de l'économie des sophismes et des contre-vérités véhiculées par les médias et dénoncées depuis plus de 150 ans par notre profession. Ils n'ont aucune conviction ferme dans ce domaine et sont bien en peine d'articuler un raisonnement pour soutenir leur propre point de vue, s'ils s'en sont forgé un. Les économistes perçoivent cette inculture économique chez nos contemporains et dans les générations à venir comme une anomalie. En effet, les économistes ne sont pas plus intelligents que beaucoup d'autres. Si eux ont compris l'économie, cela devrait être à la portée de n'importe quelle autre personne. Pourquoi y a-t-il une résistance à cette façon d'interpréter les phénomènes économiques, politiques ou sociaux, et ce plus particulièrement en France ?

Prenons un exemple dans le film *Le cinquième élément* de Luc Besson. Lors d'un entretien avec le prêtre gardien des pierres, Zorg, ce capitaliste trafiquant d'armes, développe une argumentation visant à démontrer qu'un verre brisé crée des emplois. Ce sophisme a déjà été dénoncé au XIXe siècle par F. Bastiat[1] sous le titre « la vitre cassée ».

> Avez-vous jamais été témoin de la fureur du bon bourgeois Jacques Bonhomme, quand son fils terrible est parvenu à casser un carreau de vitre ? Si vous avez assisté à ce spectacle, à coup sûr vous aurez aussi constaté que tous les assistants, fussent-ils trente, semblent s'être donné le mot pour offrir au propriétaire infortuné cette consolation uniforme : « À quelque chose malheur est bon. De tels accidents font aller l'industrie. Il faut que tout le monde vive. Que deviendraient les vitriers si l'on ne cassait jamais de vitres ? » Or, il y a dans cette formule de condoléances toute une théorie, qu'il est bon de surprendre *flagrante delicto*, dans ce cas très simple, attendu que c'est exactement la même que celle qui, par malheur, régit la plupart de nos institutions économiques. À supposer qu'il faille dépenser six francs pour réparer le dommage, si l'on veut dire que l'accident fait arriver six francs à l'industrie vitrière, qu'il encourage dans la mesure de six francs la susdite industrie, je l'accorde, je ne conteste en aucune façon, on raisonne juste. Le vitrier va venir, il fera besogne, touchera six francs, se frottera les mains et bénira de son cœur l'enfant terrible. C'est ce qu'on voit.
>
> Mais si, par voie de déduction, on arrive à conclure, comme on le fait trop souvent, qu'il est bon qu'on casse les vitres, que cela fait circuler l'argent, qu'il en résulte un encouragement pour l'industrie en général, je suis obligé de m'écrier : halte-là ! Votre théorie s'arrête à ce qu'on voit, ne tient pas compte de ce qu'on ne voit pas.
>
> On ne voit pas que, puisque notre bourgeois a dépensé six francs à une chose, il ne pourra plus les dépenser à une autre. On ne voit pas que s'il n'eût pas eu de vitre à remplacer, il eût remplacé, par exemple, ses souliers éculés ou mis un livre de plus dans sa bibliothèque. Bref, il aurait fait de ces six francs un emploi quelconque qu'il ne fera pas. Faisons donc le compte de l'industrie en général. La vitre étant cassée, l'industrie vitrière est encouragée dans la mesure de six francs ; c'est ce qu'on voit. Si la vitre n'eût pas été cassée, l'industrie cordonnière (ou toute autre) eût été encouragée dans la mesure de six francs ; c'est ce qu'on ne voit pas…

---

1   Bastiat F. 1850, « Ce que l'on voit et ce que l'on ne voit pas », dans *Les sophismes économiques*, Paris, PUF

Il est toujours étonnant d'observer avec quelle constance l'inculture économique même chez des esprits éminents, persiste dans notre pays. Et on observe non seulement une inculture mais aussi des fantasmes à propos de l'économie. Prenons un auteur célèbre : Viviane Forrester. Dans son livre *Une étrange dictature*, elle écrit :

> Chaque jour, nous assistons au fiasco de l'ultralibéralisme. Chaque jour ce système idéologique, fondé sur le dogme d'une autorégulation de l'économie dite de marché, démontre son incapacité à se gérer lui-même, à contrôler ce qu'il suscite, à maîtriser ce qu'il déchaîne. Au point que ses initiatives, si cruelles pour l'ensemble des populations, en viennent à se retourner contre lui par des effets de boomerang, tandis qu'il se montre impuissant à rétablir un minimum d'ordre dans ce qu'il persiste à imposer. D'où vient que ses activités puissent être poursuivies avec la même arrogance, que son pouvoir si caduc aille s'affermissant, et que se déploie toujours davantage son caractère hégémonique[1] ?

Ce sont les premières phrases de son livre. Arrêtons-nous sur celles-ci. Remplaçons les mots « ultralibéralisme » par « socialisme », « autorégulation » par « régulation », « dite de marché » par « État », et tous les ultralibéraux de par le monde ne pourront qu'adhérer au texte ainsi modifié. Réécrivons l'introduction et voyons comme ce paragraphe est criant de vérité pour tous les anti-étatistes.

> Chaque jour, nous assistons au fiasco [du socialisme]. Chaque jour ce système idéologique, fondé sur le dogme [d'une régulation par l'État], démontre son incapacité à se gérer lui-même, à contrôler ce qu'il suscite, à maîtriser ce qu'il déchaîne. Au point que ses initiatives, si cruelles pour l'ensemble des populations, en viennent à se retourner contre lui par des effets de boomerang, tandis qu'il se montre impuissant à rétablir un minimum d'ordre dans ce qu'il persiste à imposer. D'ou vient que ses activités puissent être poursuivies avec la même arrogance, que son pouvoir si caduc aille s'affermissant, et que se déploie toujours davantage son caractère hégémonique ?

D'où vient qu'en trois mots sur cent onze, on change totalement le sens même de l'ensemble des phrases composant ce paragraphe

---

1   Forrester V. 2000, *Une étrange dictature,* Paris, Fayard

d'introduction ? C'est l'art de la rhétorique. Viviane Forrester a dans ce passage — mais aussi dans beaucoup d'autres — le talent d'écrire cent mots qui ne veulent rien dire mais qui frappent le lecteur par leur tonalité négative : ultra, fiasco, idéologique, dogme, fantasme, incapacité, déchaîne, cruelles, boomerang, impuissant, arrogance, caduc, hégémonique.

Tous ces mots sont normalement employés pour caractériser les actions d'une personne humaine. C'est ce qui fait la valeur rhétorique de leur usage. La faute majeure ici est de confondre un système économique avec une personne humaine. Cela s'appelle l'organicisme. Prêter à un non-existant ou une abstraction le comportement d'un être humain est une faute impardonnable que l'on retrouve très souvent en méthodologie chez les holistes. Paradoxalement, dans la version modifiée, le texte devient saisissant de vérité parce que les hommes de l'État disposent du monopole de la coercition et peuvent se comporter et se comportent de cette manière si bien décrite par Viviane Forrester, contrairement aux « capitalistes ». Ces derniers ne peuvent se comporter ainsi parce qu'ils sont contraints d'obtenir le consentement d'autrui pour offrir leurs services.

On peut offrir plusieurs explications à ce refus de comprendre les bases du raisonnement économique[1]. La première a été avancée par F. Bastiat lui-même, qui essayait d'expliquer aux députés de son époque, en 1848-1850, tous les sophismes qu'ils commettaient quand ils voulaient prendre des mesures de soutien à l'emploi (déjà). Il est facile d'établir, nous dit-il en substance, une demi-vérité en quelques mots. En revanche, pour montrer qu'il ne s'agit que d'une demi-vérité, il faut passer par une longue et aride discussion qui exige beaucoup de temps et d'attention. Cette asymétrie est la plupart du temps fatale et rend amplement compte du fait qu'à chaque génération les économistes doivent recommencer le même travail éducatif, comme le suggère le film de Luc Besson. La grande majorité des gens, même les plus édu-

---

1   Lemennicier B. 2001, « Why sophisms die hard : the powers of ideas over interest », *Bastiat's Odyssey,* Conférence internationale organisée par Le Cercle Frédéric Bastiat, avec le support de The International Society for Individual Liberty et du Libertarian International, 1er-5 juillet 2001. Voir aussi Rohaine S. 1995, *Un paradoxe : la réticence au système de prix chez les économistes, faits et explications,* thèse d'État, université de Paris II

qués, à qui l'on demanderait leur avis sur l'opportunité, mettons, de protéger l'industrie du cinéma des hackers, qui mettent les films piratés librement à la disposition du public sur Internet, penseraient seulement aux effets bénéfiques visibles exercés par cette mesure sur l'industrie ainsi protégée. Mais en réalité, comme le sait (ou devrait le savoir) tout étudiant en économie de première année, c'est là que le problème commence. Il faut une technique analytique (ici le raisonnement économique) pour juger des répercussions perverses, invisibles ou ultérieures, de cette forme de protection de l'industrie du cinéma contre la copie qui annulent les effets bénéfiques.

Cette explication est trop facile. Elle doit être complétée par d'autres. En effet, les premiers consommateurs de théorie économique sont les hommes d'État ou plus précisément les élus politiques qui siègent au Parlement, là où l'on fait les lois. De tout temps les économistes ont écrit pour conseiller le Prince. A. Smith définissait l'économie politique comme :

> une branche des connaissances du législateur et de l'homme d'État. [...] [Elle] se propose deux objets distincts : le premier, de procurer au peuple un revenu ou une subsistance abondante ; le second objet est de fournir à l'État ou à la communauté un revenu suffisant pour le service public : elle se propose d'enrichir à la fois le peuple et le souverain.

Cette vision est entérinée par l'existence d'un Conseil d'analyse économique auprès du Premier ministre[1]. Les membres du gouvernement devraient être plus informés et moins sensibles aux sophismes économiques véhiculés par les médias ou les faiseurs d'opinion que les autres membres de la société. Or, il n'en est rien. La production de rapports par ce Conseil, qui commence à devenir pléthorique, est sans effet sur les décisions politiques. À quoi peuvent donc bien servir les économistes ? Leur raison d'être fondamentale est que les hommes politiques sont des professionnels qui ne vivent que parce qu'ils distribuent des rentes et des protections à leurs clientèles électorales. Ils sont donc à la recherche d'arguments qui vont cacher les intérêts privés de leur clientèle derrière une façade d'intérêts publics. C'est là que l'économiste peut utiliser et vendre son « savoir ». Il va falloir par exemple

---

1   http://lemennicier.bwm-mediasoft.com/article.php ?ID=85&limba=fr

« justifier » des mesures protectionnistes. Or, qui peut développer une rhétorique économique pour rationaliser ce qui n'est qu'un privilège accordé à un groupe de pression particulier, sinon un spécialiste de l'économie ? Il va développer une série de théories ou d'arguments raisonnés pour faire croire que la mesure protectionniste, au lieu de bénéficier à quelques-uns, bénéficiera à tous. Il participe à la manipulation de l'opinion publique. Un des exemples les plus flagrants de cette *cover story* est celui des brevets d'invention, où l'économiste développe une argumentation qui voudrait nous faire croire que, sans ce monopole, les inventeurs cesseraient d'inventer et les industriels cesseraient d'exploiter leurs inventions[1].

La clé du raisonnement est que, une fois l'invention découverte et mise à la disposition de quelques-uns, on ne peut plus s'en approprier les gains car toute personne peut alors la copier et en prendre les bénéfices sans avoir eu à en supporter les coûts (externalité positive). Mais, d'une part, personne ne vous oblige à la mettre à la disposition de tous — le secret de fabrication est la forme la plus habituelle d'empêcher un imitateur de vous copier —, d'autre part, s'il existe des imitateurs, la question fondamentale est comment et à quel rythme les imitateurs arrivent à copier l'invention et à la diffuser à un coût plus faible que les originaux.

Les économistes font l'hypothèse implicite que, pour un imitateur, le coût de copier est nul ou qu'une fois mise à la disposition d'une autre personne l'invention peut être copiée et diffusée instantanément sans coût. Les économistes oublient aussi de rappeler que l'inventeur est rarement celui qui crée le produit et le met à la disposition du consommateur. C'est souvent le rôle de l'industriel ou de l'éditeur. Or, il n'est pas fait mention des intérêts contradictoires qui existent entre l'inventeur et l'industriel ou l'auteur et son éditeur. L'un tire ses revenus de l'audience maximum qu'il aura par suite de la diffusion de son invention, l'autre tire ses revenus de la maximisation du profit qu'il tire de l'invention. La protection est demandée par l'éditeur ou l'industriel, non par l'inventeur ou l'auteur !

---

1   Lemennicier B. 2003, « Brevets d'invention, droits de reproduction et propriété intellectuelle », chapitre 27, *Microéonomie : théorie et applications*, CD-Rom BWM-Médiasost, Luxembourg

Par ailleurs, si vous êtes le premier à inventer un nouveau procédé de fabrication qui réduit drastiquement les coûts d'un produit, vous disposez temporairement d'un monopole sur le marché. En tant qu'industriel ou éditeur, vous produisez donc le bien en quantité limitée pour maximiser vos profits. Tant qu'aucun imitateur ne peut copier l'invention, vous profitez et rentabilisez sans problème votre invention. En revanche, si les imitateurs peuvent instantanément copier l'invention sans coût, il ne peut y avoir de profit tiré d'un monopole temporaire pour rémunérer l'investissement qui a été fait. Il faut savoir si le prix qu'impose la concurrence est suffisant pour financer la recherche qui amène à la découverte.

L'art de la rhétorique consiste justement à convaincre l'homme d'État de transformer le monopole temporaire en un monopole permanent, au prétexte que l'invention peut être copiée instantanément et sans coût, et que, sans cette protection, il n'y aurait aucune invention ! L'argument est connu sous le nom de *Secundum Quid* ou de généralisation hâtive. On part d'un cas particulier (l'invention peut être copiée instantanément et sans coût), et on généralise à l'ensemble des inventions. L'argumentation traditionnelle n'a donc aucune valeur scientifique car il faut démontrer qu'empiriquement ces deux hypothèses sont valides, ce qui n'est pas le cas.

L'expertise demandée à l'économiste est délicate car il doit normalement éclairer le décideur public ou un conseil d'administration d'une entreprise privée sur la politique à mener dans tel domaine. Or, être conseiller du Prince ou d'un président-directeur général, c'est aussi adopter son camp et donc le camp des électeurs et des groupes de pression qui l'ont amené au pouvoir. L'économiste en tant qu'expert est au cœur des enjeux de pouvoir. Du fait même qu'il intervient dans le débat public, il est soupçonné de défendre un groupe de pression particulier. Sa crédibilité s'en ressent.

Par ailleurs, les théories économiques sont un enjeu dans la bataille des idées pour former les croyances collectives et assurer la légitimité de l'ordre social existant. Chaque gouvernement dépense des sommes considérables dans la légitimité de son action, ce quel que soit le régime politique : communiste, socialiste, social-démocrate, royaliste ou religieux. En effet le pouvoir de ceux qui nous gouvernent ne repose que sur l'obéissance civile et celle-ci dépend fondamentalement de la légitimité perçue de l'ordre social existant. Or, la théorie économique, lorsqu'elle critique une législation par exemple sur le salaire minimum, décrédibilise ou délégitime l'action étatique et donc aussi les groupes de pression qui sont à l'initiative de cette intervention. Pour lutter contre cette perte de crédibilité, ces groupes de pression vont trouver parmi eux des économistes qui développeront des théories destinées à lutter contre cette analyse critique. Le profane sera alors bien en peine de démêler le vrai du faux dans ce combat d'idées.

L'analyse marxiste, par exemple, a été une théorie permettant de délégitimer un ordre social reposant sur le respect des droits de propriété et la liberté contractuelle. Elle a été une théorie préservant l'ordre social existant dans les pays de l'Est. Dominante dans l'université française dans les années 1968-1980, elle a totalement disparu aujourd'hui de l'enseignement en France mais aussi dans les pays de l'Est après leur effondrement économique et politique. La théorie néoclassique orthodoxe, avec sa vision angélique de l'État, s'est substituée à l'analyse marxiste comme théorie justifiant l'« ordre social-démocrate existant ». C'est une des raisons pour lesquelles, sans doute, tant de marxistes de la génération de 1968 se sont convertis si facilement à la théorie néoclassique ou la tolèrent si bien[1]. Paradoxalement la théorie économique du « laissez-nous faire », par sa nature même, est et a toujours été une théorie critique délégitimant l'ordre social « étatique » existant. D'où l'opposition violente qu'elle suscite chez tous les intellectuels (y compris les économistes) qui soutiennent cet « ordre (ou désordre) social existant ».

On peut offrir une dernière explication à cette réticence à l'analyse économique. Ce que finalement les gens n'aiment pas dans la théorie économique, c'est qu'elle nous rappelle le principe de réalité. Il est rationnellement impossible de choisir entre deux biens, deux activités ou des systèmes alternatifs de sociétés sans prendre pleinement conscience de la nature du sacrifice que ce choix entraîne pour soi ou pour les autres. Or, c'est le propre de la théorie économique que de faire prendre conscience aux gens de la nature de ce sacrifice. Il se peut par exemple qu'il existe des fins qui conduisent à des conflits inévitables,

---

1   Pouch T. 2001, *Les économistes français et le marxisme,* Rennes, PUR, Collection Des sociétés

mais très souvent celles-ci ne sont pas compatibles entre elles parce qu'il y a un refus d'établir des droits de propriété, de les échanger et de coordonner ces fins en laissant jouer le système de prix. C'est ce que nous avons tenté de démontrer dans la plupart des chapitres de ce livre. L'analyse économique impose le règne de la raison dans les sociétés humaines. Quand les gens se révoltent contre l'économie, ils se révoltent contre la raison. Or, la révolte contre la raison est essentiellement une révolte contre la vie elle-même.

Références

Alchian A. et Allen W. 1972, *University Economics*, Wadsworth Publishing Company Inc., Belmont California

Aristote 1965, *Éthique à Nicomaque*, Flammarion

Association « Choisir » 1973, *Avortement : une loi en procès, l'affaire de Bobigny*, Paris, Gallimard, Collection Idées

Arrow K. 1951, *Social Choice and Individual Values*, traduit en français sous le titre *Choix collectifs et préférences individuelles*, Diderot Éditeur

Arrow K. 1972, « Some mathematical models of race in the labour market », dans A. H. Pascal, *Racial Discrimination in Economic*

Bachelier L. 1900, « Théorie de la spéculation », *Annales scientifiques de l'École normale superieure*, 3ᵉ série, T. 17

Bastiat F. 1850, *Les harmonies économiques*, Paris, Guillaumin

Bastiat F. 1850, « Ce que l'on voit et ce que l'on ne voit pas », dans *Les sophismes économiques*, Paris, PUF

Bajos N., Moreau C., Leridon H. et Ferrand M. 2004, « Pourquoi le nombre d'avortements n'a-t-il pas baissé en France depuis trente ans ? », *Population et société*, N° 407, décembre, INED

Becker G. 1957, *The Economics of Discrimination*, Chicago, University of Chicago Press

Becker G. 1958, « Competition and democracy », *Journal of Law and Economics*, vol. 1, pp. 105-109

Becker G. 1976, *The Economic Approach to Human Behaviour*, Chicago, University of Chicago Press

Becker G. 1981, *A Treatise on the Family*, Harvard University Press

Becker G. 1982, « Investment in human capital : a theoretical analysis », *Journal of Political Economy*, supp.

Becker G. 1993, « La discrimination envers les minorités », dans « Voir la vie de façon économique », *Journal des économistes et des études humaines*, vol. 4, n° 2 et 3, juin/septembre 1993

Becker G. et Elias J. J. 2003, « Introducing incentives in the market for live and cadaveric organs donations », Papier présenté à la conférence *Organ Transplantation : Economic, Ethical and Policy Issues*, University of Chicago, 16 mai 2003

Beigner B. 1992, *Le droit de la personnalité*, Paris, PUF, Collection Que sais-je ?

Bennett J. et Barth J. 1973, « Astronomics : a new approach to economics », *Journal of Political Economy*, December

Bentham J. 1789, *Introduction to the Principles of Morals and Legislation*, Oxford, Basil Blackwell

Blankart C. B. 2005, « Donor without rights, the tragedy of organ transplantation », papier présenté à l'European Public Choice Society, University of Dhuram, avril 2005

Boudon R. 1977, *Effets pervers et ordre social*, Paris, PUF, Collection sociologies

Boudreaux D. et Holcombe R. 2002, « Contractual government in theory and practice », dans *The Voluntary City*, Éd. D. T. Beito, P. Gordon et A. Tabarrok, The Independent Institute

Buchanan J. 1954, « Individual choice in voting and the market », *Journal of Political Economy*, LXII, pp. 334-343

Buchanan J. et Tullock G. 1965, *The Calculus of Consent*, Ann Arbor Paper Back, Univeristy of Michigan Press

Buchanan J. 1975, « A contractarian paradigm for applying economic theory », *American Economic Review*, May

Cohen L. 1989, « Increasing the supply of transplant organs : the virtues of futures markets », *Georges Washington Law Review*, 58, pp. 1-51

Constant B. 1819, *La liberté des anciens et des modernes*, Discours prononcé à l'Athénée Royal

Crignon-De Oliveira C. et Gaille-Nikodimov M. 2004, *À qui appartient le corps humain ?* Paris, Les Belles Lettres

Downs A. 1957, *An Economic Theory of Democracy*, Harper and Row

Durkheim É. 1937, *La règle de la méthode sociologique*, Paris, PUF

Durkheim É. 1978, *De la division du travail social*, Paris, PUF, 10ᵉ édition

Du Cray P.-E. et Lemennicier B. 2005, « Does non-representativeness of our representatives at the national assembly matter ? », Annual Meeting of the European Public Choice Society (EPCS), 31 March-3 April 2005, University of Dhuram, St Aidan's College

Ehrenberg R. G. et Smith R. S. 1991, *Modern Labor Economics*, HarperCollins Publisher Inc.

Faucher L. 1864, « L'intérêt », dans *Le dictionnaire de l'économie politique*, de Coquelin et Guillaumin

Fauconnet P. et Mauss M. 1968, « La sociologie : objet et méthode », Extrait de *La grande encyclopédie* reproduit dans M. Mauss, *Essais de sociologie*, Paris, Éditions La Découverte

Forrester V. 2000, *Une étrange dictature,* Paris, Fayard

Forrest D. 1984, *Low Pay or No Pay ? A Review of the Theory and the Practice of Minimum-Wage Laws*, Hobart Paper, IEA

Friedman D. 1996, *Hidden Order, The Economics of Everyday Life*, Harper Business

Friedman M. 1953, « The methodology of positive economics », dans *Essays in Positive Economics*, Chicago, University of Chicago Press

Harsanyi J. C. 1955, « Cardinal welfare, individualistic ethics, and interpersonal comparisons of utility », *The Journal of Political Economy*, Vol. 63, N° 4., August, pp. 309-321

Hayek F. 1952, « Le caractère subjectif des données dans les sciences sociales », dans *Scientisme et sciences sociales,* chapitre III, Plon, Collection Agora, 1991

Hayek F. 1960, *The Constitution of Liberty*, London, Routledge and Kegan

Hayek F. 1973, *Law, Legislation and Liberty*, London, Routledge and Kegan

Hazlitt H. 1964, *The Foundations of Morality*, Nash Publishing, Los Angeles

Hoppe H. H. 2001, *Democracy, The God That Failed*, New Brunswick and London, Transaction Publishers

Jouvenel (de) B. 1942, *Du pouvoir*, Paris, Hachette, Collection Pluriel

Kant E. 1785, *Fondements de la métaphysique des mœurs*, Delegrave

Katona G. 1969, *La psychologie économique*, Paris, Payot

Lafay J. D. 1994, « Faut-il supprimer l'élection du président de la République au suffrage universel ? », *Le Figaro*, pages Cheminement du futur, 29 décembre 1994

Lange O. 1942, « The foundations of welfare economics », *Econometrica*, 10, pp. 215-228, republié dans *Readings in Welfare Economics*, Ed. K. Arrow et T. Scitovsky 1969, London George Allen and Unwin Ltd.

Lemennicier B. 1988, « Pour un marché libre de l'adoption », dans *Le marché du mariage et de la famille*, Paris, PUF

Lemennicier B. 2001, « Why sophisms die hard : the powers of ideas over interest », *Bastiat's Odyssey,* Conférence internationale organisée par Le Cercle Frédéric Bastiat, avec le support de The International Society for Individual Liberty et du Libertarian International, July 1-5

Lemennicier B. 2003, *Microéonomie : théorie et applications,* CD-Rom BWM-Médiasoft, Luxembourg

Lemennicier B. 2003, « Brevets d'invention, droits de reproduction et propriété intellectuelle », dans *Microéonomie : théorie et applications,* chapitre 27, CD-Rom BWM-Médiasoft, Luxembourg

Locke J. 1985, *Deuxième traité du gouvernement civil,* Paris, Librairie philosophique J. Vrin

Marshall A. 1906, *Principes d'économie politique,* Éditions Giard et Brière, Paris, Publications Gamma

Maynard Smith J. 1982, *Evolution and the Theory of Games,* Cambridge University Press

Migué J.-L. 1989, « Égalité des femmes au travail », dans *Action positive : théorie et conséquences,* édité par Krauss M., Blais Y., édition Cowansville, Québec

Migué J.-L. et Masse M. 2000, « Libérer la main-d'œuvre féminine et les gais de la discrimination d'État », *Québécois Libre,* Montréal

Mill J. S. 1871, 1998, *Utilitarianism,* New York, Oxford University Press

Mises (von) L. 1947, *Le gouvernement omnipotent,* Paris, Librairie Médicis

Mises (von) L. 1966, *Human Action,* Regnery

Moon T. H. 1930, *Imperialism and World Politics,* New York, Macmillan

Nozick R. 1974, *Anarchie, État et utopie,* Paris, PUF, Collection Libre Échange

Ostrowski J. 1989, « Thinking about drug legalisation », *Policy Analysis,* May 25, CATO Institute

Ponchon F. 1997, *Les prélèvements d'organes et de tissus humains,* Berger-Levrault

Pouch T. 2001, *Les économistes français et le marxisme,* Rennes, PUR, Collection Des sociétés

Rand A. 1993, *La vertu d'égoïsme,* Les Belles Lettres, Collection Iconoclaste

Rawls J. 1971, *A Theory of Justice,* Cambridge Mass, Harvard University Press

Rasmussen D. 1999, « Human flourishing and the appeal to human nature », *Social Policy,* Policy Foundation 17

Rasmussen D. et Uyl D. 2005, *Norms of Liberty : A Perfectionist Basis for Non-Perfectionist Politics,* Pennsylvania State University Press

Robbins L. 1932, *Essai sur la nature et la signification de la science économique,* Paris, Librairie Médicis

Rohaine S. 1995, *Un paradoxe : la réticence au système de prix chez les économistes : faits et explications*, thèse d'État, université de Paris II

Rothbard M. 1970, *Power and Market*, Kansas City, Sheed Andrews and McMeel, Inc.

Rothbard M. 1991, *Éthique de la liberté*, Paris, Les Belles Lettres

Samuelson P. 1954, « The pure theory of public expenditure », *The Review of Economics and Statistics*, 36 ; ou « La théorie pure des dépenses publiques et de la fiscalité », dans *Économie publique*, CNRS, Colloque Biarritz 2-9 septembre 1966

Samuelson P. 1980, *Economics*, McGraw-Hill, International Student Edition

Say J.-B. 1803, *Traité d'économie politique*, Paris, Guillaumin ; 1852, *Cours complet d'économie politique*, Paris, Guillaumin

Schumpeter J. 1942, *Capitalism, Socialism et Democracy*, New York Harper

Smith A. 1776, *The Wealth of Nations*, The Modern Library, New York

Snare F. 1992, *The Nature of Moral Thinking*, London and New York, Routledge

Spooner L. 1991, *Outrage à chefs d'État*, Paris, Les Belles Lettres, Collection Iconoclaste

Stigler G. 1946, « The economics of minimum wage legislation », *American Economic Review*, Vol. 36, juin, pp. 358-365

Stiglitz J. 2003, *Quand le capitalisme perd la tête*, Paris, Fayard

Thompson J. A. 1971, « A defence of abortion », *Philosophy & Public Affairs*, n° 1 (fall)

Tocqueville (de) A. 1840, *De la démocratie en Amérique II*, Paris, Flammarion

Tooley M. 1972, « Abortion and infanticide », *Philosophy and Public Affairs* 2, n° 1 (fall)

Tullock G. 1998, *On Voting A Public Choice Approach*, The Locke Institute

Turgot A. M. 1770, *Mémoire sur les prêts d'argent*, Communication au Conseil d'État à propos de l'affaire des commerçants d'Angoulême

Weber M. 1919, *Le savant et le politique*, Paris, Union générale d'éditions, 1963, Collection Le Monde en 10-18

Wihlborg C. 1991, « Arbitrage, equilibrium and market efficiency : a parable », *Journal of Economic Behaviour and Organization*, pp. 297-301

Composé par Compo Sud (31340 La Magdelaine-sur-Tarn)
N° d'éditeur : 3254
Dépôt légal : novembre 2005
Imprimé en Allemagne par BoD

9 782708 134430